AF535775

Heinrich Kusch und Ingrid Kusch

GEHEIME UNTERWELT

Sechste Auflage

Authal Verlag

Heinrich Kusch & Ingrid Kusch

GEHEIME UNTERWELT

Das Vermächtnis der Jahrtausende alten unterirdischen Völker

Authal Verlag

Abbildungsverzeichnis in alphabetischer Reihenfolge:

Fotos:

Anonymus (Abb. 38)
Dr. Jaan Karl Klasmann, Wien (Abb. 40)
Fritzwilliam Museum, University of Cambridge, England (Abb. 64)
Univ.-Prof. Mag. Dr. Christoph Hautzenberger, Graz (Abb. 125)
Koninklijke Bibliotheek, Niederlande (Abb. 24)
Dr. Arbeo-Wolfram Scherer-Ottenfels, Klosterneuburg (Abb. 32, 33, 37, 84, 136, 145, 150, 152, 205, 207, 209, 211, 213, 214, 217, 218, 219, 225, 241, 281 und 282)
Lutz Winkler, Deutschland (Abb. 98 bis 103)

Graphiken:

Augsburger Manuskript 1552, Deutschland (90)
AVA Adelsarchiv, Wien (Abb. 43, 75)
Bibliotheksaußenstelle Augustiner Chorherrenstift Klosterneuburg (Abb. 210)
CEZA - Curt-Engelhorn-Zentrum, Mannheim (Abb. 216)
Dipl.-Ing. Brigitte Eder, Graz (Abb. 247)
Prof. Peter Holl, Graz und Mag. Dr. Heinrich Kusch (Abb. 1, 146 und 303)
Dipl.-Geol. Birgit Kühnast, Leoben (Abb. 122)
Mag. Dr. Heinrich Kusch und CEZA - Curt-Engelhorn-Zentrum, Mannheim (Abb. 173)
Dipl.-Ing. Dr. Paulo Jorge Mendes Cerveira, Eisenstadt (Abb. 124)
Fritz Messner, Graz (Abb. 59 und 169)
Monika Messner, Graz (Abb. 119, Doppelseite Kapitel 4 sowie 175, 183, 189, 195 und 199)
Montanuniversität Leoben (Abb. 135)
GI - Österreichisches Giesserei-Institut, Leoben (Abb. 237)
Dipl.-Ing. MMag. DDDr. Elke Pichl und Mag. Dr. Heinrich Kusch, Graz (Abb. 128)
Dr. Johannes Riegl, Horn (Abb. 35, 142 bis 144)
MSc. Sebastian Wiesmair, Graz (Abb. 20, 50, 55, 74, 109, 110 und 111)
Zentralbibliothek Zürich, Schweiz (Abb. 90, 94 und 95)

Alle übrigen Fotos und Graphiken im Buch stammen von Mag. Dr. Heinrich Kusch und Ingrid Kusch, Graz.

Bibliografische Information der Deutschen Nationalbibliothek
Die Deutsche Nationalbibliothek verzeichnet diese Publikation in der Deutschen Nationalbibliografie, detaillierte bibliografische Daten sind im Internet unter http//dnb.d-nb.dr abrufbar.

1. Auflage Dezember 2022, 2. Auflage Februar 2023
3. Auflage September 2023, 4. Auflage Februar 2024
5. Auflage Februar 2025, **6. Auflage November 2025**

Veröffentlicht im Authal Verlag
Inhaberin: Dr. Karin Halbritter
Bad Vöslau, 2023

Layout: Authal Verlag
Umschlag: Authal Verlag unter Verwendung der Bilder von Dr. Heinrich und Ingrid Kusch
Hintergrundbild: KDdesignphoto - stock.adobe.com
Druck und Bindung: Samson Druck, St. Margarethen im Lungau
Printed in Austria
ISBN 978-3-9504211-8-7

Besuchen Sie uns im Internet: www.authalverlag.com

INHALT

„Es besteht wohl kein Zweifel, dass in Steiermark eine grössere Anzahl solcher Höhlen (= Erdstall, Anm. des Verfassers) existirt.
Viele davon dürften wegen ihres gänzlichen Verfalles der Forschung entzogen, viele hingegen noch zugänglich sein, und sind bisher nur deshalb wenig beachtet worden, weil man in der Beurtheilung ihres Alters und Zweckes auf falscher Fährte war.
Es würde der vaterländischen Geschichtsforschung ein grosser Dienst erwiesen, wollte man das Vorkommen solcher Erdbauten zur öffentlichen Kenntnis bringen; denn jede neue Entdeckung und Untersuchung ist ein Baustein, der zur Vollendung des geistigen Gebäudes, welches über diese geheimnisvollen Räume endgültigen Aufschluss gibt, beiträgt."

Ludwig Stampfer

Ludwig STAMPFER (1887), Stadtpfarrkaplan von Hartberg

VORWORT

Dieses Vorwort wäre nie geschrieben worden, hätte nicht unser langjähriger Verleger nach Erscheinen des Sachbildbandes „Geheime Unterwelt“ im September 2021, trotz sofortigem Verkauf der gesamten Erstauflage und dreimaligem ersten Rang in verschiedenen Sparten der internationalen Bestsellerlisten sowie zahlreichen positiven Rezensionen, aus für uns nicht nachvollziehbaren Gründen, eine bereits vereinbarte erweiterte neue Auflage verweigert. Die vom Verlag im Internet dazu veröffentlichte Rechtfertigung „fragwürdige und falsche Angaben“ ist eine Schutzbehauptung, die nicht den Tatsachen entspricht und widerlegt wurde. Hier stellt sich die Frage, wer zog im Hintergrund dieser leidigen Angelegenheit die Fäden? Dennoch möchten wir uns bei unserem bisherigen Verleger für die Veröffentlichung der Erstauflage des Buches bedanken.

Da es uns als Autoren wichtig erscheint, dass dieses Thema an die breite Öffentlichkeit kommt und nicht einer Zensur zum Opfer fällt, wurde dank unserer neuen Verlegerin, Frau Dr. Karin Halbritter vom Authal-Verlag, der Sach-Bildband neu aufgelegt und auf 240 Seiten erweitert. Diese Problematik unserer heutigen Zeit zeigt auf, dass die wissenschaftliche Öffentlichkeitsarbeit vermehrt durch unrichtige Angaben, wie im Internet leicht nachzuvollziehen ist, sich immer weiter von der Realität entfernt.

Wir sind bei vielen Fragestellungen der Unterwelt-Reihe bemüht, diese im jeweiligen Folgebuch mit Antworten und ergänzenden wissenschaftlich fundierten Beweisen zu dokumentieren. Die Wahrheit ist für uns das höchste Gut, das in unserer menschlichen Gesellschaft leider nur allzu oft an Bedeutung verloren hat. Neue wissenschaftliche Befunde zeigen nur den aktuellen Stand der Forschung auf und dies kann für manche Gelehrte unbequem sein. Jedoch sollte sich die wissenschaftliche Grundbasis weiterentwickeln, um zu neuen Erkenntnissen gelangen zu können. Als Wissenschaftler sollte man bestrebt sein, auch neue Fakten in bereits bestehendes Wissen einzubringen. Denn wenn wir an alten überholten Paradigmen festhalten, wird es weder in der Wirtschaft, noch in der Technik und in anderen Wissensbereichen eine positive Weiterentwicklung für die Menschheit geben.

Wir werden weiterhin unsere Forschungserkenntnisse und die damit verbundenen Fragestellungen der Öffentlichkeit präsentieren, weil wir der Meinung sind, dass dies in der heutigen Zeit notwendiger denn je ist. Der Inhalt dieses Buches offenbart einen kleinen Abschnitt unserer kulturellen Entwicklung auf unserem Planeten, der einer Elite sehr wohl bekannt, aber der breiten Öffentlichkeit nicht zugänglich ist. Diese Tatsachen sind durch archäologisches Fundmaterial und die Unterstützung von vielen Mitarbeitern und renommierten Wissenschaftlern von Universitäts-Instituten belegt.

In der Zwölf-Apostelzeche wurde seit 2022 durch den Besitzer in einigen Bereichen die Ausstattung der Räumlichkeiten durch historisch nachempfundene Einbauten verändert. Die Abbildungen in diesem Buch belegen den ursprünglichen Zustand der Zeche zum Zeitpunkt der archäologischen Bearbeitung.

Mag. Dr. (phil.) Heinrich Kusch und Ingrid Kusch — November 2025

Die große Halle in der „12 Apostel Zeche“, Klosterneuburg.

EINLEITUNG

Für alle Leser dieses Buches möchten wir einleitend einen kurzen Rückblick auf unsere Grundlagen- und Feld-Forschungen im österreichischen Raum in den letzten 30 Jahren aufzeigen, die wir mit vielen anderen Publikationen und unseren beiden Sachbildbänden „Tore zur Unterwelt“ und „Versiegelte Unterwelt“ im letzten Jahrzehnt international der breiten Öffentlichkeit präsentiert haben. Durch meine frühere Lehrtätigkeit an der Karl-Franzens-Universität in Graz war es mir möglich, Jahrzehnte lang Hunderten Studenten einen Teilbereich der Archäologie näherbringen, der sich mit unterirdischen Anlagen und den darin enthaltenen Funden auseinandersetzt, der „Höhlenarchäologie“. Wir, das heißt meine Frau Ingrid und ich, vertreten seit vielen Jahrzehnten die Meinung, dass Naturhöhlen und andere unterirdische Anlagen die wahren „Archive der Menschheitsgeschichte“ sind. In diesen Hohlräumen ist all jenes bewahrt worden, das an der Erdoberfläche schon längst durch Erosion (= mechanischer Einfluss) oder Korrosion (= chemischer Einfluss) zu Staub zerfallen wäre oder durch den Menschen selbst vernichtet worden ist.

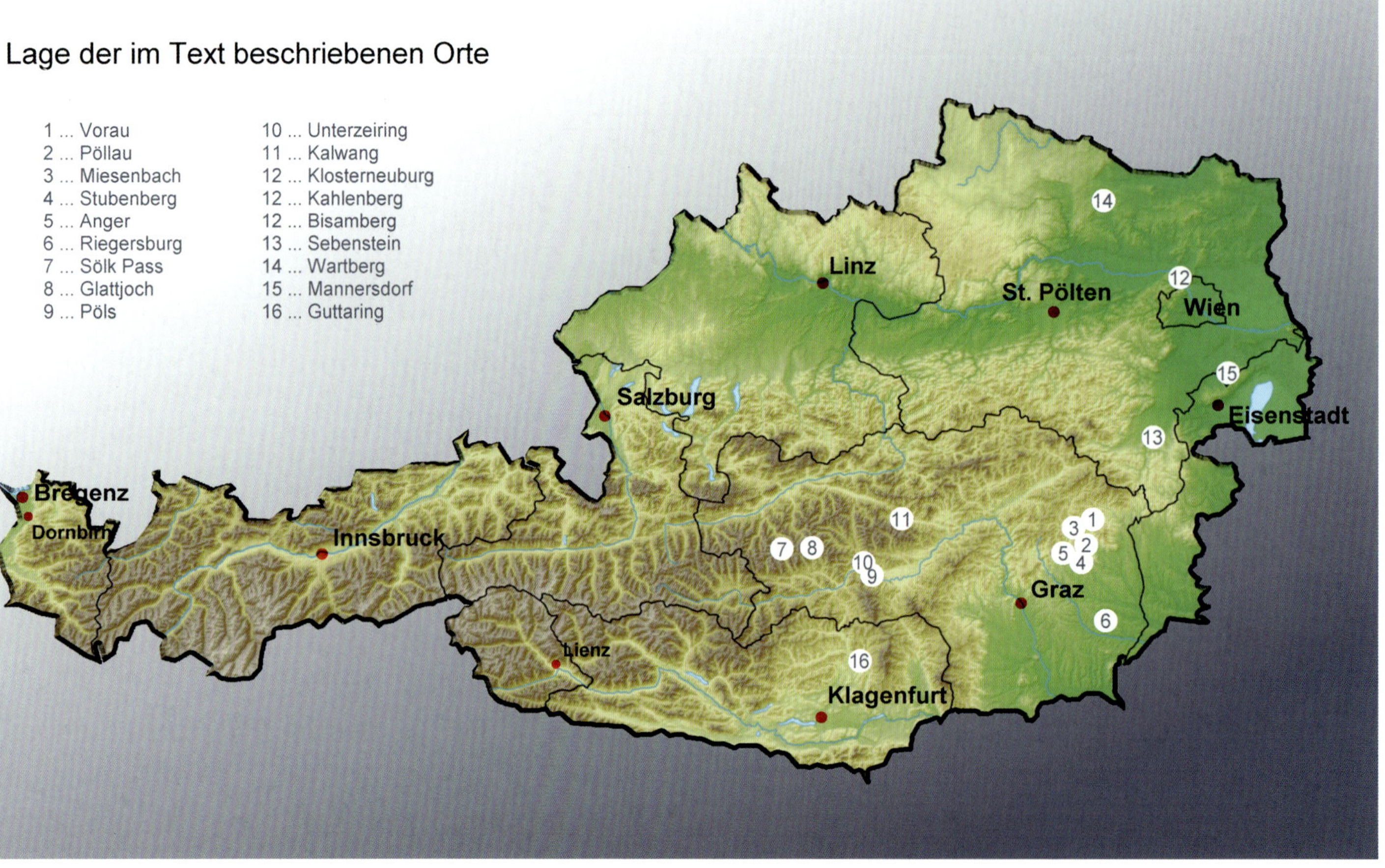

Abb. 1 *Österreichkarte mit jenen Orten, die im Text des Buches erwähnt werden. (Grafik: Prof. Peter Holl)*

Der Schwerpunkt unserer wissenschaftlichen Forschungen liegt weltweit seit mehr als fünf Jahrzehnten in der oben erwähnten „Höhlenarchäologie“, die uns auf einigen Kontinenten unseres Planeten (Afrika, Amerika, Asien und Europa) und auch in unserer Heimat Österreich mit Fundplätzen konfrontiert hat, die aus wissenschaftlicher Sicht einzigartig sind. (Abb. 1) So gelang uns in den letzten Jahrzehnten in Zusammenarbeit mit vielen Wissenschaftlern von universitären Einrichtungen (Instituten und Labors) und zahlreichen Mitarbeitern bzw. teils inländischen und internationalen Sponsoren (z. B. Hans Adam II. Fürst von Liechtenstein / Vaduz) im Bundesland Steiermark (Österreich) die Wiederentdeckung von einer frühen Megalithkultur im voralpinen Raum von Mitteleuropa mit mehr als 900 archäologischen Objekten (Lochsteinen, Menhiren, Steinsetzungen und unterirdischen Trockenmauergängen

***Abb. 2** Zwei TCN-datierte prähistorische Menhire mit sekundären Lochbohrungen nahe beim Ort Rabenwald in der Steiermark.*

bzw. Schutzräumen), die in drei Jahrzehnte langer Feldarbeit kartographiert und bearbeitet werden konnten. (Abb. 2–5)

Ausgewählte Objekte dieser Großsteinkultur sind, durch wissenschaftlich fundamentierte TCN-Datierungen (TCN = Terrestrische Cosmogene Nuclide) belegt, älter als 10.000 Jahre! Außerdem gelang uns in der Oststeiermark die Auffindung und Erforschung bzw. die teilweise wissenschaftliche Bearbeitung von über 800 unterirdischen Anlagen. Zusätzlich konnten wir eine noch ältere teilbekannte Hochkultur im Donauraum ein Jahrzehnt lang untersuchen und wissenschaftlich bearbeiten. (Abb. 6) All diese in der Zwischenzeit weltweit bekannt gewordenen Erfolge veranlassten uns, unsere eigene Vergangenheit intensiv weiter zu erforschen. Die jüngsten daraus resultierenden Ergebnisse wurden von uns allerdings nur auszugsweise in diesem Buch niedergeschrieben, weil sie zu umfangreich gewesen wären, doch werfen die Resultate unzählige interessante Fragen auf. Für diese haben wir teilweise schon konkrete Antworten bekommen, die aber im Detail noch weiter untersucht werden. Wir bitten um Verständnis, dass in speziellen Fällen aus Datenschutzgründen nicht alle Personen, Orte oder Länder näher genannt werden können.

***Abb. 3** Zugang zu einem heute verfüllten Schacht in Trockenmauerbauweise am Rabenwaldkogel, Steiermark.*

Abb. 4 *Datierter prähistorischer Steinbruch am Masenberg in der Nordoststeiermark.*

Bei einem unserer Forschungsprojekte geht es um eine uralte Resonanz- bzw. Steintechnik mit einem energetisch gesteuerten Frequenzbereich, der im Hertz- bzw. Kilohertzbereich liegt. (Abb. 7) Wir waren am Anfang, vor mehr als acht Jahren, sehr skeptisch, weil uns für das wiederholte Auftreten von Anomalien in den unterirdischen Anlagen vorerst keine vernünftigen Erklärungen, sondern nur Vermutungen vorlagen. Einzelne 'Vertreter der Kirche unterstützten uns dankenswerterweise in den letzten Jahren und gaben entsprechende Hinweise auf altes Wissen, das in Kirchenarchiven aufbewahrt wird.

Diese Hinweise sprengten einige Male unser eigenes enges wissenschaftliches Korsett, in dem wir mit unserer analytischen Denkweise und dogmatisch vorgegebenen Richtwerten gefangen sind. Aber dies war ein Lernprozess, der notwendig war, um die nachfolgend geborgenen archäologischen Funde, die wir wiederentdecken konnten, besser verstehen zu können. Damit meinen wir all jene Artefakte, wie die vermutlich über 60.000 Jahre alten Metallgegenstände, derzeit noch „Unbestimmter Zeitstellung", deren Eisen- und Messinglegierungen in unserer Vergangenheit teils mit über 42 Prozent Aluminium angereichert worden sind. Ein Prozess, der auch heute nur mit hohem technischem Aufwand möglich ist. Oder die vermutlich ebenso alten Steinschrifttafeln, siehe dazu Kapitel 5, die mit der Donauschrift und erklärenden Gravuren bedeckt sind. (Abb. 8) Diese Funde sind weltweit einmalig, also Unikate, die erstmals den Schriftcharakter der Vinča-Schrift zu 100 Prozent unwiderruflich bestätigen und vielleicht zur Entzifferung der Donauschrift beitragen können. Dies heißt, dass wir es hier mit der ältesten bekannten Schrift auf unserem Planeten zu tun haben! Diese Steintafeln sind vergleichbar mit dem berühmten „Stein von Rosette", einer fragmentarischen Steinstele aus Ägypten, der im Jahre 1799 wiederentdeckt worden ist und maßgeblich zur Entzifferung der Hieroglyphen beigetragen hat!

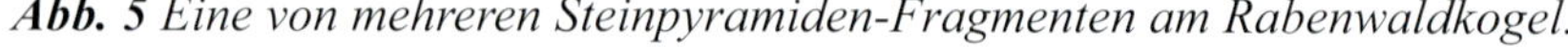

Abb. 5 *Eine von mehreren Steinpyramiden-Fragmenten am Rabenwaldkogel.*

Abb. 6 (rechts) *Prähistorisches Gefäß unbestimmter Zeitstellung.*

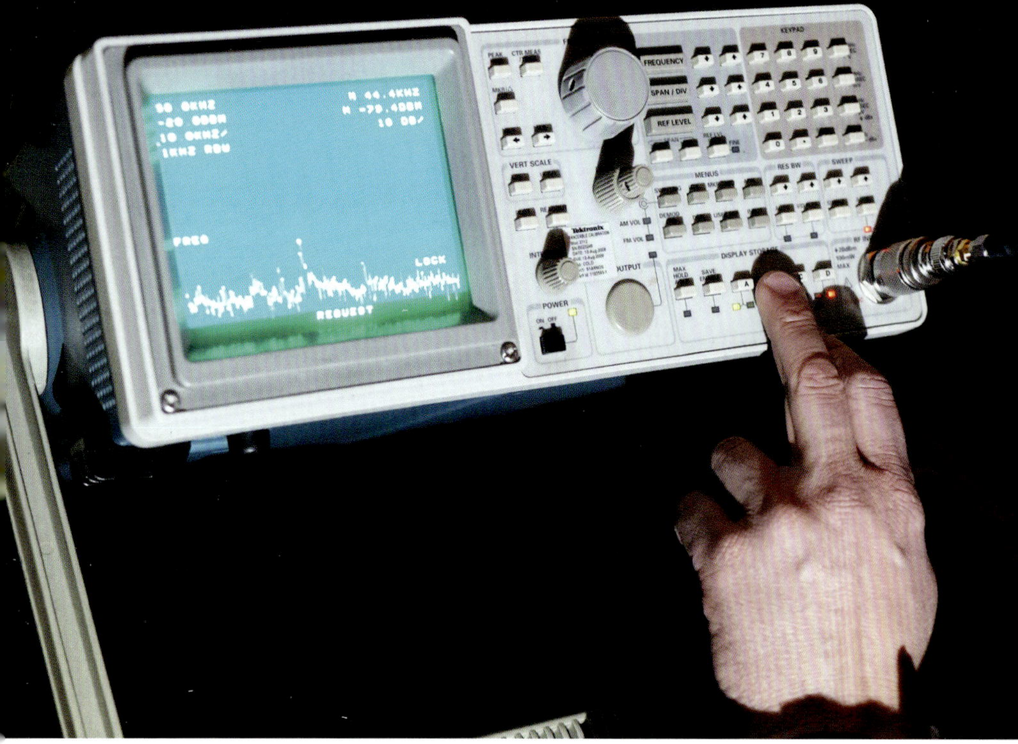

***Abb.** 7 Frequenzmessung in einer unterirdischen Anlage.*

Aber wie begannen unsere heimischen Forschungsprojekte eigentlich, die uns seit Jahrzehnten in ihren Bann ziehen? Eigentlich unspektakulär, denn ich wollte meinen Studenten an der Karl-Franzens-Universität in Graz im Rahmen meiner Vorlesungen, wie schon erwähnt, die Höhlenarchäologie näherbringen und so besuchten wir einige archäologisch interessante Fundhöhlen und organisierten sogar zum Teil mit renommierten Kollegen im Auftrag der Universitäten Graz und Wien mehrere Lehrgrabungen in Höhlen. (Abb. 9) Als ich mit meiner Gruppe dann einmal einen Erdstall besichtigte, kamen interessante Fragen von Seiten der Studenten an mich heran, über die ich erst einmal nachdenken musste.

Es ging damals in der Diskussion wiederholt um das Alter dieser unterirdischen Anlagen, das fälschlicherweise vor rund 30 Jahren generell mit dem Hochmittelalter in Verbindung gebracht worden ist. (Abb. 10) Warum dies so war, ist auf eine Interpretation von Erdstallforschern zurückzuführen, die ein paar wenige Holzstücke aus Erdställen mittels ^{14}C, der Kohlenstoffana-

***Abb.** 8 Schrifttafel mit Symbolen der Donauschrift auf der Rückseite und Gravuren auf der Vorderseite aus einer unbestimmten prähistorischen Epoche.*

Abb. 9 *Archäologisch-Paläontologische Ausgrabung der Universitäten Graz und Wien in der Leopoldinengrotte, Steiermark.*

lyse, datierten und auf Werte kamen, die zwischen dem 9. und dem 16. Jahrhundert lagen, also dem Mittelalter und der Neuzeit zugeschrieben wurden. Man nahm damals an, dass aus diesen Resultaten grundsätzlich das Erbauungsalter der Anlagen abgeleitet werden konnte. Übersehen hat man aber, dass diese Datierungen nur Richtwerte auf ein Mindestalter der Hölzer waren, die zu dieser Zeit sekundär in die Erdställe durch den Menschen, Tiere oder die Natur (z. B. durch Einschwemmung) eingebracht worden sind. All diese Altersdatierungen zeigen eine Nutzungsperiode, aber keine Entstehungszeit der betroffenen Anlage an! Solche Resultate gelten außerdem nur für das datierte Objekt und für kein anderes.

Ab dem 15. Jahrhundert begann man die „Schratteln", so wurden die Erdställe im Mittelalter bezeichnet, im Auftrag der Kirche gezielt zu verschließen bzw. zu zerstören. (vgl. dazu Kapitel 1 und 3) Sogar in Kirchenpredigten wurden die Gläubigen aufgefordert, die Löcher auf ihren Grundstücken zu verfüllen. (Böckl 2015)

Aussagekräftiger sind hier die archäologischen Befunde, die auf Funde aus der Römerzeit und der Jungsteinzeit (= Neolithikum) bis in die Altsteinzeit (= Paläolithikum) zurückreichen können. (Karner 1903, Schwarzfischer 1990/1993, Kusch 2017, Kos 2017) Aber auch diese Fundstücke selbst belegen nur, wann ein Mensch den Erdstall aufgesucht hat, aber keineswegs gibt ein Fund Auskunft darüber, wann die Räume der unterirdischen Anlage entstanden sind! (Abb. 11 und 12) Zumal ja heute noch in die teilweise verfüllten Zugänge vom Menschen Müll entsorgt wird. Die bäuerliche Bevölkerung bezeichnete bei uns diese Orte als „Scherbengruabn". Diese befanden sich oft im Stall, im Keller oder neben dem Haus und auch weiter entfernt auf der Wiese bzw. im Wald.

Nur eines wissen wir heute sicher, dass die ältesten unterirdischen Anlagen in Europa in der prähistorischen Epoche allerdings mit dem Terminus „Unbestimmte Zeitstellung" geschaffen worden sind. Nun soll hier gleich eines richtig gestellt werden, nämlich dass nicht alle Erdstallanlagen oder Stollen ein prähistorisches Alter haben! Es gibt auch spätere Kopien, die allerdings nicht die energetischen Bedingungen der alten Anlagen erfüllen, weil das Wissen um die Errichtung bzw. deren Nutzung in der Neuzeit verloren gegangen und, wie wir im Kapitel 1 erfahren werden, durch die Kirche ausgelöscht worden ist. Wenn man den Vertretern

Abb. 10 (links) Gangpassage im Erdstall-Vockenberg in der Oststeiermark.

der Kirche glauben möchte, waren diese Anlagen ein Bestandteil eines sehr alten weltweiten energetischen Transportnetzes, das im Mittelalter noch funktionierte, aber danach systematisch zerstört wurde.
Es ist ja keineswegs erstaunlich, dass es in Österreich so viele Geschichten von unerklärlich mystischen Plätzen gibt. Die meisten Überlieferungen stammen aus der Neuzeit und haben ihre Wurzeln teilweise im Mittelalter oder in noch älteren Zeiträumen. Warum können wir dies behaupten? Weil wir in den vergangenen acht Jahren durch gute Freunde und Unterstützer Informationen erhielten bzw. in alte schriftliche Dokumente Einsicht nehmen konnten, die öffentlich nicht zugänglich sind. Diese Dokumente zeigen zum Teil die Wurzeln bzw. den Ursprung solcher alten mystischen Erzählungen auf, deren Inhalt wir in einigen Fällen einwandfrei bestätigen konnten. Doch wie wir dazulernten, liegen die in den Geschichten erwähnten Ereignisse nur wenige Hundert Jahre zurück und sind deshalb, allerdings mit viel Arbeits- und Zeitaufwand, meist gut überprüfbar. Um jedoch an diese Originalquellen heranzukommen, mussten Wege beschritten werden, die nicht immer leicht zu bewältigen waren. Denn oft „verschwinden" diese historischen Schriftdokumente nach der Veröffentlichung, bekommen eine neue Zuweisung und sind dann auf einmal nicht mehr auffindbar. Aber es gibt Gott sei Dank Zufälle, das heißt, die benötigte Information fällt einem einfach zu und ergänzt im günstigsten Fall dann das, was vorher noch gefehlt hat. Oder führt in einen völlig neuen unbekannten Bereich, der dann Schritt für Schritt untersucht und wissenschaftlich bearbeitet werden muss.
Jedoch ist bei solchen Informationen immer Vorsicht angebracht, weil die Dokumente ja in einigen wenigen Fällen zwar konkrete Ereignisse und Plätze beschreiben, bei denen aber heute oftmals veränderte Verhältnisse vorherrschen können. Dies kann eine zerstörte Burg, eine abgerissene bzw. verfallene Kirche, aufgelassene Klöster, ehemalige Komtureien der Templer und Einsiedeleien oder dem Erdboden gleichgemachte Huben, also ältere Bauernhöfe, und auch durch jüngere Baumaßnahmen veränderte Einebnungen oder Überbauungen von Gelände-

Abb. 11 Mosbacher-Felsgang in Vornholz bei der Marktgemeinde Vorau, Steiermark.

Abb. 12 (links) Tomp-Felsgang, Reinberg nahe Vorau, Steiermark.

flächen sein. (Abb. 13) Bei jeder Beurteilung sollte immer berücksichtigt werden, dass die derzeitig aktuelle Realität möglicherweise nicht ident sein muss mit jener der Vergangenheit!

Je tiefer wir im Rahmen unserer Forschungen in diese vergessene Welt vordrangen, desto interessanter waren die Resultate und vor allem die Fakten! Es begann für uns mit drei alten Karten und einer alten Abschrift eines Schriftdokuments aus der Neuzeit. Eine Planskizze wurde nahe des Ortes Vorau um 1970 in einer Kanonenkugel (Hohlbodengeschoß) im Dachstuhl eines alten Bauernhauses entdeckt. (Abb. 14) Diese Dokumente ermöglichten uns den Zutritt zu einem uns unbekannten, jedoch überaus faszinierenden jüngeren Geschichtsabschnitt der Menschheit. Erfreulich war, wie viele Hunderte Menschen uns in der Folgezeit unterstützten. Wir bekamen in relativ kurzer Zeit weit über 10.000 Emails aus aller Welt, Briefe und Pakete mit interessanten Informationen.

Doch stellen wir uns hier zu Recht die Frage, warum wir wegen einer in dem Buch „Versiegelte Unterwelt" veröffentlichten harmlosen Abschrift eines alten Dokumentes aus dem Jahre 1580 bedroht werden? Dieses belegt ja nur eine von der Kirche in Auftrag gegebene über neun Jahre andauernde Verfüllung von Kilometer langen unterirdischen Anlagen unter der Altstadt von Klosterneuburg (Niederösterreich) mit Hunderttausenden Tonnen Material in der frühen Neuzeit. Diese Hohlräume wurden vor Tausenden von Jahren nachweisbar von uns unbekannten Wesen künstlich aus dem Felsgestein herausgeschnitten und Jahrtausende lang in unterschiedlichen Kulturepochen der Menschheitsgeschichte benutzt. Was soll hier vor der Öffentlichkeit verheimlicht werden? Wieso steht im letzten Absatz dieses Dokumentes, das aus dem 16. Jahrhundert stammt:

„ *... Besonders ist Obacht zu halten, daß die Schratteln (= laut Kirche mittelalterliche Bezeichnung für Erdställe, Anm. der Verfasser) und Gäng doppelt zu vermauern und schlämmen nicht versäumt werdt. Der heidtnische götzenhafte unheilbringende Schwarze Stein soll verpachet werden, daß seine Kräfte nicht mit dem Schlamm in Berührung kommen können, daß*

***Abb. 13** Burgruine Waxenegg nahe der Marktgemeinde Anger, Steiermark.*

Abb. 14 *Alte Karte der Grund- und Fundamentallinien ausgehend vom Augustiner-Chorherrenstift Vorau, Steiermark.*

gute Werk soll von einem Dutzend Wachen beäugt und das Volk fernabgehalten werden. Den 12 A. wird Gott die Einsicht lohnen.“ (Kusch & Kusch 2014)

Beim Lesen dieses Textauszuges stellen sich jedem vernunftbegabten Mensch nur zwei Fragen: Warum sollen die unterirdischen Anlagen der Unterstadt von Klosterneuburg doppelt vermauert und auch noch nach der Verfüllung mit den Wässern des Albrechtsbaches geschlämmt werden und warum sollte damals das „gute Werk“ von einem Dutzend Wachen beäugt und das Volk fernabgehalten werden? Dies erinnert uns schon sehr an die aktuellen Zustände in Österreich und Deutschland, wo laufend durch neue Gesetzgebungen die Erforschung unterirdischer Anlagen und neuerdings auch die von Naturhöhlen für die Wissenschaft und die Öffentlichkeit eingeschränkt wird! Wo es auch manchmal vorkommt, dass im Rahmen von neuen Wohnbauprojekten archäologisches Material, das beim Tieferlegen der Baugruben zu Tage kommt, von den Arbeitern nicht gemeldet und geborgen werden darf. Und der Bauschutt auch nicht wie früher auf dem Sturzplatz, sondern neuerdings in Gesteinsmühlen landet, wobei so wertvolles Kulturgut unwiderruflich zerstört wird!

Dass Natur- und Kulturschutz bei Naturhöhlen und künstlich geschaffenen unterirdischen Anlagen in vielen Fällen unbedingt notwendig ist, bezweifelt niemand! Denn auch wir haben uns Jahrzehnte lang und auch heute noch ausnahmslos für den Schutz und Erhalt der unterirdischen Objekte und des darin enthaltenen Kulturgutes eingesetzt! Weil wir der Meinung sind, dass wir es hier mit den letzten „Museen der Menschheitsgeschichte“ zu tun haben, die sich auf unserem Planeten befinden. Wenn jedoch heute jene Fachleute, die die Absperrung von solchen unterirdischen Fundplätzen veranlasst und durchgeführt haben, damit sie geschützt werden, selbst nur mehr mit juristisch abgesegneten Genehmigungen diese Räume betreten dürfen, dann stimmt da etwas nicht! Bei und in unseren Ämtern der Landes- und Bundesregierung wird auf eine telefonische Anfrage die Verantwortung meist hin und her geschoben, denn „niemand“

Abb. 15 *Okarina (Gefäßflöte) aus einem Erdstall in Niederösterreich.*

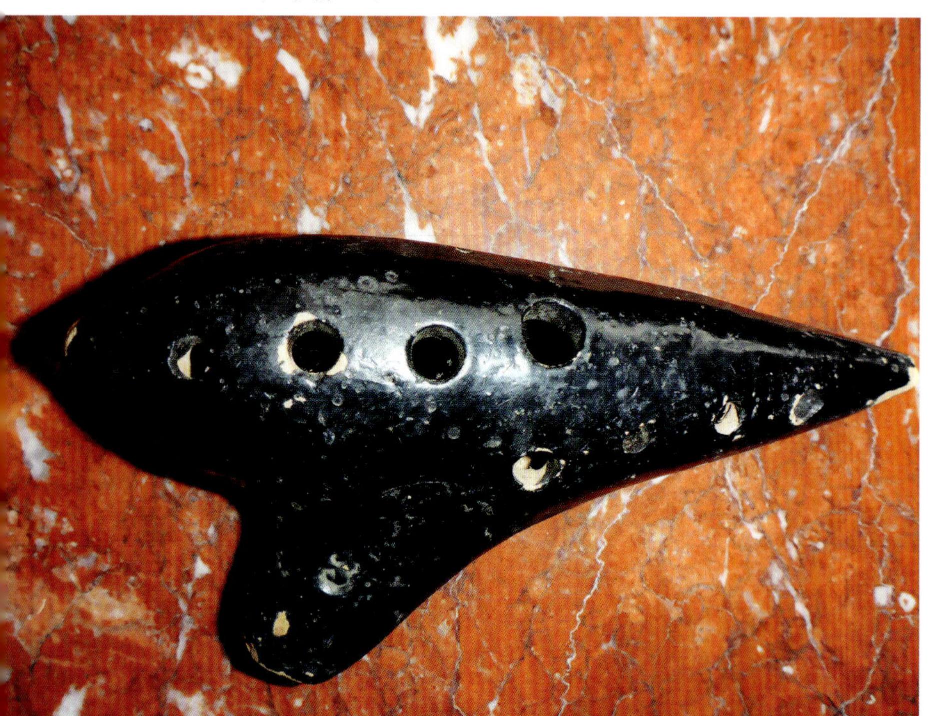

Abb. 16 *Augustiner-Chorherrenstift Vorau in der Nordost-Steiermark.*

ist zuständig und wagt es, konkrete Entscheidungen zu treffen. Die manchmal ausartenden Gesetze bzw. Paragraphen und vor allem die Bürokratie behindern den Schutz unseres Kulturgutes und decken so manches beabsichtigt oder ungewollt zu! Wenn Fundmeldungen bei Regierungsstellen abgegeben werden, bekommt man meist keine Antworten. Dort, wo in unterirdische Anlagen prähistorische Funde geborgen worden sind, diese in einigen Fällen kurz danach zubetoniert, zugeschüttet oder mit Baggern abgetragen und zerstört werden, sind nicht nur wirtschaftliche Interessen dominant vorhanden!

Seit mehreren Jahren untersuchen bereits einige in- und ausländische Gruppen Keller und Erdställe in Niederösterreich und führten dort gezielte Ausgrabungen nach archäologischen Funden durch. In einigen Objekten wurden dabei tönerne Blasinstrumente, „Okarinas", gefunden. (Abb. 15) Dies kostet sehr viel Geld und hier muss die Frage erlaubt sein, wer Interesse daran gehabt und sie finanziert bzw. diese Ausgrabungen unterstützt hat? Es werden darüber auch keine Berichte veröffentlicht! Da stellt sich für uns wieder nur die eine Frage, warum der ganze Aufwand betrieben wird? Dazu kommt, dass seit Jahren nur mehr auf Teufel komm raus gelogen wird, was beispielsweise die Kelleranlagen und unterirdischen Gänge von Klosterneuburg, in Kritzendorf oder am Bisam-, Leopolds- bzw. Kahlenberg im Raume Niederösterreich oder im Bereich von Vorau in der Steiermark betrifft. So wurden z. B. in Rezensionen über den Sachbildband „Tore zur Unterwelt" nicht nachvollziehbare Lügengeschichten erfunden, wie beispielsweise, dass die Gänge unter dem Stift Vorau nicht vorhanden sind, obwohl es einige Zeitzeugen gibt, die die Gänge über viele Jahre hinweg betreten, gesehen und nach dem Zweiten Weltkrieg auch zum Teil gereinigt haben. Auch hat uns der ehemalige Propst des Stiftes nach dem Erscheinen des Sachbildbandes „Versiegelte Unterwelt" im Herbst 2014 mündlich mitgeteilt, dass sich sehr wohl eine Etage begehbarer unterirdischer Gänge unter dem Stift befinden soll, aber niemand einen Zutritt zu diesen bekommt. In jüngster Zeit erfolgten allerdings Sonderführungen für Ordensangehörige in unterirdischen Gängen des Stiftes Vorau. (Abb. 16)

***Abb. 17** Architektonisch prachtvoller Hallenabschluss in der „12 Apostel Zeche", Klosterneuburg, Niederösterreich. Zwei der drei Gangfortsetzungen wurden frisch abgemauert, im rechten Gang ist die Originalverfüllung aus dem Jahre 1580 zu sehen.*

Damals hatten wir dies noch nicht verstanden, heute jedoch glauben wir zu wissen, warum dies in manchen Fällen notwendig ist. Dennoch unterstützten und finanzierten uns dankenswerterweise einige offizielle Vertreter der Kirche, z.B. in den Augustiner Chorherrenstiften Vorau und Klosterneuburg, bei unseren Forschungen seit mehr als einem Jahrzehnt. Wir waren uns anfangs der geschichtlichen Tragweite nicht bewusst, weil uns ganz einfach das Hintergrundwissen fehlte. Den Zugang zu diesem haben aber auch die meisten Priester, Mönche und geistlichen Mitarbeitern der Kirche nicht, weil über Jahrhunderte hinweg dieses Wissen nicht nur vor der Öffentlichkeit, sondern auch vor ihnen geheim gehalten wurde!

Oder um ein anderes Beispiel zu nennen, so wird heute noch von offiziellen Stellen behauptet, die historisch belegte und tatsächlich vorhandene „12 Apostel Zeche" in Klosterneuburg existiere nicht. In einer anderen Version hieß es, die Trockenmauerwände in diesem Keller gibt es auch nicht und seien nur auf einer vor den Kellerwänden aufgespannten Leinwand aufgemalte oder mit einem Beamer darauf projizierte Steine und vieles andere mehr. (Abb. 17) Dies reicht von der offiziellen generalisierenden Erklärung „Es gibt keine Keller unter der Altstadt" in Anfragen auf E-Mails bis zu nachweisbar falschen Geschichtsangaben von selbsternannten „Historikern" bzw. „Experten", die offiziell in Gutachten eingebracht wurden, in den Zeitungen abgedruckt und auch in einem Fernsehinterview in Deutschland veröffentlicht worden sind. Und dies obwohl über ein Jahrzehnt lang offiziell Hunderte Fundstücke, teilweise von und durch Mitarbeiter des Bundesdenkmalamtes (= BDA) selbst, vor Ort geborgen wurden und die Zeiträume vom Neolithikum, der Bronze- bzw. Römerzeit bis in das Mittelalter anhand der Fundgegenstände archäologisch lückenlos belegt sind. Es wurden sogar vom BDA Replika eines römischen Fundes (Kleines Gefäß) hergestellt, um den Verbleib des Originals zu verschleiern. Also war man sich der Bedeutung dieser Fundstelle sehr wohl bewusst! Außerdem hat der Besitzer seit mehr als 10 Jahren in drei der unterirdischen Räume ein Privatmuseum mit Hunderten Fundstücken aus allen Zeitepochen eingerichtet, wo auch einige der jüngsten Funde ausgestellt sind.

Abb. 18 *Angesägte Benzinleitung eines Anschlagversuches.*

Interessant ist auch die Tatsache, dass beide Häuser, unter denen sich die bis heute freigelegten Räumlichkeiten der „12 Apostel Zeche" befinden, Jahrzehnte lang unter Denkmalschutz standen, doch ohne Verständigung des Besitzers wurde der Denkmalschutz der Häuser im Jahr 2013 auf einmal aufgehoben. Dies wurde ihm allerdings nicht mitgeteilt, er erfuhr dies erst im Rahmen seiner telefonischen Fundmeldung Ende 2014. Seit mehr als zwei Jahrzehnten führt der Besitzer, der ein international renommierter Biochemiker und auch anerkannter Bausachverständiger ist, Freilegungsarbeiten in seinen Kellerräumen durch, um das Mauerwerk der beiden darüber errichteten, aus dem Mittelalter stammenden Häuser trocken legen zu können. Der Besitzer meldete die archäologischen Funde weiterhin dem Bundesdenkmalamt. Es folgten jährlich Kontrollen durch mehrere Mitarbeiter des BDA und der Baubehörde mit ständig neuen Auflagen.

Dies lässt wieder einmal viele Fragen offen, denn genau im Zeitraum des vom Denkmalschutz befreiten Zustandes geschahen auch noch andere mysteriöse Ereignisse und zwar, dass der Besitzer in dieser Zeit auf einmal aus aller Welt Kaufangebote für seine beiden Häuser bekam. Der Vatikan machte den Anfang mit gleich sechs Angeboten von Ordensangehörigen aus Spanien, Norditalien, Albanien und drei aus Klöstern in Österreich. Auf seine Anfrage „WARUM" wurde ihm mitgeteilt, dass nicht die Mönche der Klöster die Häuser kaufen wollen, sondern der

Abb. 19 *Geo-Bodenradarmessung in den Räumlichkeiten der „12 Apostel Zeche", Klosterneuburg.*

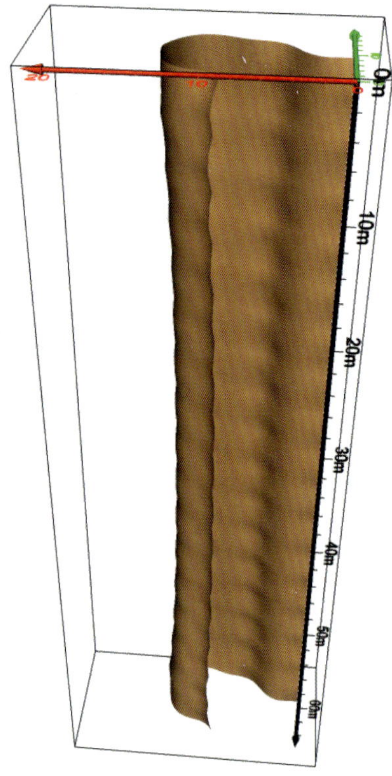

***Abb. 20** Radargramm der gemessenen Auswertung. Es zeigt einen über 60 Meter tiefen Schacht in der „12 Apostel Zeche“, Klosterneuburg.*

„Heilige Stuhl“ in Rom. Dann folgten Kaufangebote von mehreren großen Bergwerksfirmen aus den USA wie beispielsweise Hallyburton (= NATO), Rio Tinto (= ROTHSCHILD) u. a., wobei eine dieser Gesellschaften nach Ablehnung des Angebotes die Kellerräume zu extrem hohen Jahreszahlungen unbefristet mieten wollte, um dort nicht näher deklarierte Grabungsarbeiten durchführen zu können. Dem Besitzer und seiner Familie wäre in diesem Zeitraum der Zutritt zu seinem Keller laut Aussage der Anwälte vertraglich verwehrt worden. Weitere Kaufinteressenten meldeten sich aus Amerika, Deutschland, Liechtenstein, Russland, Kroatien, Slowenien, Südafrika, aus dem Nahen Osten sowie dem arabischen Raum und auch österreichische Großindustrielle bzw. Immobilienmakler vergesellschafteten sich, um die beiden Häuser zu erstehen. Sogar die „Freimaurer“ wollten eine „Loge“ in den Kellerräumen einrichten.

Bis in die heutige Zeit erfolgten mehrere Anschläge auf den Besitzer und uns, die Gott sei Dank durch günstige Umstände nicht in der geplanten Art und Weise einen Erfolg hatten. (Abb. 18) Im Jahre 2020 kaufte dann die serbische Orthodoxe Kirche ein Haus am Stadtplatz, das in der unmittelbaren Nähe der „12 Apostel Zeche“ liegt. In diesem Zusammenhang werfen sich nicht nur eine, sondern viele Fragen auf! Vielleicht können wir einige Fragen in diesem Buch beantworten, aber wir denken, dass der Hauptgrund für diese Vorkommnisse auch in der Zukunft von einer nebulosen Dunkelheit umrankt bleiben wird! Hier sollte jeder vernunftbegabte Mensch sich selbst wiederholt nur eine Frage stellen: Warum und wieso wird hier international so ein großer, nach außen hin kaum wahrnehmbarer Aufwand betrieben?

Aufklärend könnte hier ein Hinweis des im April 2014 verstorbenen Augustiner Chorherrn Univ.-Prof. DDr. Floridus-Helmut Röhrig vielleicht weiterhelfen, der kurz vor seinem Tod die Information an den Besitzer und einen deutschen Wissenschaftler weitergab, dass die „12 Apostel Zeche“ angeblich einen direkten Zugang zur „Unterwelt“ hat und eine wertvolle Bibliothek beherbergen soll, in der ein Abschnitt aus der Vergangenheit der Menschheit aufgezeichnet ist! Er wusste auch über die Ausdehnung der oberen Räumlichkeiten genau Bescheid, die er mit 14.000 Quadratmeter und mindestens drei Etagen beschrieb. Was einer Gesamtraumfläche von mindestens 42.000 Quadratmeter an unterirdischen Kammern und Tunnels entsprechen würde. Dies konnte 2019 und 2020 durch mehrere Geo-Bodenradarmessungen in den unterirdischen Räumen der ersten Etage bestätigt

***Abb. 21** Die vier Meter hohe steingemauerte Säule in der großen Halle der „12 Apostel Zeche“, Klosterneuburg, deren datiertes Mindestalter rund 6.200 Jahre beträgt.*

werden. (Abb. 19 bis 22) Die Anlage reicht mindestens bis in über 50 Meter Tiefe und erstreckt sich unter vielen Häusern am Stadtplatz. Die bis heute freigelegten unterirdischen Räume erreichen gerade mal etwas mehr als 1.400 Quadratmeter Fläche und haben 24 ungeöffnete Fortsetzungen! Dies ist knapp ein Zehntel der ersten Etage bzw. es fehlen noch 97 Prozent der gesamten Anlage.

Woher hatte der Archivar die Informationen? Und vor allem welche „Unterwelt" ist hier gemeint und was bedeutet dieses Wort? Klingt ja sehr „mysteriös", wenn dieser Begriff in einem solchen Zusammenhang genannt wird. Der Raum mit der Mittelsäule, der damals im Jahr 2012 bei dem Gespräch mit dem Stifts-Archivar beschrieben worden ist, existiert tatsächlich, war aber zu dieser Zeit seit über 440 Jahren verfüllt und vom derzeitigen Besitzer noch nicht fachgerecht freigelegt. Dies erfolgte erst sechs Jahre später, ab dem Jahre 2018. (Abb. 23) Den oberen Teil der Säule beschrieb der Archivar DDr. Röhrig als wie eine Palme auskragend in das Deckengewölbe! Woher genau hatte der Archivar dieses Wissen, denn er verstarb ja im Jahre 2014? Er selbst hat diesen 18 Meter langen, über 7 Meter breiten und 4 Meter hohen Raum und die Säule nie gesehen! Warum beschrieb er auch noch die sieben Zugänge, die rund um diese Säule angeordnet sind, und ebenfalls den „Zugang zur Unterwelt" im Inneren der Säule! Diese Zugangsöffnung in die doppelwandige aus Trockenmauerwerk errichtete 3,5 Meter durchmessenden Säule ist 0,8 Meter breit und über 2 Meter hoch. Die 1,2 Meter durchmessende Schachtröhre war in ihrem Inneren, von der Oberfläche gesehen, bis in 9 Meter Tiefe zur Gänze verfüllt. Der heutige Schachtboden ist, durch Bohrungen belegt, eine 1,8 Meter starke künstlich eingefügte feste Verfüllung, unter der sich vermutlich der Schacht, laut Geo-Bodenradar, über 60 Meter weit in die Tiefe ohne Ende fortsetzt. Unterhalb dieser Verfüllung konnte laut Laborbericht eine Lage Kokosnussfasern, derzeit noch unbekannter Stärke, angebohrt werden. Wie stark diese offensichtlich künstlich eingefügte Schachtplombe ist, konnte noch nicht ermittelt werden. Oberhalb dieses Abschlusses konnten zwei schön gearbeitete Steinstufen einer Wendeltreppe geborgen werden, deren Ausmaße genau dem Durchmesser der inneren Schachtröhre entspricht. Es besteht die Möglichkeit, dass unter diesem Schachtzugang in der Halle in der heute noch vorhandenen Verfüllung eine Wendeltreppe abgemauert bzw. unterbrochen wurde. Als Zisterne war dieser senkrechte Schacht im historischen Zeitabschnitt auch nicht zu gebrauchen, weil es kaum einen Wasser-

Abb. 22 *Durchbohrung des 1,8 Meter starken Zwischenbodens des Säulen-Schachtes.*

***Abb. 23** Ansicht einer Halle in der „12 Apostel Zeche", die noch die Originalverfüllung aus dem 16. Jahrhundert im Hintergrund zeigt. Darin sind rechts und links herabgestürzte Deckenteile erkennbar.*

zufluss und keinen Speicherraum gab.

Laut den Aussagen vom Archivar DDr. Floridus Röhrig hatte er diese Informationen aus den in Mittelalterlatein abgefassten Handschriften entnommen, die damals noch im Klosterneuburger Stiftsarchiv im Tresor lagerten und über Jahrzehnte hinweg von ihm übersetzt worden sind. Darunter sollen sich auch Dokumente der „Templer" befunden haben. Jedoch wurden diese nach seinen eigenen Angaben in den letzten zwei Jahrzehnten zum Vatikan nach Rom geschickt und einige Teile davon anderswo in Klosterbibliotheken von Österreich und Deutschland sichergestellt bzw. verwahrt. Er nannte damals auch die Orte wo sie sich heute befinden. Zu dieser Zeit hatten wir noch keine Ahnung über die Tragweite seiner Aussagen, sollten aber bald eines Besseren belehrt werden!

Für uns waren diese Erklärungen und Informationen interessant, aber in einigen Fällen nur sehr schwer oder gar nicht nachvollziehbar. Es war uns immer nur eine Frage wichtig, auf welcher Basis

***Abb. 24** Psalter-Fragment eines historischen Planes von der Stadt Jerusalem (ca. 12. Jahrhundert), Quelle: Koninklijke Bibliotheek, Niederlande.*

und welchen Fakten diese kirchlichen Anweisungen beruhen oder, einfacher ausgedrückt, was der ursprüngliche auslösende Grund für das heute noch durchgeführte vehemente weltweite Verschließen von unterirdischen Anlagen war?

Abb. 25 Gravur des Stadtplanes von Jerusalem auf einem Mauerstein in der „12 Apostel Zeche" in Klosterneuburg.

Inschriften und Gravuren der Tempelritter konnten auch an mehreren Stellen in der „12 Apostel Zeche" gefunden und dokumentiert werden. (Abb. 24 und 25) War die Zeche im Mittelalter ein Stützpunkt oder Zufluchtsort der Templer und standen diese mit dem Clynazenser-Orden, der dort sein Domizil hatte, in Verbindung? Dies können wir heute annehmen, weil doch einige Inschriften darauf hinweisen. (Klimond 2022) Auch die Anwesenheit des legendären Grafen von Saint Germain (1712–1784) in den Häusern Stadtplatz Nr. 6 und 7 ist durch das derzeit älteste bekannte, von ihm selbst gemalte Schriftdokument auf einer Holzplatte (1739) und zwei von ihm bemalte Seitenteile von Transportkisten, die um 1750, also vor mehr als 250 Jahren, dort entsorgt worden sind, belegt. (Abb. 26) In den letzten acht Jahren haben wir einen weitreichenden Einblick in uns unbekannte Zeitgeschehen der Vergangenheit bekommen. Und können in dieser Angelegenheit auch belegen, dass die frühen Handlungen der Kirche zu der größten Vertuschungsaktion der menschlichen Kulturgeschichte gehören, die in den letzten Jahrhunderten durchgeführt worden ist! Dennoch gibt es, so scheint es uns, auch heute noch Geheimnisse, die nie enthüllt werden sollen!

Abb. 26 Bemaltes Holzpaneel einer Transportkiste des Grafen von Saint Germain aus dem 18. Jahrhundert. Sie wurde in einem verfüllten Lüftungsschacht der unterirdischen Anlage in Klosterneuburg gefunden.

Kirche aus dem Mittelalter in Jagerberg, Südsteiermark

KAPITEL 1
URALTE UNTERIRDISCHE VÖLKER

Im Jahr 2017, als wir gerade an der Fertigstellung unseres Sachbildbandes „Asiens Unterwelt" arbeiteten, erhielten wir von an unserer Arbeit interessierten Persönlichkeiten und einem guten Freund neue Informationen. Diese ermöglichten einen anderen Zugang zur offiziell verbreiteten Geschichtsschreibung unserer eigenen Vergangenheit und entführten uns in den Folgejahren in eine völlig neue unbekannte Welt. Der Wendepunkt erfolgte dann etwas später mit der Erlaubnis zur Einsichtnahme in Transkriptionen von alten Adelsakten, deren brisante Inhalte alles, was wir zu diesem Zeitpunkt über unsere jüngere Vergangenheit zu wissen glaubten, teilweise in Frage stellte. Dadurch offenbarte sich in der Folge für uns der Grund, warum einige wenige Personen der Kirche sowie ein selektiv ausgewählter Bereich von Wissenden versuchen, diese Geheimnisse seit Jahrhunderten zu bewahren bzw. nicht an die breite Öffentlichkeit dringen zu lassen. Die einzige vernünftige Erklärung für dieses mehr als sonderbare Verhalten kann nur Folgendes bedeuten. Wenn jemand in einer Angelegenheit etwas verbergen möchte, um daraus einen wie auch immer gearteten wirtschaftlichen oder militärischen Nutzen zu ziehen, hat er damit den Schlüssel zur „Macht" in der Hand! Aber überzeugen Sie sich selbst von der Tragweite dieser Angelegenheit und bilden Sie sich ihre eigene Meinung.

Abb. 27 *Ein Schachteinstieg zu einem mittels Geo-Bodenradar sondierten Tunnel.*

Als wir das erste Mal mit diesen Fakten und alten Dokumenten konfrontiert wurden, glaubten wir, in eine uns fremde Welt geraten zu sein, so unglaubwürdig war der Inhalt dieser alten Handschriften, die uns von Vertrauenspersonen übergeben wurden. Als Wissenschaftler ist man bestrebt, alles zu hinterfragen. Vor allem dann, wenn die Information, die einem zugetragen wird, ein völlig neues unbekanntes Geschichtsbild offenlegt, das nach den heutigen Erkenntnissen der etablierten Wissenschaft unmöglich wahr sein kann! Jedoch ergab sich bei der schrittweisen Überprüfung der Schriftstücke mittels Feldforschung mit jedem Forschungstag eine neue Information und wie in einem Puzzle entstand langsam ein neues geschichtliches Gesamtbild unserer jüngeren Vergangenheit in Europa. Dies wurde in keinem uns bekannten und bis heute veröffentlichten Geschichtsbuch oder auch in einer wissenschaftlichen Fachpublikation je erwähnt, weil es nur wenigen Personen bekannt ist. Natürlich waren wir bestrebt, vor Ort den wahren Kern der Informationen zu belegen, um an weiterführende Fakten, die den Inhalt der Dokumente beweisen, heran zu kommen. (Abb. 27 und 28) Was nicht immer einfach war, denn mehr als 500 Jahre sind eine lange Zeit und da hat sich auch landschaftlich viel verändert.

Während die Kirche ihre Dokumente in dieser Angelegenheit über Jahrhunderte hinweg sicher in ihren Kloster- bzw. Vatikan-Archiven aufbewahrte, erfolgte die Sicherstellung der brisanten historischen Handschriften aus der Kaiserzeit in Form von Verschlussakten in den Hof-, Adels-

Abb. 28 (rechts) *Eine geöffnete Bergspalte, die unweit der Riegersburg senkrecht in die Tiefe führt.*

und Staatsarchiven von Österreich und Deutschland. Bis auf wenige Privatpersonen wurden vermutlich bis heute nur privilegierte Auserwählte von der römisch-katholischen Kurie darüber eingeweiht. Im Jahr 2014 waren es laut dem Archivar Univ.-Prof. DDr. Röhrig in Österreich nur zwei Personen in der Kirche und ein damals bereits verstorbener österreichischer Wissenschaftler, Univ.-Prof. Dr. Johannes-Wolfgang Neugebauer, der durch eigene Untersuchungen und Hinweise des Archivars auf diese frühen Kulturen aufmerksam gemacht wurde. Wenige interessierte Vertreter der Kirche, wie zum Beispiel der Mönch Lambert Karner (Karner 1903) und der Pfarrer Ludwig Stampfer (Stampfer 1870), kamen bereits vor über 100 Jahren durch persönliche Nachforschungen zu den richtigen Denkansätzen und Rückschlüssen. Sie konnten diese jedoch nur mit wenigen anderen Menschen teilen.

Was stand nun in diesen alten Schriften aus dem 16. Jahrhundert? Die nachfolgend angeführte Textstelle ist ein Auszug aus einem Adelsakt der Familie Wormb/Wurm im AVA (= Österreichisches Staatsarchiv AVA Adel Adelsarchiv in Wien) aus dem Jahre 1592 und zeigt auf, dass es im 16. Jahrhundert tatsächlich noch Kontakte zu Völkern in unserem Erdmantel durch ausgewählte Personen der Katholischen und Evangelischen Kirche und privilegierter Adelsgesellschaften gab. Diese alten Verschlussakten sind Dokumente, die die Familiengeschichten von Adeligen, ihre Verdienste, Erbfolgen usw. über Jahrhunderte hinweg beinhalten. Sie sind aber verständlicherweise, da auf Personen bezogen, für die allgemeine Öffentlichkeit nicht zugänglich!

Abb. 29 *Gebietsabschnitt der Oberen Teichen bei Kalwang in der Steiermark.*

Jedoch von welchen Kontakten wird hier eigentlich gesprochen? Welche unterirdischen Völker im Erdmantel sind da gemeint? Worum geht es hier generell eigentlich? Um die „Hohle Erde“, die im Internet spekulativ präsent ist, geht es hier nicht! Wir möchten hier einen geschichtlichen Teilbereich einer wahren und überprüfbaren Vergangenheit aufzeigen, die heute noch wie in den letzten 500 Jahren stark tabuisiert wird. Seit Jahrhunderten wurde und wird durch die Richtlinien der Römisch-Katholischen, Evangelischen und Orthodoxen Kirche sowie des Islam mit teils unwissender Unterstützung der Politik samt den von ihren Tätigkeiten überzeugten Handlangern aus vielen Fachbereichen systematisch altes Wissen aus dem Gedächtnis der Bevölkerung und der Geschichtsschreibung getilgt bzw. intern geheim gehalten!

Wie die nachfolgend angeführten Satzfragmente von Abschriften aus dem 16. Jahrhundert bestätigen, verfolgte die Kirche damals wie heute eigene Interessen, deren Bestreben das Verschließen der Zugänge zu den „Unterirdischen Völkern“ war. Diese interne Übereinkunft, die bereits im 15. Jahrhundert in Kirchenkreisen zur Sprache kam, aber nicht exekutiert worden war, wurde in einem Zwischenzeitraum des Konzils von Trient (1543 – 1554) in den Jahren

Abb. 30 Stolleneingang zu einem neuzeitlichen Kupferbergbau nahe Kalwang.

1548 bis 1550 von auserwählten geistlichen und weltlichen Persönlichkeiten ausgehandelt und mit Zustimmung von Vertretern der Katholischen Kirche und einem Vertreter des Osmanischen Reiches im Jahre 1550 beschlossen. Dieser Beschluss wurde aber in den späteren Konzil-Protokollen nicht öffentlich bekannt gemacht! Warum ist schnell erklärt, da dieser Beschluss nicht im offiziellen Ablauf des Konzils unterzeichnet wurde. Im Mittelalter und in der frühen Neuzeit hat man die Vorlagen und Beschlüsse von konziliaren Großversammlungen oft im Nachhinein als Kopien angefertigt. Konzilsnotare verfassten Ableitungen, da ein offizielles Protokoll der Sitzungen meist fehlte. All diese Schriftstücke wurden bis zum 16. Jahrhundert in Mittelalter-Latein niedergeschrieben und in speziellen Kirchenarchiven aufbewahrt. Sie waren dem gewöhnlichen Volke nicht zugänglich, weil dieses damals mit Ausnahme des Adels und der Bürgerschicht oft weder lesen noch schreiben konnte.

Ab der zweiten Hälfte des 16. Jahrhunderts bis in das 18. Jahrhundert hinein wurden dann vom Klerus diese Beschlüsse mit Teilunterstützung der Inquisition (= Hexenverfolgung) exekutiert. Die Kirche installierte ab dem Jahr 1233 die Inquisition, um sich ursprünglich vor Kritikern (Häretiker), sie bezeichnete diese als „Ketzer“, schützen zu können. Zu den Kritikern zählten auch die „Tempelritter“, die davor im Jahre 1226 angeblich an unbestätigte Informationen herankamen, die einen frühen Besuch von fremden Wesen auf unserem Planeten zum Inhalt hatten. Wie wir aus den beiden gerade genannten Jahreszahlen ersehen können, liegen diese zuletzt genannten Ereignisse nur sieben Jahre auseinander! Hunderte Templer wurden ja ab dem Jahre 1307 (Freitag, dem 13. Oktober) auf Anweisung des französischen König Philipp IV. und mit Unterstützung der Kirche, vertreten durch Papst Clemens V., bis zum 11. April 1314 verfolgt und umgebracht, weil sie zu reich und durch ihr Wissen zu mächtig geworden waren. Wir können heute eine solche Vorgehensweise der damaligen Weltkirche und des französischen Königs nur als bewusst durchgeführten Tötungsauftrag im Namen Gottes deuten, wo intelligente und unschuldige Menschen auf dem Scheiterhaufen verbrannt oder mittels Folter zu Tode gequält wurden. Man kann heute annehmen, dass dieses Inquisitionsverfahren ebenso für die ab dem 16. Jahrhundert einsetzende Jagd auf unbequeme Eingeweihte in der Bevölkerung angewandt worden ist. Also an jenen Personen, die über die Verbindungen der Kirche und des Adels zur „Unterwelt" Bescheid wussten und so leicht als Hexer, Hexen oder Zauberer denunziert und problemlos zu beseitigen waren. Denn mit ihnen starb auch ihr Wissen! Zum besseren Verständnis führen wir nachstehend einen Auszug aus dem bereits zuvor erwähnten Adelsakt aus dem Jahr 1592 an, in dem die damalige Vorgehensweise der Kirche in Bezug auf das unverzügliche Verschließen der unterirdischen Anlagen kurz beschrieben wird:

„Datum 1592

... Arbogast Friedreich, Sohn der Crescencia Friedreich, der Muhme des Joan Wurmb. ...
Zwischen den Tälern der Großen und der Kleinen Teichen hat Arbogast,
der gottgesegnete Strahler um den 60. sener Lenze
am Estimieren über eine Kupferbergader einen Tunnel in der Erde
aufgespürt und sogleich gute Kontakte mit den Kamen geknüpft,
welche die Familie zu beyderlei Nutzen geführet, doch 1580
wegen der denkwürdigen Ereignisse und der Sorge um das vermeintliche
Gemeinwohl Aller durch Unterbindung der Kontakte
durch die Heilige Kirche unterbrochen, sich jedoch weiterhin
redlichst um die auf der Bergscheide am Sölk
unter der uralten dortigen Einsiedeley unterirdisch befindlichen
Sanadis für Aller Heil trotz den Unbillen der Zeiten
gekümmert, was ihnen in der Zukunft wohl auch die
Heilige Römische Kirche zu Respekt zollen wird müssen. ..."

(Textauszug aus dem Akt Wurm: Quelle AVA Adelsarchiv Wien)

Fassen wir den kurzen Inhalt des Textauszuges einmal zusammen. Ein Mineralien-Prospektor (= Strahler) hatte bei der Suche nach Kupfervorkommen im obersteirischen Bergland nahe Kalwang einen Tunnel aufgespürt. (Abb. 29 bis 31) Er bekam durch diese Entdeckung Kontakt mit Angehörigen eines unterirdischen Volkes, den „KAMEN", und in der Folge betrieb seine Familie über einen uns noch unbekannten Zeitraum hinweg einen Handel mit den Vertretern dieses unterirdischen Volkes. Wie aus dem Text weiter hervorgeht, organisierte damals das unterirdische Volk das sich selbst als „Kamen" bezeichnete, diesen Handel, heute würden wir Geschäftsverbindung dazu sagen. Um 1580 jedoch untersagte die Kirche diesen Kontakt. Es steht ja im Text:

„... welche die Familie zu beyderlei Nutzen geführet, doch 1580
wegen der denkwürdigen Ereignisse und der Sorge um das vermeintliche
Gemeinwohl Aller durch Unterbindung der Kontakte
durch die Heilige Kirche unterbrochen ..."

Auf Grund dessen kann vermutet werden, dass damals vielleicht über einen langen Zeitraum eine regelrechte Handelsbeziehung stattgefunden hat. Wir erinnern an Klosterneuburg, auch hier war es das Jahr 1580, wo die unterirdischen Anlagen unterhalb der Stadt im Auftrag des damals amtierenden 39. Propstes Kaspar Christiani (Amtszeit 1578-1584) und des 40. Propstes Balthasar Polzman (Amtszeit 1584-1596) vom Augustiner Chorherrenstift im Namen der Kirche verfüllt wurden. (Kusch & Kusch 2014) Dies ist kein Zufall, denn wir können im oben

Abb. 31 (rechts) *Stollenabschnitt eines neuzeitlichen Kupferbergwerkes in der Oberen Teichen nahe Kalwang, Steiermark.*

Abb. 32 *Mess-Sonden, wie sie im Stadtbereich von Klosterneuburg zu finden waren.*

zitierten Textausschnitt lesen, dass auf Anweisung der „Heiligen Kirche“ diese Kontakte unterbrochen worden sind! Welche denkwürdigen Ereignisse erschütterten damals oder vielleicht auch noch früher das Weltbild der Kirche, dass sie solche strikten Anweisungen nicht nur in den eigenen Reihen verbreitete, sondern auch im gesamten europäischen Raum an den Adelsstand Instruktionen zum sofortigen Abbruch der Kontakte zu den „Völkern der Unterwelt“ weitergab? In diesem Zusammenhang ist ebenso erwähnenswert, dass Erzherzog Karl II. von Innerösterreich im Jahre 1574 eine Verordnung herausgab, die jede Form von Zauberei mit der Todesstrafe belegte! Welch ein zeitlicher Zufall (!), denn mit dem Verschließen der Zugänge zur Unterwelt gab es genug „Wissende“, Frauen und Männer unter der Bevölkerung, die über die Funktion der unterirdischen Anlagen und die technisch fortschrittlichen Errungenschaften der unterirdischen Völker Bescheid wussten, weil sie dem Adel und der Kirche bei den Transporten auch geholfen hatten. Die dabei verwendete Technik der unterirdischen Völker musste damals wie Zauberei gewirkt haben. So wurde diese zum Beispiel in einer kirchlichen Abschrift aus dem Jahre 1580 mit den beiden Wörtern „heidnischer Unfug“ zum Ausdruck gebracht. Bei uns in der Oststeiermark befanden sich laut Überlieferung noch im vorigen Jahrhundert bis zum Jahre 1950 bei einigen Bauern unerklärliche Gegenstände, die in den Gasthöfen von den ansässigen Bauern immer wieder hergezeigt und bestaunt wurden, weil sie aus einem unbekannten Material gefertigt waren. Dies wurde sogar in den Hausgeschichten erwähnt und niedergeschrieben. Gegen Ende des „Zweiten Weltkrieges“, also in der Besatzungszeit (1945–1955) in Österreich wurden diese Gegenstände von den russischen Soldaten als Kriegsbeute mitgenommen (Schleich 1991/1992).

Begeben wir uns nach Klosterneuburg, wo in den Jahren 2018/19 sogar mit mehr als 33.000 Sonden fast ein dreiviertel Jahr lang Messungen, offiziell von der OMV, inoffiziell aber von der deutschen DMT-Group, im Auftrag der NASA (= CIA) durchgeführt worden sind. (Abb. 32 und 33) Warum haben amerikanische Firmen Interesse an dem, was unter der Oberfläche im Raum um Klosterneuburg liegt? Laut offizieller Angabe in der Presse und im Internet hat man unter Klosterneuburg und der Umgebung nach Erdgasvorkommen gesucht! Allerdings berichteten die ausführenden ausländischen Techniker, dass man mit den Sonden nach unterirdischen Hohlräumen angeblich bis in über 30 Kilometer Tiefe

Abb. 33 *Eine von den 33.000 Mess-Sonden, die in und um Klosterneuburg aufgestellt worden waren.*

suchte und fündig wurde! Einige dieser Fachleute waren Jahre davor bei der unterirdischen Anlage von Bucegi in Rumänien im Einsatz. Da stellt sich die Frage, was ist hier die Wahrheit. Nach was wurde da in den Jahren 2018 und 2019 wirklich gesucht? Eine von mehreren unterschiedlichen Auskünften der Gemeindeangestellten an die Bevölkerung im Dezember 2018 war beispielsweise, dass diese Sonden zur Steuerung der Weihnachtsbeleuchtung der Stadt dienen sollten. Was letztlich zu einem krassen Widerspruch führte, denn die Sonden standen bis gegen Ende März 2019 hinein verteilt im Stadtgebiet bzw. der näheren und weiteren Umgebung und wurden mit ständig wechselnden niederen Hertz- bzw. Kilohertzfrequenzen gespeist! Der „Infraschall", der durch diese Sonden in den Boden aus- bzw. abgestrahlt wurde, führte letztlich dazu, dass einige Bewohner der Stadt in diesem Zeitraum kurz- bzw. langfristige gesundheitliche Beschwerden, wie Kopfweh, Übelkeit und Durchfall erfahren haben. Auch kam es kurzfristig zu starken Vibrationen in den Häusern, sodass Gegenstände von Regalen und Tischen auf den Boden fielen. Möglicherweise könnten in diesem Zeitraum auch Schäden an alten Baustrukturen im Stadtbereich damit erklärt werden, weil diese durch den „Infraschall" beeinflusst bzw. ausgelöst werden können. Wurde wirklich nach unterirdischen Hohlräumen gesucht? Die ausgelesenen Messdaten wurden laut Aussage der Techniker täglich verschlüsselt über Deutschland in die USA weitergeleitet und dort ausgewertet.

Abb. 34 *Historische Häuserzeile in der Altstadt von Klosterneuburg, Niederösterreich.*

Eine bemerkenswerte Begebenheit mit tragischem Ausgang ereignete sich bereits ein Jahr davor. Am Donnerstag, dem 11. Februar 2016, setzte sich zu Mittag der Physiker Kuotyrjew Artjom telefonisch mit einem guten Bekannten von uns in Verbindung. Dieser Physiker von der Universität Kiew (Ukraine) hat sich auf Anraten eines leitenden Angestellten vom Bundesdenkmalamt in Niederösterreich als Archäospeläologe ausgewiesen, so teilte er es uns mit. Den Kontakt zu dieser Stelle hatte er damals drei Monate zuvor Ende 2015 von der Ukraine aus hergestellt. Im Gespräch stellte sich heraus, dass er seit mehr als 20 Jahren bei unterirdischen Anlagen (Schratteln bzw. Erdställen) in der Ukraine Frequenzmessungen vorgenommen hatte. Im Rahmen seiner Untersuchungen wurde er bei zwei Anlagen in seinem Land fündig. Und zwar fand er heraus, dass, wenn man die Räumlichkeiten im Tief- und Hochfrequenzbereich beschallt, sich je nach Anlage bei einer bestimmten höheren Mischfrequenz ein gebündelter eindimensionaler Leitstrahl ausrichtet, der den Hinweis auf die nächste unterirdische Anlage gibt, die die gleiche Gesteins-Frequenz besitzt wie das Objekt, bei dem man sich befindet. Auf diese Weise konnte er von diesen beiden Anlagen aus zwei eindimensionale Schallausbreitungen ermitteln, die jeweils in einer geraden Linie nach Westen ausgerichtet waren. Von jedem dieser beiden Objekte gelang es ihm dadurch, über 20 weitere Anlagen in einer geraden Linie nach Westen zu lokalisieren. Wobei er bei einer Linie fünf noch offene unterirdische Anlagen fand, bei denen er überall die gleichen Frequenzen messen

konnte, und bei der zweiten Linie noch vier offene Anlagen auffand. Alle anderen der über 40 ermittelten Anlagen waren zugeschüttet oder durch Überbauung nicht mehr zugänglich.
Das Besondere war aber der Schnittpunkt der beiden Energielinien, die sich nach tausenden Kilometern genau bei Klosterneuburg in Österreich trafen. (Abb. 34) Er hatte in seiner jahrelangen Tätigkeit eine Formel entwickelt, wie man durch die Anzeige des gerade verlaufenden, also des eindimensional gebündelten Frequenzkanals das Gegenstück der jeweiligen Anlage im Gelände wieder auffinden kann. In Klosterneuburg untersuchte der ukrainische Wissenschaftler anfangs einen Keller mit Erdstallgängen, hatte jedoch dort angeblich keinen Erfolg mit seinen Messungen. Dann untersuchte er die Burg Greifenstein und als Abschluss auf unser Anraten hin die unterirdische Anlage in Kritzendorf mit dem großen technischen Artefakt aus dem prähistorischen Zeitraum, das angeblich Univ.-Prof. Dr. Neugebauer entdeckt hatte.
Er hielt sich knapp eine Woche (5 Tage) in Klosterneuburg auf, wobei er bei der unterirdischen Anlage oberhalb von Kritzendorf drei Tage lang Messungen mit einem Frequenzen erzeugenden Gerät an der Oberfläche vornahm. (Abb. 35) Vom Schachteinstieg ausgehend, fand er einen über 700 Meter langen unterirdischen Gang, der in 60 Metern Tiefe unter der Anhöhe hindurch in Richtung „Weißer Hof" führte. Er bestätigte auch die davor liegenden unterirdischen Räume, deren Lage auch uns bekannt war, weil sie auf einer Grundriss-Skizze von Dr. Neugebauer eingezeichnet waren. Des Weiteren stellte er fest, dass es am Waldhang oberhalb des verschlossenen Erdstall-Einganges eine rund 2 Meter durchmessende Stelle gibt, die elektromagnetische Strahlung innerhalb des Ultraschallbereichs aufweist. Laut seinen Angaben waren es 28,7 kh (Kilohertz) aufsteigend! Er sprach auch von 28.000 Bowis EH und fand dies bemerkenswert. Er sagte, dass er mit seinen Messergebnissen zufrieden sei, diese aber erst einmal auswerten müsse, was etwa drei Monate bis zwei Jahre in Anspruch nehmen würde. Aber er wollte noch im Mai desselben Jahres nach der ersten Datenauswertung erneut nach Klosterneuburg zurückkommen, um weitere gezielte Untersuchungen durchzuführen. Er wollte noch bis Mittwoch, den 17. Februar seine Messungen weiterführen, reiste aber am Sonntag (14. Februar) überraschend nach Ungarn ab, wo er in der Nähe von Brennbergbanja (nahe Sopron) eine unterirdische Anlage auffinden und untersuchen wollte. Dies schien ihm gelungen zu sein, denn er flog noch in der Nacht von Montag auf Dienstag in seine Heimatstadt Ivano Frankivsk (Westukraine) zurück. Nach seiner Ankunft fuhr er vom Flughafen in die Stadt hinein, stieg aber mit seinem Gepäck mehrere Stationen vor seiner Heimadresse aus dem Zug aus. Um 2 Uhr hinterließ er eine Sprach-Nachricht auf seinem Handy, in der er angeblich sagte, dass seine Forschungen zu keinen neuen Erkenntnissen geführt hätten und er deshalb Selbstmord begehen möchte. Nach offizieller Polizeiversion sprang er gleich nach dieser Aufzeichnung von einer Brücke in den Tod. Sein Gepäck mit dem Handy lehnte er, bevor er angeblich in die Tiefe sprang, an das Brückengeländer.
Das Merkwürdige an der Geschichte ist dabei, dass seine Großnichte diese letzten aufgezeichneten Worte von seinem Mobiltelefon nicht selbst hören durfte, weil diese von der Polizei bereits gelöscht worden waren. Außerdem fehlte der Laptop mit den Aufzeichnungen seiner Messungen aus Österreich und Ungarn. Seine gesamten technischen Geräte, die er zum Messen der Frequenzen benötigte und die er in Klosterneuburg in einem Rucksack ständig bei sich getragen hatte, fehlten ebenso! Die Polizei nahm an, dass diese Geräte gestohlen worden waren. Der einzige krasse Widerspruch hierbei ist, dass sein Handy da war! Er sprach noch zuvor in Klosterneuburg davon, dass er angeblich seit Jahren von Geheimdienstleuten überwacht und auch bedroht worden ist. Seine beiden Arbeiten, dieses Thema betreffend (um 1998 und 2002), sind, mit einem Sperrschlüssel versehen, an den Universitäten in Moskau, Kiew und in seiner Heimatstadt derzeit noch vorhanden, aber nicht einsehbar. Sein Name wurde noch am selben Tag von der Homepage der Universität Kiew gelöscht, obwohl er Tage vor seinem Tod mit

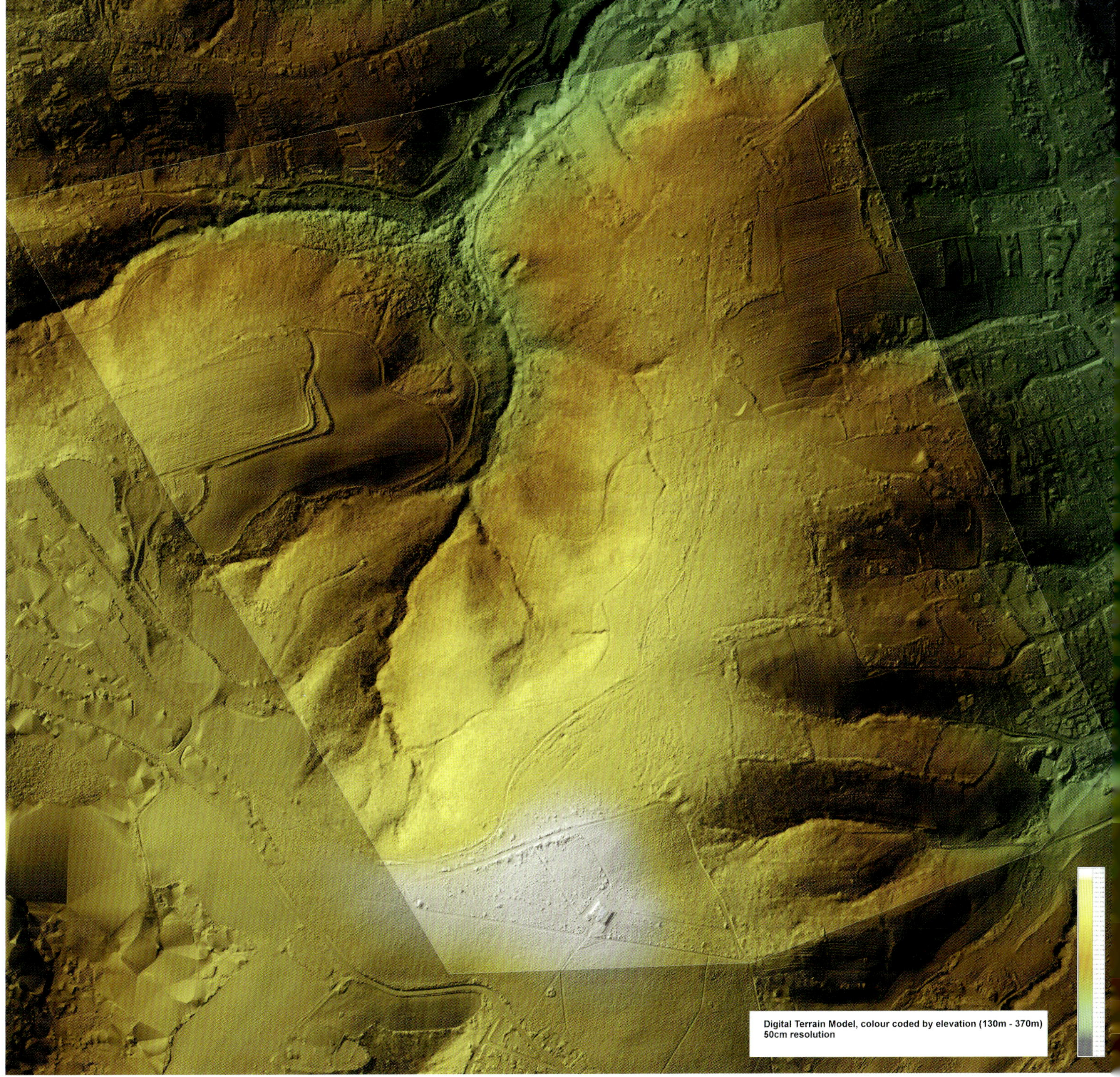

Abb. 35 *Geländescan von Kritzendorf. Unter diesem Bergrücken liegen zahlreiche unterirdische Anlagen. Grafik: Dr. Johannes Riegl*

seinen Vorlesungen im Sommersemester noch dort aufschien.

Im Jahr 2017 wurden wir auch erstmalig mit der Existenz eines großen Ganges am Kahlenberg in Niederösterreich konfrontiert, als uns eine alte Skizze eines Architekten übergeben worden ist. Dieser hatte im vorigen Jahrhundert in seiner Jugendzeit nahe bei Wien einen mit einer Steinplatte abgedeckten Schlupf (= enge Eingangsöffnung) am Waldhang entdeckt, der nach einer kurzen kriechbaren Strecke in einen großen Gang einmündete. Er untersuchte nur einen kleinen Bereich dieses Tunnels, da er zu diesem Zeitpunkt über keine ausreichende Beleuchtung verfügte, um ihn weiter erforschen zu können. In diesem laut seiner Zeichnung sehr breiten Tunnel befinden sich heute noch Knochenreste von einem Pferdeskelett, dessen Herkunft ungeklärt ist, weil der einzige derzeit bekannte Zugang so eng ist, dass man nur schliefend, also am Bauch kriechend, hineingelangen kann. Heute ist diese Stelle offiziell nicht mehr zugänglich. Der Eingang liegt, wenn man in Richtung Kirche blickt, in einem eingezäunten Waldabschnitt, der sich linker Hand der Trafik am oberen Ende des Parkplatzes befindet.

***Abb. 36** Die um 1629 erbaute St. Josefskirche auf dem Kahlenberg, Niederösterreich.*

***Abb. 37** Eingang zu einer unterirdischen Anlage (Camaldulensergrotte) am Kahlenberg, Niederösterreich. Dieser Eingang wurde 2022 zugeschüttet.*

Am Waldrand liegt ein Betonblock, auf dem eine Kupfertafel mit einem etwas kryptisch abgefassten Text angebracht ist. Diese Tafel wird heute offiziell als Kunstwerk deklariert, jedoch kann der Inhalt eher als mystisch bezeichnet werden.

Dass dieser Berg, in dem sich der Tunnel befindet, gleich wie Klosterneuburg und Kritzendorf ziemlich unterhöhlt ist, konnten auch wir verifizieren. Das rechte und dritte Seitenschiff der Kirche am Kahlenberg ist in der Vergangenheit in einen unterirdischen Hohlraum eingebrochen, darum hat die Kirche heute nur mehr einen von ursprünglich zwei Türmen. (Abb. 36) An der Basis des Berges gibt es einen steingemauerten Gang (ehemals Camaldulensergrotte) und erdstallähnliche kleinere unterirdische Anlagen, die einst vermutlich die Zugänge zu diesem großen Tunnel gewesen sein könnten. (Abb. 37 und 38) Bereits im 16. Jahrhundert, und zwar am 21. März 1546, wurde im kaiserlichen Hausarchiv ein Vermerk abgelegt, dass im heutigen Leopoldsberg (damals Kahlenberg) ein Eingang zu einem langen Erzgang entdeckt wurde, der unter der Donau hindurch bis zum Bisamberg führte und dort bei Hagenbrunn wieder zu Tage ausbeiße. (H.K.A. Nr. 40, fol. 41 und 1378)

In den letzten Jahren wurden mit einem speziellen Geo-Bodenradargerät der NASA die Waldhänge am Kahlenberg und auch in Kritzendorf von Mitgliedern des israelischen Geheimdienstes Mossad abgescannt und eine Vielzahl von unterirdischen Gängen aufgespürt. Ihr Verlauf wurde an der Oberfläche mit tausenden Metern an Schnüren, die zwischen den Bäumen gespannt waren, gekennzeichnet. (Abb. 39) Der Tunnel des Architekten und andere Gänge wurden gefunden und in weiterer Folge auch der an der Westseite des Berges abwärtsführende große Gang teilweise erforscht. Bis zum März 2019 waren mit Kabeln verbundene Sonden über unzählige Bohrungen am Berghang verteilt vorzufinden, die vor dem Winter 2018 noch nicht da waren. (Abb. 40) Dies hing mit den monatelangen Frequenz-Messungen zusammen, die im bereits erwähnten Zeitraum 2018 und 2019 in Klosterneuburg und der näheren Umgebung wie am Bisam-, Leopolds- und auf dem Kahlenberg stattfanden.

Ebenfalls im Jahre 2017 setzten sich Mönche des damals in Wien ansässigen Klosterordens „Trös-

Abb. 38 *Große, mit neuzeitlichem Ziegelgewölbe ausgebaute Gangpassage in der alten unterirdischen Anlage am Kahlenberg.*

ter von Gethsemani“ mit dem Besitzer der „12 Apostel Zeche“ in Verbindung und berichteten ihm, dass sie bei Restaurationsarbeiten in der von ihnen betreuten Kirche „Marianka“ (Mariental) in der Slowakei ein Hunderte Meter langes Netz alter unterirdischer Gänge gefunden hätten. Sie installierten eine elektrische Beleuchtung, um die Anlage touristisch nutzen zu können. Als sie jedoch die Attraktion auf ihrer Webseite im Internet veröffentlichten, wurde diese laut ihrer Aussage noch am selben Tage vom Vatikan gelöscht und ein Bautrupp zur Kirche geschickt, der die Eingänge zumauerte. Der Abt der Tröster, Herr Egon Straschil, wollte uns die Funktion der unterirdischen Anlagen erklären. Er erzählte ein interessantes Detail, und zwar, dass es auch möglich ist, mit der menschlichen Stimme jene Frequenzen zu erzeugen, die einen Materietransport in einem funktionierenden Erdstall auslösen können. Die Töne, welche ständig wiederholt werden müssen, bewirken, dass sich Teilchen in Photonen umwandeln, das heißt, dass Materie in Lichtwellen umgewandelt wird (Welle-Teilchen-Dualismus). Noch funktionierende unterirdische Anlagen sind an der Erdoberfläche durch Orbs erkennbar. Er wollte uns die unterirdische Anlage zeigen, dazu kam es aber nicht mehr, denn Anfang April 2018 verstarb er plötzlich im Alter von 62 Jahren an einem Herzstillstand. Das Begräbnis fand am 15. April 2018 statt.

Abb. 39 *Die im Wald am Kahlenberg gespannten Schnüre, die den Verlauf der unterirdischen Anlagen an der Oberfläche anzeigten.*

Abb. 40 *Eine von vielen Sonden am Waldhang des Kahlenberges.*

Über derartige Materietransporte gibt es einige Berichte aus Vorau, dem Wienerwald und auch aus Klosterneuburg, wo eine ältere Dame im Oktober 2016 über ein einschneidendes Erlebnis aus ihrer Jugend berichtete, das wie folgt festgehalten wurde:

„In ihrer Jugendzeit untersuchte sie in Klosterneuburg einen unterirdischen Gang, der vom Keller des Hauses „Wasserzeile 13" wegführte. Sie betrat den Gang mit einer Kerze und begann dann aus Angst zu singen. Sie kann sich nur mehr daran erinnern, dass ihr auf einmal schwindlig wurde und sie dann etwas entfernt einen Aufstieg sah, wo durch einen Spalt Tageslicht einfiel. Sie stieg zum Licht empor und es gelang ihr mit letzter Kraft eine Steinplatte anzuheben, die den Ausstieg versperrt hatte. Sie befand sich im Innern eines Marterls, das neben einer Straße stand. Und zwar jener, die von Gölles nach Großmugl führte, etwa zwei Kilometer vor dem Ort Großmugl nahe dem Hügel. Sie hatte damals als Kind Schwierigkeiten, wieder nach Klosterneuburg, das ja über 50 km entfernt von dieser Stelle liegt, zurückzukommen." (Abb. 41)

Dieses Phänomen von energetischen Materietransporten erinnert uns sehr an unsere Aufzeichnungen von Vorau, wo gleichfalls zu Kriegszeiten ein Mädchen gemeinsam mit dem Messner in einem unterirdischen Gang vom Stift Vorau auf dem Masenberg teleportiert worden war. Sie hatten den Auftrag, Wertgegenstände aus dem Stift dort im Wald zu vergraben. Auch sie konnten über die unterirdische Anlage am Masenberg nicht mehr zurück und mussten einen mehrere Kilometer langen Heimweg zum Stift antreten. Ähnliches erlebte der Wiener Prähistoriker Dr. Neugebauer, der mehrmals von Kritzendorf nach Rubland am Rabenwaldkogel in der

Abb. 41 *Der hallstattzeitliche Tumulus „Leeberg" (auch Großmugl) in der gleichnamigen Marktgemeinde Großmugl, Niederösterreich.*

Oststeiermark teleportiert wurde. In den letzten Jahren eröffnete sich uns ein schier unglaublich breites Netz an neuen Informationen mit einem Einblick in eine Welt, die es offiziell nicht geben darf. Je tiefer wir in diese eindrangen, desto abstrakter wurde sie aus wissenschaftlicher Sicht für uns.
Der Großkomtur der „Herren vom Schwarzen Stein", die damals zeitgleich im Orden der „Ritter des Tempels" (Tempelritter 1119–1314) existierten, stand laut Überlieferung mit der Filia (lat. = Tochter) „ISAIS" aus der Unterwelt in Verbindung. Sie holte, so der Mythos, den „Schwarz-Lila Stein" aus der „Unterwelt" und übergab den Tempelrittern diesen Stein im 13. Jahrhundert. Ob diese Überlieferung auf wahren Tatsachen beruht, sollte generell ohne Vorbehalt überdacht werden, zumal es, durch Dokumente belegt, in dieser Zeit noch offene Kontakte zur Unterwelt gab. Und es gibt auch heute noch solche Steine. Nach der Verfolgung und Ermordung der Tempelritter auf Anweisung der Kirche bzw. des Papstes und des Königs von Frankreich im Jahre 1307, übernahmen im 14. Jahrhundert die „Herren vom Schwarzen Stein", mutmaßlich das Wissen und Unterlagen des Templerordens. Unter den Hinterlassenschaften der Templer befand sich auch noch ein „Steinerner Schwarzer Männerkopf", der laut historischen Abschriften das Geheimnis Baphomets (griech. = Eintauchen ins Wissen, wird aber auch als Begriff für einen „Dämon" interpretiert/verwendet/erklärt) repräsentiert und der sich heute in unterirdischen Räumen einer Kirche nahe bei Wien befinden soll. Wir bitten unsere Leser um Verständnis, wenn wir einzelne Namen von Informanten, Kirchen oder anderen Orten nicht bekannt geben, weil dies in diesen Fällen nicht erwünscht ist.

Wir können heute, wie der erste in diesem Kapitel publizierte Auszug einer Handschrift gegen Ende des 16. Jahrhunderts aufzeigt, auf viele alte Dokumente, Malereien, archäologische Funde und Grafiken aus der Neuzeit zurückgreifen, die auch ein anderes Licht in diese Epoche des Mittelalters und der frühen Neuzeit in Europa werfen. Und hierbei spielten in erster Linie die Katholische bzw. ab dem frühen 16. Jahrhundert ebenso die Evangelische Kirche sowie ausgewählte Adelsgeschlechter eine bedeutende Rolle. Werfen wir einen kurzen Blick in die Chroniken von einigen renommierten Adelsfamilien aus der Neuzeit. In einer weiteren Abschrift aus dem Österreichischen Staatsarchiv AVA Adel Adelsarchiv in Wien (Fideikomiss-Archive, 90% öffentlich, 10% nicht öffentlich, über 350.000 Stk.) aus dem Jahre 1655, die dem Original Adelsakt Wurm/Worm/Wormb aus dem Jahre 1512 zugrunde liegt, findet man Erstaunliches. Der Original-Akt aus dem 16. Jahrhundert ist derzeit nicht mehr im AVA lagernd! In der Zusammenfassung aus einer Abschrift des alten Wurm-Aktes aus dem 17. Jahrhundert ist der auszugsweise nachstehend transkribierte Text vorzufinden. Auch wenn die Schreibweise sehr klar ist und verhältnismäßig „jung" wirkt, stammt die Abschrift dieses Dokuments doch von einem Aktenbestand aus dem 17. Jahrhundert. (Abb. 42)

„Pare Schrift für Haus- und Hofarchiv

Die Wurm oder Wormb
Und deren Beziehungen zu Ramings,
den Wukhowitschs und den Liebenfelsern, respective den Khulmern.
Die Wormb respective Wurm traten schon nach Ende des Römischen Reiches in Erscheinung.
Sie beziehen ihren Namen von einem kühnen Kampfe (sagenhaft) gestützt
durch die später darob Khuen genannte Familie der Othegraven gegen
einen Drachen, auch Wurm genannt, der halb Reptil, halb Mensch zunächst
guthen Willens, jedoch durch die Infamerie den Seinen gegenüber zu

einem wüthenden Monster geworden sei. Von dieser sagenhaften Begegnung ruht die Lindwurm Sage zu Carnthen her.

Tatsächliche Leistungen:
Die Wurmb haben das Transportwesen durch Generationen hindurch betrieben und sich um die technischen Details, die für den Handel mit den Uni, dem subterranen Volk, bis zu den denkwürdigsten Ereignissen um 1510, 1520 und 1561, am 14. Grasmond, gleichwie 1566, den 27. Heumond, mit letzterem beendigt, gekümmert.
Als Zufahrt diente dabei an der Pforte des Pölsthales der Hof der alten Rammings, der Ranningerhof am Ranninger Berge gelegen, mit dem großen Gang bergab, sowie die alte Burg der Offos, der Blutsverwandten der Rammings, ebenfalls im unteren Pölsthale gelegen, wo man die Auffahrt bewerkstelligte.
Die Wurms und die Rammings ab dem dankbaren Witold, der Ebaura Wurmb zur Frau nahm, kümmerten sich um den Erhalt der Stätte am Pass der Sölk, wo sie die unterirdischen Gefielde (unter der Einsiedeley) der Sanadis bewachten.
Auch das bei Schüsserlbrunn verewigte Wissen und die Krystalle Obliegen ihnen. ...“
(Textauszug aus dem Akt Wurm: Quelle AVA Adelsarchiv Wien)

Aus diesem kurzen Auszug eines größeren Textdokumentes können wir am Anfang entnehmen, dass der Name des Adelsgeschlechtes „Wurm“ (11./12. Jahrhundert) aus einem frühen Kampf mit einem reptilienartigen Wesen „halb Mensch, halb Tier“ sagenhaft gestützt abgeleitet wurde. Auch der Grund der Auseinandersetzung wird genannt, weil das Wesen und sein Volk von den Menschen auf niederträchtige Art und Weise hintergangen worden ist! Welch eine Allegorie zur politischen und wirtschaftlichen Situation in unserer heutigen Zeit in Europa und der ganzen Welt. Das „Österreichische Wappen“ der Wurm enthält drei rote Felder mit einem weißen Dreieck (!), in dessen Mitte ein Drache abgebildet ist, wogegen das „Deutsche Wappen“ einen blauen Hintergrund mit einem goldenen Drachen aufweist. Handelte es sich bei dem im Text beschriebenen Drachenwesen um eines der unterirdischen Völker, die in dieser Zeit Kontakte mit den Menschen hatten? In Frage kommen hier vielleicht die „KARA“, deren Zugänge sich laut eines anderen Dokumentes in und um die heutige Ortschaft Guttaring in Kärnten befunden haben. (Abb. 43) Ein weiterer Akt der Wurm wurde im März 2019 in Deutschland ausgehoben, in diesem stand, dass es in Niederösterreich von der alten Burgruine Grimmenstein und der Festung Seebenstein, dort in der dreieckigen Kapelle unterhalb einer Steinplatte, angeblich weitere Zugänge zu unterirdischen Gängen geben soll. (Abb. 44)

Interessant ist in diesem Zusammenhang auch die Tatsache, dass im Jahr 2018 drei Tibeter angeblich im Auftrag des Pantschen-Lamas aus der Schweiz Kontakt mit den „Lizards“ (engl. = Echsen) herstellen wollten. Sie suchten wochenlang gezielt die Zugänge zu den großen Tunnels in Österreich, die sich, wie schon oben erwähnt, in der Nähe von Guttaring befinden sollen. Doch scheiterte das Unterfangen an der ablehnenden Haltung der Grundbesitzer, die verschütteten Zugänge wieder zu öffnen oder Bohrungen auf ihren Grundstücken durchführen zu lassen. Die Tibeter konnten auf alte schriftliche Dokumente zurückgreifen, die vor Kurzem in einem Kloster in Tibet gefunden worden waren und aus der österreichischen Kaiserzeit (um

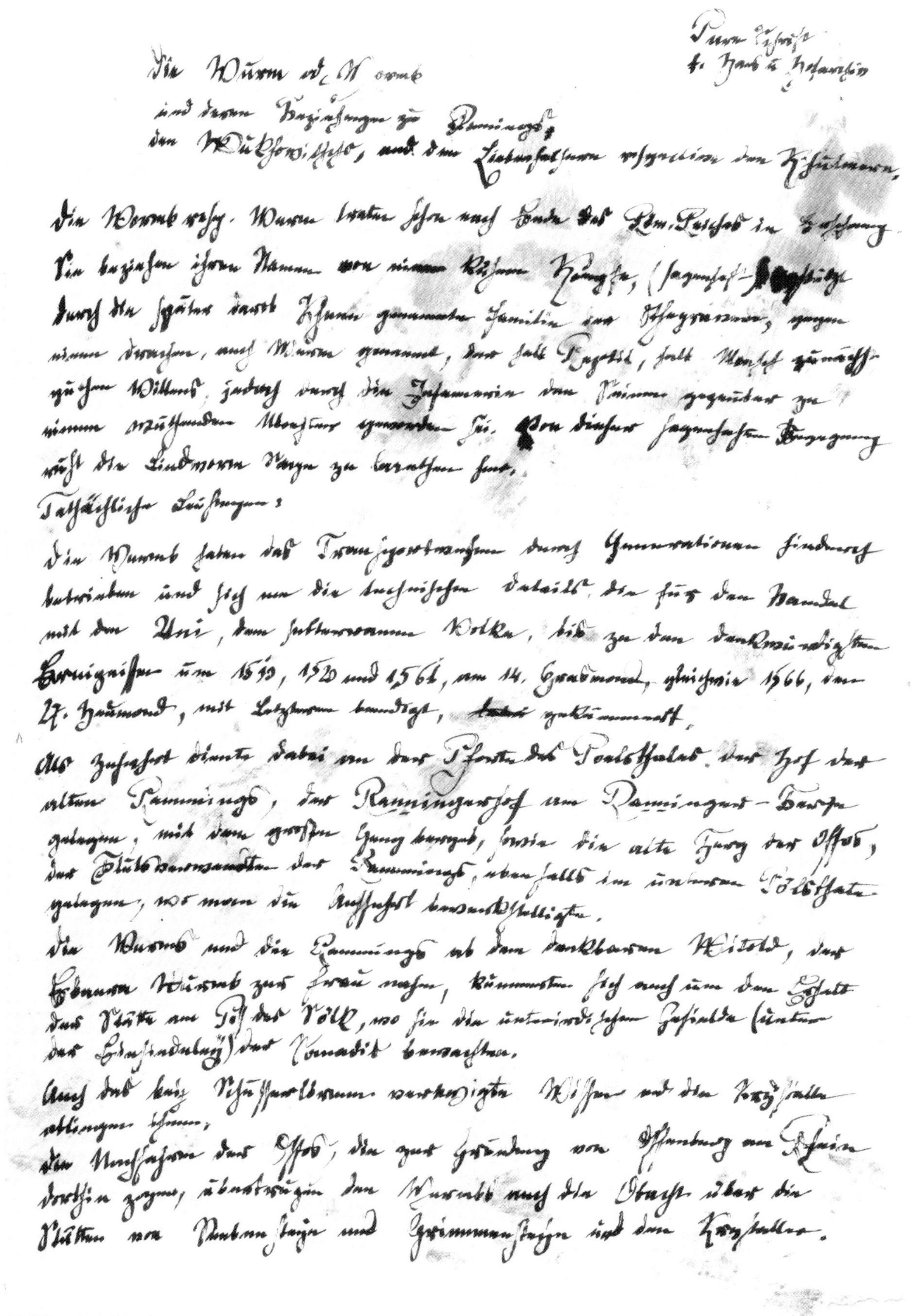

Abb. 42 *Ein Original-Auszug aus den Akt Wurm. (Quelle AVA Adelsarchiv, Wien)*

***Abb. 43** Bei diesem alten Stollen nahe von Guttaring wurde im Zweiten Weltkrieg die Decke zum Einsturz gebracht. Dieser Stollen soll laut Überlieferung unter der Kirche St. Gertruden bis zu einem Schloss führen.*

1800) stammen sollen. In diesen Dokumenten war die Lage der Eingänge zur Unterwelt genau beschrieben. Bestätigt wurden diese Aussagen durch weitere Dokumente aus der Kaiserzeit, die heute noch im Adelsarchiv lagern und die uns nur wenige Monate später übergeben worden sind. Sie hatten einen annähernd gleichen Inhalt wie jene Schriftstücke aus dem tibetischen Kloster. Den Tibetern gelang es danach in einem Nachbarland von Österreich insgesamt drei Zugänge zu großen Tunnels zu öffnen und diese teilweise zu erforschen. Zwei davon führten ausgehend von kurzen Blindgängen in alten Erdstallanlagen und einer vom Grund eines mit Steinen ausgemauerten Brunnenschachtes weg. Die Rückwände dieser Blindgänge wurden teils bis zu zwei Meter weit durchbrochen, um danach über vorerst schmale Gänge in die großen, in die Tiefe führenden Tunnels gelangen zu können. Aber auch diese großen Gänge waren nach Aussage der Tibeter an zwei Stellen durch Felswände verschlossen, die erst von einem Bautrupp durchbrochen werden mussten. Dahinter setzten sich die Tunnel weiter fort bis zu einer energetischen Absperrung.

Auch wir hatten über Wochen hinweg tagelang Kontakt mit der Bevölkerung in der Umgebung des Ortes Guttaring gehalten und interessante Details über die Suche der Tibeter und die großen Gänge in Erfahrung bringen können. (Abb. 45 und 46) Die Vertreter der Ortskirchen halfen uns dankenswerterweise, wussten aber über die von ihnen betreuten Kirchen relativ wenig aus der Vergangenheit. Was nicht verwunderlich ist, denn es wurden im Auftrag der Kirche mit einer Ausnahme (!) im 16. Jahrhundert alle zu diesem Zeitpunkt noch offenen Zugänge zu den unterirdischen Gängen in Kärnten, die mit den damals bekannten unterirdischen Völkern in Verbindung standen, versiegelt. Einige der einst offenen Eingänge, meist waren es Schächte, also vertikal (= senkrecht) in die Tiefe führende Hohlräume, wurden zum Teil mit sakralen Bauten

Abb. 44 *Die aus dem 11./12. Jahrhundert stammende Burg Seebenstein in Niederösterreich.*

Abb. 45 *Die Geländesenke von Guttaring, der Ort liegt am linken Bildrand in der Mitte.*

***Abb. 46** Die barocke Wallfahrtskirche „Maria Hilf" wurde Anfang des 18. Jahrhunderts erbaut und geht auf einen heiligen Platz vor dem 15. Jahrhundert zurück. Diese Kilometer weit von Guttaring entfernte Felskuppe besitzt an der Südseite ein großes, dreistöckiges Pfarrhaus.*

verschlossen, genauer gesagt überbaut. (Abb. 47 bis 50) Dies heißt im Klartext, dass man schon sehr früh im Mittelalter in und um Guttaring mindestens vier Kirchen direkt auf die Eingänge gesetzt oder in zwei Fällen Karner darüber errichtet hatte. (Abb. 51 und 52)

So steht die Pfarrkirche von Guttaring heute genau über dem Ende eines großen Ganges, der in 16 Meter Tiefe unterhalb des Kirchengebäudes beginnt und nach Osten unter die nahe Gebirgskette zieht. (Abb. 53 bis 55) Interessanterweise wissen noch einige ältere Einheimische von den alten Gängen, jedoch nicht, worum es sich in dieser Sache einst gehandelt hat. (Abb. 56) Für sie sind es ausschließlich Bergwerksstollen, was ja zum Großteil auch stimmt. Dieses spezielle Wissen wurde aus der Bevölkerung und den Überlieferungen, Hausgeschichten und Sagen bis auf eine Ausnahme von der Kirche fast lückenlos gelöscht. Die hier existierenden Stollen werden offiziell dem Jahrtausende lang belegten Eisenerzabbau bei Hüttenberg zugeordnet, davon gibt es genug in diesem Gebietsabschnitt. Aber alle wurden aus Sicherheitsgründen in den letzten beiden Jahrzehnten im staatlichen Auftrag verschlossen, d. h., die Jahrhunderte lang offenen Eingänge auf Privatgrundstücken wurden laut Aussage der Besitzer von einer staatlichen Großfirma mit Beton verfüllt. (Abb. 57) Viel haben sich die Verantwortlichen dabei jedoch nicht gedacht, weil ja Stollen

Abb. 47 (links) Nördliches Panorama von Guttaring. Etwa in Bildmitte, leicht versetzt nach rechts ist die Kirche Waitschach auf der höchsten Erhebung erkennbar.

***Abb. 48** Ansicht des in über 1.000 Meter Seehöhe gelegenen Kirchenbaues Waitschach in Kärnten, die erstmals 1390 genannt wurde.*

***Abb. 49** Geo-Bodenradarmessung in der Kirche Maria Waitschach im zentralen Hauptraum vor dem Altar*

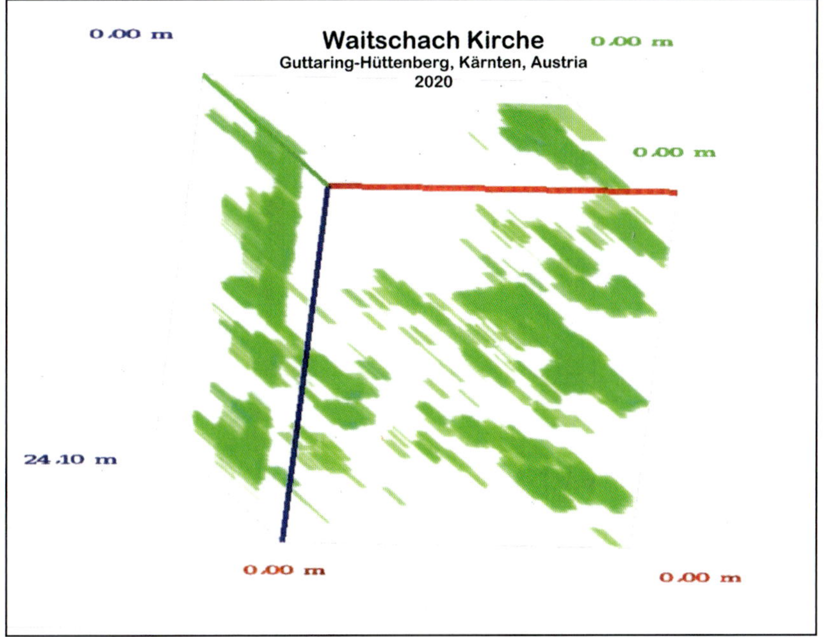

***Abb. 50** Radargramm der Geo-Bodenradarmessung in Waitschach.*
Die Verteilung von unterirdischen Räumen und Gängen bis in 24 Meter Tiefe ist gut erkennbar.
Die Auswertung zeigt elektromagnetische Anomalien im unter der Kirche liegenden Gesteinskörper.

***Abb. 51** Der hinter der Kirche stehende Karner, auch Beinhaus genannt, stammt aus dem Jahre 1535 (16. Jahrhundert), also jenem Zeitraum, als die Zugänge verschlossen worden sind.*

***Abb. 52** Das Beinhaus (Ossarium), der Aufbewahrungsraum für die Gebeine aus den umliegenden Gräbern, die dort zu Hunderten ihren letzten Ruheplatz gefunden haben.*

***Abb. 53 (rechts)** Die Pfarrkirche von Guttaring, die aus dem 12. Jahrhundert stammt.*

Unseren Helden 1939-1945

Abb. 54 *Diese Aufname zeigt eine Bodenplatte im Kirchenraum, unter der sich zahlreiche Hohlräume befinden.*

meist die Lebensräume von zahlreichen geschützten Tierarten, z. B. Fledermäuse, sind! Vernünftigerweise wären Lüftungsöffnungen bei den Verschlüssen notwendig gewesen, um eine Wetterführung in den Stollen zu ermöglichen und somit den Lebensraum für diese bedrohte Tierart zu gewährleisten.

Es wird in der Abschrift aus dem Jahre 1512 unter anderem auch auf die Lindwurmsage in Kärnten verwiesen, die auf dem Kampf mit einem reptiloiden Wesen, halb Mensch und halb Tier, beruhen soll. Der Grund für diese Auseinandersetzung wurde im Text ebenfalls beschrieben und zwar haben offensichtlich die Menschen durch Gier oder Machtausübung das Vertrauen der Reptiloiden bzw. Echsenwesen, wie es im Original-Text beschrieben ist, durch „Infamerie" (= Niederträchtigkeit) hintergangen. Allerdings gibt es von dieser Sage viele Variationen, jedoch scheint es sich bei dem Zitat im Adelsakt um den ältesten derzeit bekannten niedergeschriebenen Sageninhalt aus dem Mittelalter zu handeln und dürfte der Wahrheit vermutlich sehr nahe kommen. Denn die Herkulesstatue, die Anfang des 17. Jahrhunderts im Auftrag der Kirche vor dem Drachen in Klagenfurt aufgestellt wurde, verfälscht eigentlich den tatsächlichen Inhalt der Sage. (Abb. 58) Es könnten dazu noch andere, detaillierter ausgeführte Aufzeichnungen in den Adels-Archiven vorhanden sein.

Gott sei Dank gibt es in einigen Klosterarchiven genug Handschriften und somit historische Belege, die noch weiter in unsere Vergangenheit zurückreichen und über Erstaunliches berichten. So befindet sich in einem Franziskaner-Kloster im österreichischen Bundesland Burgenland ein Dokument, das auf eine Diözesansynode (= Kirchenversammlung) von Eichstätt am 11. und 12. Oktober des Jahres 1447 unter der Leitung des Diözesan- und Fürstbischofs Johann III. von Eych

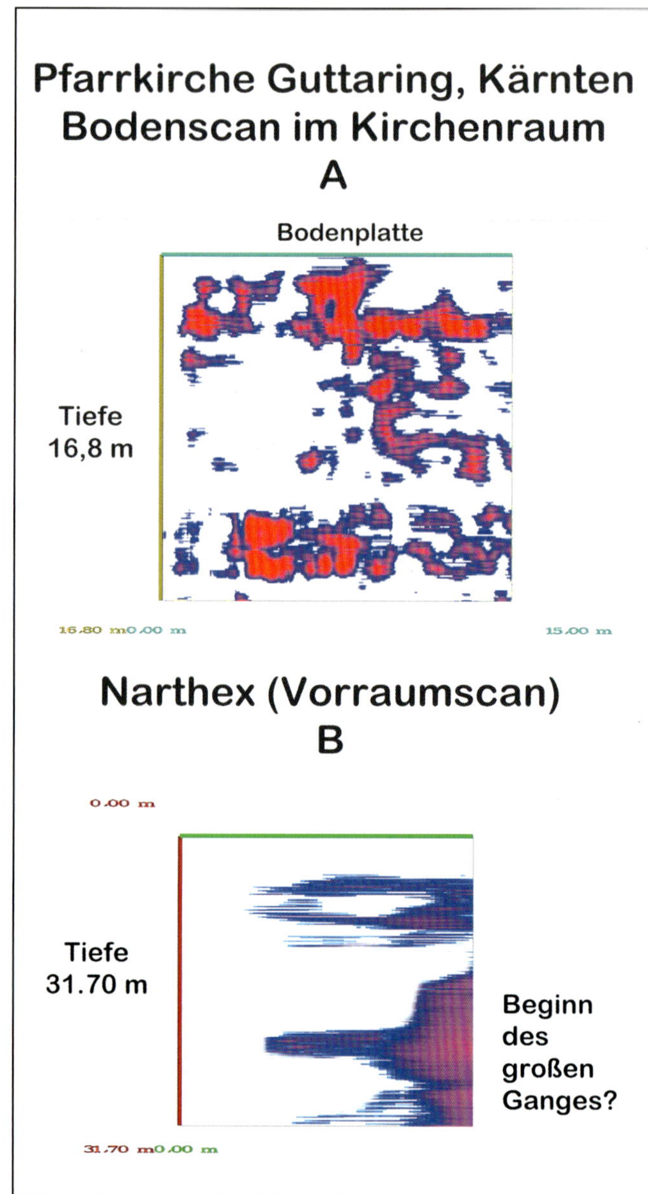

Abb. 55 *Zwei Profile von Geo-Bodenradarmessungen in der Ortskirche von Guttaring. A: Dieser Scan reicht bis in 16 Meter Tiefe. B: Bei dieser Messung wurde eine Tiefe von über 30 Metern erreicht.*

(1404-1464) hinweist, wo ein Beschluss gefasst wurde, „Zugänge zur Erde, und damit zur Hölle zu schließen". Grundlage dafür bot das Konzil von Basel (1431-1449), dass Johann III. im Jahre 1447 vorzeitig verlassen hatte, wo vermutlich die Idee für einen solchen Beschluss erörtert bzw. diskutiert worden ist. Es ist aber auch durchaus möglich, dass es in den unzähligen Kirchenarchiven von Österreich, Deutschland und der Schweiz noch ältere in Mittelalter-Latein abgefasste Dokumente aus dem 13. und 14. Jahrhundert gibt. Jedoch wurde im 15. Jahrhundert dieser Anweisung, die „Pforten zur Erde bzw. Hölle" zu verschließen, nicht genug Folge geleistet und so verfasste man im Zeitraum des Konzils von Trient im Jahre 1550 eine erweiterte Direktive, alle Zugänge zu den „Völkern der Unterwelt" in allen damals bekannten Ländern der Erde möglichst schnell zu verschließen! Als Grundlage und Auslöser für diese Aktionen wurden im 16. Jahrhundert die damals von der Bevölkerung beobachteten „Himmelserscheinungen" angeführt, doch stellt sich hier sofort die Frage, was dann im 15. Jahrhundert oder davor die auslösende Reaktion war? War es die Technik der unterirdischen Völker, die ja damals für die Bevölkerung wie Magie oder Zauberei wirken musste? Es wird in den Handschriften wörtlich von „Wägen mit einer Technik" gesprochen, die in den unterirdischen Gängen für Transporte eingesetzt worden waren, was war damit gemeint? Sicherlich könnte hier vieles hinein interpretieren werden, doch wir können bis jetzt nur eines sagen: Wir wissen es noch nicht!

Abb. 56 *Im Keller eines alten Gehöftes zeichnet sich an der Rückwand eine sehr feuchte dunkle Stelle ab, die einen Zugang zu einem unterirdischen Gang oder Raum anzeigt.*

Auch könnte sich in diesen alten Aufzeichnungen ein unmittelbarer Zusammenhang zwischen den steirischen Fabelwesen von menschlichen Mutationen (?), Zwergen, drachenähnlichen Wesen (halb Mensch, halb Reptil/Tier) und den Uni- bzw. Muerfrauen bestehen. (Abb. 59) Diese sollen in den langen Gängen und erleuchteten unterirdischen Städten leben sowie auch sogenannte „Schwarze", die in den Sagen oft als Synonym für Teufel genannt werden. (Abb. 60) Bestätigt werden allerdings die mehr als zahlreich vorhandenen Geschichten über die teilweise

Abb. 57 *Einer der vielen mit Beton verfüllten Stollenzugänge bei Hüttenberg, Kärnten.*

Abb. 58 Das Lindwurmdenkmal in der Stadt Klagenfurt (Kärnten) aus dem 16. Jahrhundert.

Abb. 59 Die von Sagen umwobenen Uni-Frauen von Waltra in der Ost-Steiermark (Bild links) und eine Darstellung von Zwergen in einem Bergwerk aus der steirischen Mythenwelt (Bild rechts). Zeichnungen: Fritz Messner.

sehr alten unterirdischen Anlagen in Burgen und Schlössern in Niederösterreich, Kärnten und der Steiermark durch unsere jahrzehntelangen Untersuchungen und Dokumentationen. (Abb. 61 und 62) Darstellungen von solchen Wesen gibt es aus der jüngeren Vergangenheit genug, man beobachte nur die alten Malereien an den Kirchenwänden oder Ölgemälde aus dem 14. bis ins 18. Jahrhundert einmal genauer und zieht archäologische Funde aus sehr frühen Kulturen zum Vergleich heran. (Abb. 63) Man wird überrascht sein, was darauf alles zu sehen ist und wie einzelne Darstellungen, dem jeweiligen Zeitgeist angepasst, auch manchmal sehr konkrete Rückschlüsse zulassen.

Viele von uns denken heute wie damals in streng vorgegebenen Mustern und lehnen dadurch fremde Einflüsse generell ab. Über den Erkenntnisgewinn egal in welcher Richtung sollte jeder seine eigenen Überlegungen anstellen. Laut dem Archivar DDr. Röhrig, der das Konvolut von in Mittelalter-Latein abgefassten Textpassagen im Stift Klosterneuburg übersetzt hat, erwähnte auch ein Nachfahre eines bekannten Tempelritters diese „Unheimlich aussehenden Wesen", die sich in unterirdischen Anlagen aufhalten sollen. Oder jene Textpassage aus der Abschrift von 1580 aus Klosterneuburg, worin steht:

„... Der von den Schratteln ausgehende Odem des Bösen, welcher das Fremde anzieht wie Licht die Modten. ..." (Kusch & Kusch 2014)

Es stellt sich hier immer die Frage, was in den gemalten Darstellungen aus der menschlichen Fantasie entstanden ist und was der Maler in seinem Lebensabschnitt wirklich gesehen und in seinen Bildern vielleicht wiedergegeben hat? Wieso gibt es auf einigen mittelalterlichen und neuzeitlichen Malereien für jedermann nachvollziehbar Darstellungen von UFOs, die in manchen Fällen sogar sehr detailliert ausgeführt gezeichnet worden sind? (Abb. 64) Beispielsweise sind im serbischen Kloster Dečani bei Peć im Kosovo auf mittelalterlichen Freskenmalereien aus dem 14. Jahrhundert (um 1350) über dem Hauptaltar zwei fliegende Objekte, in denen Piloten sitzen, dargestellt. Da es sich bei diesen Gemälden meist um Auftragsarbeiten der Kirche handelte, musste sie damit einverstanden gewesen sein, dass der Künstler solche Dinge malen konnte und durfte. (Abb. 65) Im schlechtesten Falle hätte der Maler in diesen Jahrhunderten seine künstlerische Freiheit mit seinem Leben bezahlt. Wir können in solchen Fällen nur vermuten, dass die Kirche möglicherweise damals schon über die Existenz von UFOs genau Bescheid wusste und diese „Himmelserscheinungen" für ihre Zwecke nutzte, indem man sie als „Gotteserscheinungen" darstellte, wie in einigen alten Texten zu lesen ist. Man wollte damit in der Bevölkerung den Glauben bzw. die Furcht vor einer himmlischen Macht verstärken.

Ebenso interessant ist die Feststellung, dass es in Europa viele Tausende alte Darstellungen von Drachen bei Kirchen, Schlössern, Häusern und auf öffentlichen Plätzen gibt. (Abb. 66) Das bekannteste Beispiel dafür befindet sich, wie schon erwähnt, bei uns in Österreich in der Hauptstadt des Bundeslandes Kärnten – der Lindwurm. Über dieses Denkmal, das gegen Ende des 16. Jahrhunderts in der Stadt Klagenfurt aufgestellt worden ist, wird im Internet auf der Webseite dieser Stadt nachstehendes berichtet:

> *„Der Lindwurm ist das Wahrzeichen und Wappentier von Klagenfurt. Das älteste, noch erhaltene Stadtsiegel aus dem Jahr 1287 zeigt schon den geflügelten Drachen. 1583 gaben die Landstände den Befehl, dem Sagentier ein Denkmal zu errichten. Der Lindwurm wurde aus einem einzigen Block Chlorit-Schiefer vom Kreuzbergl, dem Hausberg der Klagenfurter, gehauen. Lange Jahre vermutete man den Bildhauer Ulrich Vogelsang als Schöpfer, der Lindwurm dürfte aber von einem unbekannten Meister stammen.*
>
> *1593 soll das 124 Zentner (Anm. d. Aut.: Über 12 Tonnen) schwere Standbild von 300 weiß gekleideten Jünglingen auf den Neuen Platz gezogen worden sein. ..."*

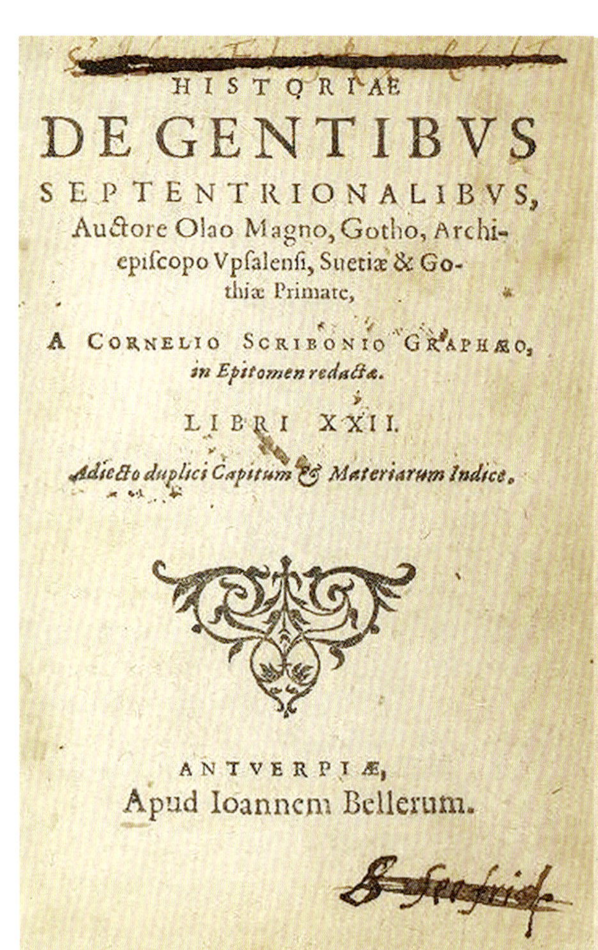

HISTORIAE

DE GENTIBVS

SEPTENTRIONALIBVS,

Auctore Olao Magno, Gotho, Archiepiſcopo Vpſalenſi, Suetiæ & Gothiæ Primate,

A CORNELIO SCRIBONIO GRAPHÆO, *in Epitomen redactæ.*

LIBRI XXII.

Adiecto duplici Capitum & Materiarum Indice.

ANTVERPIÆ,

Apud Ioannem Bellerum.

190 DE MINE. ET METAL.

mixtura redditur, quò ex ardentiori fornace extractus chalybs, tractim, non ſubitò ſuffocetur in aqua: quia ſi totus immittitur, ita ruptibilis, ſeu frangibilis redditur, vt nullam vim in ſui flexura ſufferre poſsit. Apud Montanos Septentrionis, cruſtata figura fit inſtar geminorum digitorum, numerorumque diſtinctione, videlicet centenario, millenario, &c. quaſi foro leuiff. venundatur.

De Metallicis Dæmonibus. Cap. 9.

HOc in ſumma colligitur, quòd in Septentrionalibus regnis magna ſunt dæmonũ exercitia, ac miniſteria incolis earum regionum: frequentius tamen in ſtabulis, & mineris in quibus ſaxa infringunt, cauant, & findunt: quæ & vrnis, ſeu ſitulis ingerunt, rotulasq; & cochleas, quibus machinæ tractoriæ ſurſum trahuntur, ſolicitè adaptant, ſeſeque velut vmbras, dum libuerit, in

Abb. 60 *Auszug aus der im Jahre 1555 in Rom erschienenen Schrift von Olaus Magnus. In der rechten Bildhälfte zeigt die Illustration eines Holzschnittes einen „Schwarzen" mit einer langen Stange in einem Bergwerk.*

Abb. 61 *Das Schloss Kornberg aus dem 13. Jahrhundert, nahe der Riegersburg in der Ost-Steiermark. Hier soll es laut Überlieferung einen großen langen Gang zur Riegersburg geben.*

Abb. 62 *Die Stammburg des Adelgeschlechtes Liechtenstein südlich von Wien. Die heute neu restaurierte Festung stammt aus dem 12. Jahrhundert und es führt ein kilometerlanger Gang vom nahen Ort bis unter das Schloß Liechtenstein, welches nahe der Burg liegt.*

Bemerkenswert ist in diesem Text wieder der Zeitraum, und zwar das 13. bzw. das 16. Jahrhundert. Da ab 1550 die Kirche laut Beschluss alle „Zugänge zur Unterwelt" bis auf einen in Österreich verschlossen hatte, wollte man offensichtlich den früheren Kontakt mit solchen Wesen bei der Bevölkerung, wenn auch abschreckend und verfälscht, in Erinnerung behalten. Wobei der in Klagenfurt dargestellte Lindwurm ein reines Fantasieprodukt ist, der nichts mit dem ursprünglichen Aussehen dieser Wesen zu tun hat! (Abb. 67) Auch die Überlieferungen unterlagen oft einer kirchlichen Zensur, sodass in den heutigen Sagen nur mehr von einem Drachen und nicht wie in der ursprünglichen Ausformulierung von einem Reptil mit menschlichem Körper berichtet wird.

Speziell über das Thema der Drachen wurden schon sehr viele Bücher und Artikel geschrieben und die unterschiedlichsten Theorien und Hypothesen aufgestellt. Doch hatte noch niemand eine Antwort auf die Frage, wie es überhaupt zu der Darstellungsform des Drachen gekommen war. Auffallend ist, dass weltweit nur Kaiser, Könige, Fürsten und Päpste dieses Symbol verwendet haben. In der Bevölkerung kannte man ähnliche Fabelwesen ebenfalls, nur dass die Darstellungsformen einfacher in ihrer Gestaltung ausgeführt waren. Es ist wohl kein Zufall, dass es überall dort in Zentraleuropa, wo sich Erdställe und unterirdische Anlagen befinden, im volkstümlichen Rahmen Brauchtumsveranstaltungen gibt, bei denen die Gestalten „Gut und Böse" und im letzteren Begriff die Ausgeburt der Hölle, der Teufel, dargestellt werden sollte. Nun haben die mit viel Fantasie hergestellten Masken und Gewänder, die heute bei den jährlichen Umzügen im Alpenraum zu sehen sind, sicherlich nichts mit dem Aussehen der Wesen zu tun, mit denen die einheimische Bevölkerung vielleicht ursprünglich in der Vergangenheit

Abb. 63 *Alte Freskenmalereien mit seltsamen Gestalten im romanischen Teil der Ortskirche von Anger, Oststeiermark.*

Abb. 64 *Dieses Gemälde von Aert de Gelder (um 1710) zeigt die Taufe Christi.*

Kontakt hatte. Aber könnte dies nicht im weiteren Sinne auch eine Erinnerung, also ein Nachleben, der ländlichen Bevölkerung an frühere Begegnungen mit Wesen anderer Art sein?
Die Kirche hatte schon sehr früh dieses alte heidnische und archaische Brauchtum aus der bäuerlichen Welt übernommen und für sich vereinnahmt. Denken wir hier beispielsweise einmal an die jährlich wiederkehrende Sommer- und Wintersonnenwende, an diesen Tagen werden Sonnwendfeuer entzündet und auch das Weihnachtsfest gefeiert. Ist dies ein Nachleben von einstigen Kontakten zu Völkern aus dem Erdinneren? Dies ist keinesfalls eine wissenschaftlich fundamentierte Aussage, sondern eine Vermutung. Auffallend ist, dass die reptilienartig aussehenden Wesen über den gesamten Globus verteilt oft sehr ähnlich dargestellt worden sind, obwohl bei manchen dieser Abbildungen Tausende Kilometer Landmasse und Ozeane die Kontinente trennen! Wir dürfen bei diesen Überlegungen auch nicht den Zeitfaktor außer Acht lassen, denn in Asien gibt es diese Darstellungsformen schon seit mehreren Tausend Jahren. (Abb. 68) In Nord- und Osteuropa äußerte sich schon sehr früh, im ersten vorchristlichen Jahrtausend, eine stilisierte Drachendarstellung in der Kunst, während in Mitteleuropa Drachen und Dämonen konzentriert erst ab dem Mittelalter in der kirchlichen Kunst und der Architektur präsent sind.
Im zweiten Absatz der Transkription Wurm wird unter den „Leistungen" abermals ein Handel mit einem unterirdischen Volk, den „UNI", beschrieben. Ausgangspunkt war hier der am Ranningerkogel (Seehöhe 945 Meter) gelegene Ranninger Hof (Seehöhe 900 Meter) der Fam. Offer(n) im Pölstal und hier gab es laut dem Schriftdokument einen Zugang zu einer Ansiedlung eines unterirdischen Volkes. (Abb. 69) Der Ausgang war aber bei der drei Kilometer

***Abb. 65** Auch diese Ölmalerei das „Weltengericht" aus dem Jahre 1661 hat drei Hinweise auf unser Thema in seiner Bildgestaltung. Es befindet sich derzeit in der Pfarr- und Wallfahrtskirche Maria Waitschach in Kärnten.*

Luftlinie entfernten und über 100 Meter höher gelegenen „Offenburg", die heute nur mehr als Ruine zu besichtigen ist, weil sie im Jahre 1590 abbrannte und nie wieder aufgebaut worden war! (Abb. 70) Welch ein Zufall! Wir sollten uns das Jahr 1590 merken, weil es wieder in jenen Zeitraum fällt, wo auf Anweisung der „Heiligen Kirche" die über Jahrhunderte hinweg gepflegten Verbindungen mit den unterirdischen Völkern spontan abgebrochen und die Zugänge zum Erdinnern massiv verschlossen bzw. zerstört wurden. Dies trifft auch auf den im Text beschriebenen Ausgang aus dem Erdinneren zu, der laut der ansässigen Bevölkerung in den 1970er-Jahren mit Baggern am Berghang zugeschüttet worden ist. (Abb. 71) Und wie sollte es anders sein, existiert sogar eine Überlieferung, die beschreibt, wie der letzte Ritter der Burg vom Teufel geholt wurde und danach die Festung abgebrannt ist, also zerstört worden ist. Nachstehend die in Mundart erzählte Sage aus dem Jahre 1910 (Steiner-Wischenbart, S 101–102):

Abb. 66 *Ein Drache als Türklopfer in einem oststeirischen Schloss.*

Abb. 67 *Der Lindwurm, das Wappentier von Klagenfurt, Kärnten.*

Abb. 68 *Wandmalerei im Perak Tong, ein chinesischer Höhlentempel in West-Malaysien, Asien.*

„ ... Da Ritta va Offenburg is glei drauf amol ausg'foahrn und hot za derer Ausfahrt seine Schimm'l g'nomm'n. Oba da Gutscha hätt' bol die Schimm'l net eing'schirr'n kinn'; sou unruahri wor'n d' Rouß'. Za Sichaheit hot der Gutscha nouch 'n Roas'nkronz eing'steckt; ma' konn net wiss'n, wos nouch kimmt.
Rau, und afft is lousgong, 's Foahr'n, in oan Teixl 'n Ritta va Offenburg hot ma nia schnell gnuag foahr'n kinn'. Auf oanmol hört da Gutscha an Ruaf: „Gutscha, steig'ob! Gutscha steig ob!" Da Ritta hot nix g'hört. Der Gutscha hört dös wieder und nouch amol. Wia er do ah nouch net is obg'stieg'n, follt eahm gach die Peitsch'n oihi: Rau, hiazt hot er müass'n still hob'n und owsteig'n. Klewa und kam is er obg'stieg'n, sind die Schimm'l kuhlschwoaz wor'n, wia derseli Lungauer Sauschneida, der in Karfreita Fleisch g'gess'n hot, - und der Wog'n mit somt'n Herrn Ritta is brinnad word'n. Auf'n Gutschabouk hot da Gutscha 'n leibhoftig'n Böaßfleaz (Tuifl) sitz'n g'sech'n. Und davon is gong'n, s'Fuhrwerg, üba Stouck und Stoan, daß d' Funk'n seind g'floug'n, und eini bar an glüahend'n Louch in d' Stoanwand va Offenburg. Sou hot der Tuifl 'n letzt'n Ritta va Offenburg g'hult.
Da Gutscha is auf der Stroß'n steah'n bieb'n und 's Horr is eahm geg'n Borg g'stond'n, wia er dös g'sechn hot. Der hot ah oazählt, daß 's G'schlouß Offenburg in der sebin Stun' obbrunn und z'somgfoll'n is. Koa Stoan' is auf sein olt'n Plotz blieb'n ..."

Es ist schon mehr als eigenartig, dass es aus dem Raum Vorau eine ähnliche Sage gibt, wo ein verstorbener Propst des Augustiner Chorherrenstiftes vom Teufel mit einer schwarzen Kutsche abgeholt worden und in einem feurigen Loch beim heutigen Buchwald verschwunden ist. (Kusch & Kusch 2009)
Wie aus der Wurm-Transkription vom Adelsarchiv weiter zu entnehmen ist, war es im Pölstal nur vom bereits oben erwähnten Ranninger-Hof (vormals auch Ramming) aus möglich, über einen großen unterirdischen Schacht in die Tiefe zu kommen, während bei der schon erwähnten

Abb. 69 *Der untere Abschnitt des Pöls-Tales mit dem flachen Ranningerkogel im Hintergrund.*

Abb. 70 *Der herausragende Bergfried der Burgruine Offenburg in Pöls-Oberkurzheim, Steiermark.*

Abb. 71 *Gemäuer-Reste der Ruine Offenburg aus dem frühen 12. Jahrhundert.*

„Offenburg“ der Ausgang lag. Von dort aus war, aus welchem Grund auch immer, nur ein Heraufkommen aus dem Erdinneren möglich. Der alte Ranningerhof existiert heute nicht mehr, die Mauerreste wurden dem Erdboden gleichgemacht, da liegt meterhoch der Schutt vor dem Waldrand. Von einem Kellergewölbe oder einem Zugang ist nichts mehr vorhanden. (Abb. 72) Wir konnten aber einen Zugang mittels Geo-Bodenradar aufspüren und feststellen, dass er in einen großen senkrechten Schacht unbekannter Tiefe und Durchmesser einmündet. (Abb. 73 und 74) Dies war mit großer Wahrscheinlichkeit auch der Grund, warum man im Mittelalter dort nicht mehr zurück an die Erdoberfläche kommen konnte. Im Zeitraum des Verschließens übernahm das Stift Seckau von 1415 bis 1542 dieses Anwesen, um es danach an Ruprecht Ambring zu übergeben. Bei den beiden Ein- und Ausgängen handelte es sich damals also um ein Einbahnsystem, wo Waren, Erze (Mineralien) oder andere Gegenstände, die in den uns derzeit vorliegenden Dokumenten nicht näher benannt und als „Zeug“ (mhd. „ziug“, einst verwendeter Begriff, u. a. für Gerätschaften, Waffen, Ausrüstung, Gewand) bezeichnet werden, in das Erdinnere und vielleicht auch andere Gegenstände oder Materialien bei der Offenburg zurück an die Erdoberfläche transportiert worden sind. Dies geschah, so wird es im Text erwähnt, mit Hilfe einer „Technik“ und Wägen, die nicht näher in den uns derzeit bekannten Dokumenten beschrieben worden sind. Allerdings wurden diese Wägen manchmal auch repariert und dies konnten nur wenige dafür ausgebildete Personen des Adels tun, die mit der Technik vertraut waren, so steht es wörtlich in den Texten. Dieser Handel erfolgte ja bereits im gesamten Mittelalter durch die Kirche mit Hilfe von Teilen der Bevölkerung, einzelnen Adelsfamilien, den Tempelrittern und deren Nachfolgern den „Herren vom Schwarzen Stein“! An der Stelle der heutigen Pfarrkirche von Pöls soll laut mündlicher Überlieferung ursprünglich ein Ordenssitz (Komturei) der „Tempelritter“ gewesen sein. Noch heute existieren in der älteren Bevölkerungsgruppe dieses Gebietes Personen, die bruchstückhaft über diesen Handel mit den unterirdischen Völkern erzählen, weil dieses Wissen bei den in den einstigen Handel involvierten Familien mündlich weiter tradiert worden ist. Dies ist auch sehr realistisch, weil uns ja nur maximal 15 Generationen von diesem Zeitraum trennen und da kann eine Information fast unverfälscht erhalten geblieben sein! In einem Silberbergbau in Unterzeiring (Steiermark) wurde

***Abb.** 72 Mauerreste des alten Ranninger Gehöftes am Ranningerkogel bei Pöls, Steiermark.*

***Abb.** 73 Geo-Bodenradarmessung am Waldhang, seitlich des alten Ranninger Hofes.*

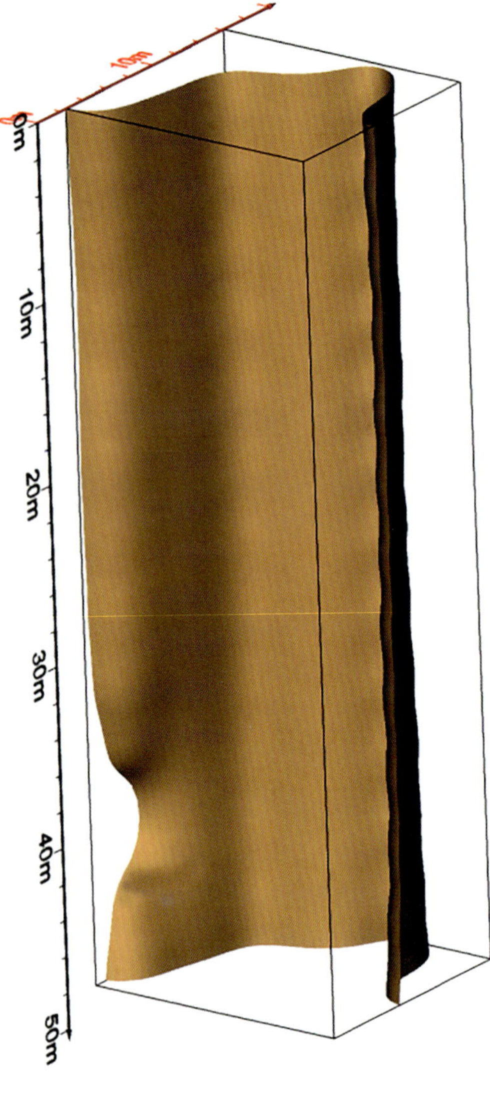

***Abb.** 74*
Dieses Radargramm vom Ranningerkogel zeigt einen sehr breiten senkrechten Schacht, der in eine unbekannte Tiefe führt.

laut der uns vorliegenden Schriftdokumente angeblich noch im 16. Jahrhundert ein technisches Gerät verwendet, das von dem unterirdischen Volk der „UNI“ an Adelsangehörige für dessen Zweck im Bergbau übergeben worden war.

Die nachfolgende Textpassage aus einem weiteren Adelsakt, den der Ramming, ist eine Abschrift aus dem frühen 18. Jahrhundert, die aus älteren Dokumenten aus dem Jahre 1512 übernommen worden ist. (Abb. 75) Am hier nicht veröffentlichten Dokumentenende unterzeichnete ein „Kumpf Obristen Statthaltereirath“.

„Zum Act Ramming, ebenso = Raming, ebenso Roming
Angefertigt für den k.k. Sekr.(etarischen) Statthaltereirath anno 1720
Zur Genealogie: Alle Ram(m)ings stammen ex eadem stirpe (lat.= aus demselben Geschlecht).
Einst freie Bauern mit eigenem Hofe mit 12 Himmeln und Siedlung waren sie in Ramingberg im Pölsthale ansässig, ob dem Murboden; politisch zu Falkenburg, wovon Sigmundt mit dem unterirdischen Volke der Kara in Verbindung gewesen ist. Ex eadem stirpe: Wilhelm von Rammingstein finanzierte den Bau der Feste Ramingstein (anno 1130). Alle Geadelten sind seine Nachkommenschaft, hervorzuheben sind folgende Leistungen:
Leistung: Pflege der Kontakte mit den Kara. Aus dem Kontakt mit der Filia (lat. = Tochter) Isais entwickelte der Großkompteur Hubertus Ramming (Kompturname Koch) die Selbstständigmachung der Hochlöblichen Herren vom Schwarzen Steine. Hubertus Großvater war schon Großkompteur bei den Rittern des Tempels (gewesen). Mit Hubertus Tod bekleidete abwechselnd jede zweite und dritte Generation dieses Amt, die Namen werden hier bewusst nicht angeführt.
Sie haben sich große Verdienste gemacht um die Fortkommnis zahlreicher heiliger Stätten. Die Singer, angeheiratet und die Wurm haben zu St. Stefan zu Wienn so viel beigetragen, das Singertor ist nach den Singer vom Steinfelde benannt; die Singer ebenso große Geheimnisträger des alten Wissens, das im Steinfelde aufbewahrt wird.

Die Rammings haben die Errichtung der Ablaßkirche zu Wartberg bei Eggenburg beigetragen und sind damit über den dortigen Stein, den Kelch die Wahrer, sowie über die in diesem heiligen Orte in den darunter befindlichen Höhlen als Heilswahrer dahindämmernden Sanadis. Dort ist der Quell, der alles, was verloren ist oder geht, wiederbringen kann. Die Rammings sind auch Wächter des Weges ins Unterirdische in und um den Heiligen Ort Guttaring, sowie über alle Orte, die im deutschzüngigen Raume auf –ing enden, welche mit der unterirdischen Stirps (lat.= Rasse) in Verbindung stehen.
Herrmann Gebhardt von Rammingstein hat sich mit einem der grünen Kinder der Anderwelt fortgepflanzt, den Botschafter von König Heinrich abgelöst und damit die auch hierzulande florierende Familie der Maltzahn und der Liebenfelser gegründet. …“
(Quelle: Kurzauszug aus der Akte Raming, AVA Adelsarchiv Wien)

Im vorletzten Absatz in der Abschrift von 1720 (1740?) aus dem Dokument von 1512 wird noch erwähnt, dass bei allen Orten, die im deutschsprachigen Raum ein „-ing“ am Namensende aufweisen, ein direkter Zusammenhang mit unterirdischen Rassen besteht und sich unweit dieser Orte Eingänge zur Unterwelt befinden. Wir konnten dies in der Steiermark und auch in den anderen Bundesländern in Österreich formal überprüfen und fanden heraus, dass dieser Hinweis vermutlich verifiziert, aber nicht bei allen Orten angewendet werden kann. Eine Zählung der in Frage kommenden Orte in der Steiermark erbrachte eine Gesamtsumme von 158 Ansiedlungen mit einem „-ing“ am Namensende. Jedoch aus diesem Ergebnis abzuleiten, dass sich dort überall ein Zugang zur Unterwelt befinden könnte, wäre verwegen und unrealistisch. Vielmehr müssen hier viele Orte ausselektiert werden, z. B. all jene, deren Ortsgründungen nicht aus der Epoche vom 10. bis zum 15. Jahrhundert, sondern aus jüngeren Zeiträumen stammen oder anderen Kriterien unterliegen! Tatsache ist jedoch und die historischen Schriften belegen es, dass über Jahrhunderte hinweg in unserem Gebiet Kontakte von Menschen mit

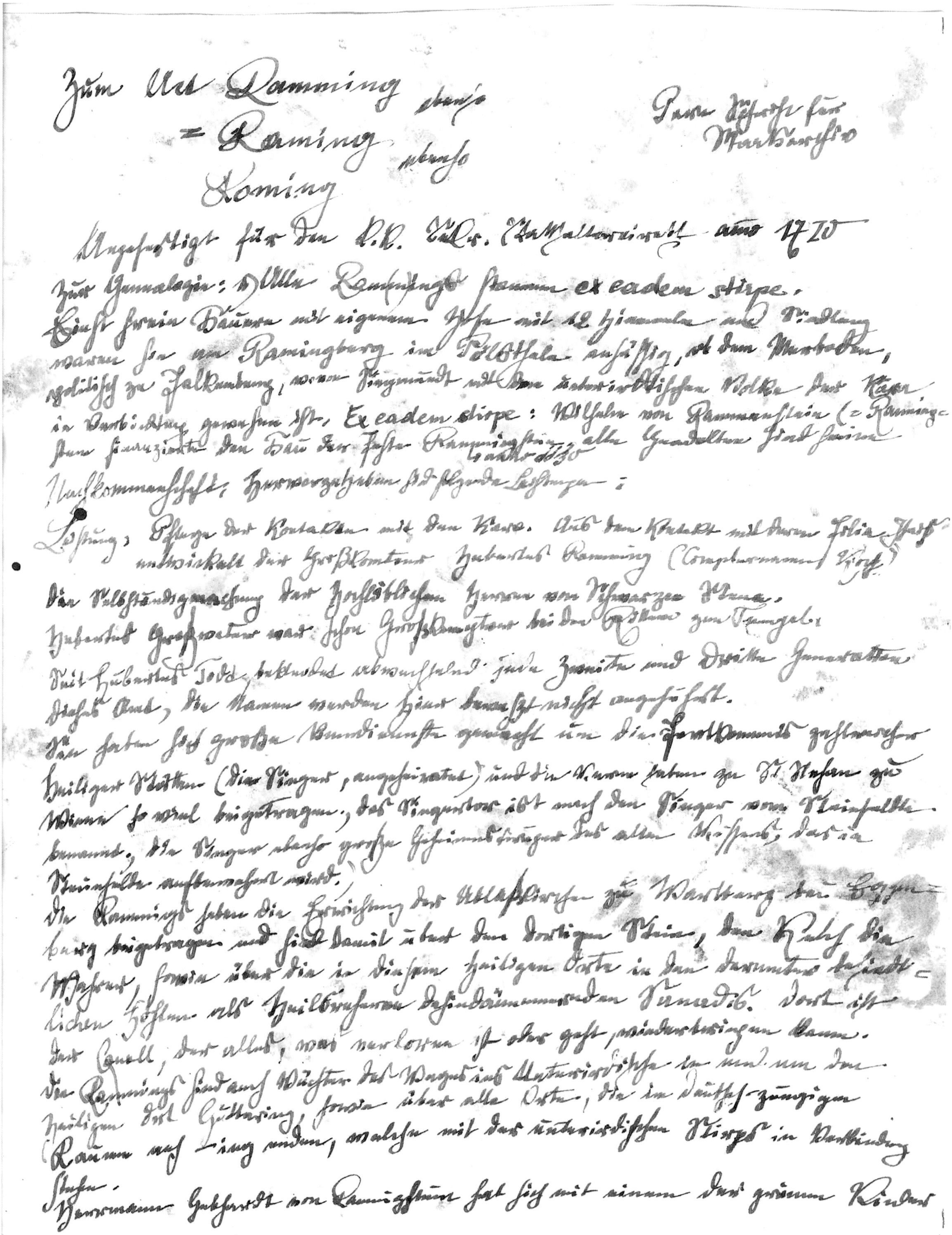

***Abb.** 75 Original-Textauszug der Akte Ramming, eine Abschrift aus dem Jahre 1512 (Quelle AVA Adelsarchiv, Wien).*

unterirdischen Völkern stattgefunden haben und vielleicht heute noch, wenn auch versteckt hinter einem Firmenlogo oder privaten Kontaktpersonen, existieren! Interessant ist auch, dass in der Nähe von einigen steirischen Ortschaften wie beispielsweise Lassing, Schladming, Stübing, Ober- und Unterzeiring u. a., alte Bergwerksanlagen bekannt sind.

Auch der Inhalt des letzten transkribierten Satzes der Handschrift birgt Brisantes. Da wird von einer Verbindung eines Adeligen zu einem grünhäutigen Mädchen aus der Unterwelt berichtet, deren Nachkommen vielleicht heute noch unter uns leben! Die blassgrünlich gefärbte Haut dieser Kinder veränderte sich an der Erdoberfläche nach einiger Zeit ins Weißliche, so ein Bericht aus dem Mittelalter. Es gibt aus dem englischen Raum eine Erzählung aus dem 12. Jahrhundert, die genau in diesen Zusammenhang passt und auch über grünhäutige menschliche Wesen berichtet, in diesem Fall von zwei Kindern, die nahe des Dorfes Woolpit in der englischen Grafschaft Suffolk aufgefunden worden sind:

„Gemäß der Überlieferung wollen Schnitter zur Erntezeit nahe der Ortschaft Woolpit in einer tiefen Wolfsgrube zwei ungewöhnliche Kinder entdeckt haben, ein Mädchen und einen Jungen. Die Kinder hätten eine grünliche Hautfarbe gehabt und Kleidung getragen, deren Textilien von niemandem identifiziert werden konnten. Außerdem benutzten sie eine unbekannte Sprache, sodass eine Kommunikation unmöglich schien. Perplex und ratlos übergab man die Kinder dem Landbesitzer, einem gewissen Ritter namens Richard of Calne. Die Kinder sollen unentwegt geweint haben, auch verweigerten sie zunächst jegliche Nahrung, bis man ihnen frische Bohnen vorsetzte. Der Junge aber erkrankte bald und verstarb. Das Mädchen hingegen gewöhnte sich mit der Zeit an diverse Speisen, verlor alsbald seine grünliche Hautfarbe und erlernte die englische Sprache. Nun war eine Befragung zu ihrer Person und ihrer Herkunft möglich.

Zum Erstaunen aller gab das Mädchen an, die Kinder seien Geschwister und entstammten einem Land namens „Saint Martin“, in welchem „Ewiges Dämmerlicht“ herrsche. Außerdem habe jeder Bewohner des Landes eine grüne Hautfarbe. Es gebe dort noch ein anderes Land mit hellen Lichtern darauf, doch sei dieses durch einen sehr breiten Fluss vom eigenen Land getrennt und man könne es nur aus der Ferne erkennen. Eines Tages seien die Kinder damit beschäftigt gewesen, das Weidevieh ihres Vaters zu hüten, als sie eine tiefe Höhle entdeckten, aus der fernes Glockengeläut ertönte. Die Kinder seien den Klängen aus Neugierde gefolgt und schließlich in der Wolfsgrube zu Woolpit gelandet, wo sie das grelle Tageslicht blendete und das Geräusch der Schnitter und ihrer Sicheln erschreckte.
Man habe das Mädchen schließlich gefragt, wo ihr Land denn genau liege, doch diese Frage konnte es nicht beantworten. Das Mädchen hätte jedoch ausgesagt, man glaube dort an Jesus Christus und es gebe Kirchen in ihrer Heimat. Die Taufe sei ihnen allerdings fremd.
Als das Mädchen älter wurde, habe es sich taufen lassen, den Namen Agnes Barre angenommen und einen wohlhabenden Botschafter des Königs Heinrich II. geheiratet.“

(Textquelle 2021: https://de.wikipedia.org/w/index.php?title=Die_grünen_Kinder_von_Woolpit&oldid=194407039)

Der Autor William of Newburgh, auch William of Newbury, Guilelmus Neubrigensis, Wilhelmus Neubrigensis, Willelmus de Novoburgo und William Parvus (geb. etwa 1136; † etwa 1198), war ein englischer Regularkanoniker und verfasste das Werk „Historia rerum Anglicarum", das die englische Geschichte zwischen 1066 und 1198 beschreibt und in dem diese Erzählung erstmals publiziert wurde. Es gibt im Text eine interessante Passage, wo beschrieben wird, wie die Kinder in ihrer Heimat eine Höhle fanden, aus deren Innern Glockengeläut zu hören war. Dies erinnert uns sehr an die Hinweise, die uns Vertreter der Kirche, darunter auch Jesuiten, über frequenzgesteuerte Dimensionstore mitgeteilt haben, die allerdings immer nur in eine Richtung funktionieren. Hat der Klang der Kirchenglocken ein solches Portal in der unterirdischen Höhle geöffnet und die Kinder dadurch aus ihrer Welt, in der es keine Sonne gab, an die Erdoberfläche transportiert oder ist diese Geschichte in das Reich der Fantasie zu verbannen? Dass in diesem alten Text im letzten Absatz natürlich auch religiöse Passagen enthalten sind, entspricht dem damaligen Zeitgeist, wo alles, was religiös zu interpretieren war, verherrlicht wurde. Heute noch wird diese Geschichte touristisch vor Ort vermarktet.
Interessant war für uns auch die Mitteilung eines ehemaligen Franziskaner-Mönchs aus dem Kloster Frauenkirchen im heutigen Burgenland, der Zugang zum Klosterarchiv hatte und sich mit den dort archivierten Handschriften über unterirdische Anlagen jahrelang beschäftigte. Der Name des Mönchs ist uns bekannt, wird aber aus den bereits erläuterten Gründen hier nicht genannt. In den alten Schriften wurde bei der heutigen Ruine Scharfeneck beim Bergfried, der bis zu vier Meter starke Grundmauern hat, ein 80 Meter tiefer Schacht erwähnt, der angeblich in einen großen unterirdischen Gang einmündete, der wiederum mit nicht näher beschriebenen Wagen befahrbar war. Die auf dem Schlossberg (Seehöhe 347 Meter) erbaute ungarische Grenzfeste scheint erstmals in Urkunden im Jahre 1386 auf, wo sie im Besitz des ungarischen Adelsgeschlechts der Scharfenecker genannt wird. (Abb. 76) Im Jahre 1493 wechselte sie in den Besitz von Kaiser Maximilian I. (HRR). Allerdings wurde der tiefe Schacht unterhalb des Bergfrieds im Jahre 1555 im Auftrag von Johann Zapolya von Siebenbürgen verfüllt, der die dafür benötigten Gelder bereitstellte. Dies fällt in die Zeit der kirchlichen Anordnung um 1550, wo alle Pforten zu den unterirdischen Völkern verschlossen werden sollten.

Diesen Schacht versuchte der oben erwähnte Mönch mit Mitarbeitern in fünf Jahre langer Arbeit wieder freizulegen und erreichte dabei eine Tiefe von über 40 Metern, jedoch nicht dessen Ende. Immer wieder unterbrach eine horizontale Lage an großen Steinplatten den Schacht und dazwischen war der senkrecht in die Tiefe führende Hohlraum alle 4 – 5 Meter hoch mit Erde und Steinen verfüllt. Warum im 16. Jahrhundert ein solch großer Aufwand beim Zuschütten dieses Schachtes betrieben wurde, ist unklar, erinnert uns aber sehr an die „12 Apostel Zeche" in Klosterneuburg. Heute ist der Schacht in der Bergfriedruine wieder verfüllt und es wird in den Burgbeschreibungen nur von einem 80 Meter tiefen Wasserspeicher gesprochen. Der Zugang zum Schacht befindet sich im untersten Raum des ehemaligen Turmes senkrecht unterhalb einer großen rechteckigen Öffnung an der Decke im Steingewölbe. (Abb. 77 und 78) Offensichtlich diente dieses Loch in der Decke für die Seile zum Aufziehen oder Herablassen von Gegenständen. Von der Nutzungsart einer Zisterne wird in den alten Kirchen-Handschriften aber nichts erwähnt!
Jedoch wird in der Chronik der Burg über ein markantes Ereignis berichtet, dass ebenfalls im Jahre 1555 bei der heutigen Ruine Scharfeneck stattfand, und zwar schlug in den damals 24 Meter hohen und bis zu 14 Meter durchmessenden Bergfried angeblich ein Blitz ein, der mehr als die Hälfte des Turmes und dadurch angrenzende Wohnbereiche der Burg zerstörte, sodass diese Räume danach nur teilweise wieder bewohnt werden konnten und die Burganlage schließlich ab dem 18. Jahrhundert langsam dem Verfall preisgegeben war. (Abb. 79) Bis zu

dieser Zeit war die Burg noch bewohnt und 1683, als die Türken vor Wien waren, suchten laut Überlieferung über 2.000 Menschen Schutz in der Festung, die damals von den Osmanen nicht eingenommen werden konnte.
Hier stellen sich einige Fragen: Warum hat man den Wehrturm nicht wieder errichtet? Wenn der Schacht früher eine Zisterne gewesen sein soll, warum verfüllte man ihn dann im 16. Jahrhundert, wenn er laut jüngsten Darstellungen der Burgenforscher die wichtigste Lebensgrundlage des Menschen beinhaltet hatte, nämlich Wasser? Wie hätte man danach über 200 Jahre lang in der

***Abb. 76** Mauerreste der Burgruine Scharfeneck, erstmals im Jahre 1386 urkundlich erwähnt, Burgenland.*

Burg ohne Zisterne überleben können? Eine Erklärung hierfür wäre, dieser verfüllte Schacht war nie eine Zisterne, sondern vermutlich ein Zugang zur Unterwelt! Und was war das für ein einzelner Blitz, der einen so mächtigen Turm, dessen Mauern über drei Meter stark sind, bis auf 10 Meter Höhe abgetragen hat? Dies schafft eher eine Explosion! Diese Widersprüche regen zum Nachdenken an und erinnern uns doch sehr an andere Burgen, die im 16. Jahrhundert abbrannten und nicht mehr wieder errichtet worden sind? War es wirklich ein Blitzschlag oder gab es einen anderen Grund den Turm nach dem Zuschütten des Schachtes zu zerstören? Auffallend sind die Parallelen zu einer großen Anzahl von anderen „Zugängen zur Unterwelt“, die im Zeitraum des 16. und 17. Jahrhunderts in Europa verschlossen wurden. Der interessierte Mönch schied nach Jahren, in denen er weitere unterirdische Anlagen im nahen „St. Anna in der Wüste“ (einst Tempelrittersitz) und dem ehemaligen Kloster „Loretto“ im Burgenland freilegte und untersuchte, aus der Klostergemeinschaft aus. (Abb. 80) Er zog danach in einen anderen europäischen Kleinstaat, denn er fühlte sich von der Kirche verfolgt. Auch hier stellt sich wieder nur eine Frage: Warum? Kam er der Wahrheit zu nahe?

Abb. 77 *Reste des mächtigen, einst 24 Meter hohen Bergfrieds der Burgruine Scharfeneck.*

Abb. 78 *Der untere Innenraum des Bergfrieds von Scharfeneck. Im linken Vordergrund ist die mit Steinen verschlossene Schachtöffnung erkennbar.*

Abb. 79 *Mauerteile der Befestigungsanlage in der Burgruine Scharfeneck.*

Abb. 80 *St. Anna in der Wüste, eine Klosteranlage nahe der Burg Scharfeneck, Burgenland.*

Kirche Wartberg in Niederösterreich

KAPITEL 2

VON SAMÂDHIS UND HIMMELSERSCHEINUNGEN

Die beiden Begriffe in der Kapitelüberschrift stehen im direkten Zusammenhang mit den unterirdischen Völkern. Es ist kein Zufall, dass in drei der uns heute bekannten historischen Dokumente das Wort „Sanadi" im Plural auftaucht und dieses im Zusammenhang mit unterirdischen Orten genannt wird. In kaum einem deutschsprachigen Lexikon wird man etwas über „Sanadis" finden, denn dieser Name wurde vom tibetischen Sanskrit-Begriff „Samâdhi" abgeleitet. Früher hatte man die Wörter so niedergeschrieben, wie sie gehört wurden. Da kam es schon vor, dass aus einem „M" ein „N" wurde oder umgekehrt. Über solche Wesen im Samâdhi-Zustand berichtete im Jahre 2017 auch der renommierte russische Augenarzt Dr. Ernst Muldashev aus Moskau in seinem Buch „Das Dritte Auge und der Ursprung der Menschheit" (Amra-Verlag Hanau / russische Originalauflage Moskau 1999), worin er über seine mehr als zwei Jahrzehnte andauernden Forschungen in Indien, Tibet und Nepal berichtete.

Darin beschreibt er zu diesem Thema, wie er mit den unterirdischen Orten bzw. Höhlen, in denen sich diese Wesen einer früheren Zivilisation auf unserer Erde im Samâdhi-Zustand befinden sollen, in Berührung kam. Er berichtete über die zukunftsorientierte Funktion dieser von tibetischen Mönchen als „Genpool für die Menschheit" bezeichneten, angeblich Jahrtausende lang schlafenden Wesen in den unterirdischen Plätzen, die über unseren gesamten Planeten verteilt vorhanden sein sollen. Zumindest in den Himalaya-Regionen werden diese Orte heute noch von Wächtern und deren Stellvertretern vor der Öffentlichkeit geschützt und bewacht, die oft ihr Leben lang diese einsamen Orte sichern, um sie vor der Zerstörung zu bewahren. Wer oder was sind nun diese Wesen, die „Samâdhi" genannt werden? Dr. Muldashev berichtet in seinem Buch im Kapitel 5 über ein Gespräche mit Svâmin (= hoher hinduistischer Gelehrter) Daram Radje Bharti, ein renommierter Wissenschaftler in Amritsar (Indien), über „Die geheimnisvollen Samâdhi". Dieser erzählte ihm, dass es auf unserem Planeten in der Vergangenheit bereits mehrere hoch entwickelte Zivilisationen gegeben hatte. Diese wurden durch Kataklysmen, teils durch eigenes Verschulden, vernichtet. Er meinte, dass die Rückständigkeit unserer

Abb. 81 *Die neue Kapelle auf dem Sölkpass in der Obersteiermark.*

eigenen Zivilisation es nicht zulässt, das überlieferte alte religiöse Wissen vollständig zu begreifen. Bei „Samâdhi“ handelt es sich um einen besonderen Zustand der Tiefenmeditation eines menschlichen Wesens. Weiters erklärte er, dass diese erstarrten Körper von den alten Zivilisationen in geschützten Bereichen, wie Höhlen oder Felskammern, vor vielen Jahrtausenden deponiert worden sind, damit diese in der Zukunft als Genpool dienen können.

Und wen wundert`s, es gibt mindestens noch an zwei oder vielleicht sogar an mehreren Orten in Österreich ebenfalls solche unterirdischen Anlagen mit „Samâdhis“ bzw. „Sanadis“, die seit vielen Jahrhunderten von der Kirche bewacht und möglicherweise von hohen Adelshäusern noch heute beschützt werden. Wir sind uns voll bewusst, dass dies unglaubwürdig und nach einer ausschweifenden Phantasie klingt, aber in dem in Kapitel 1 zitierten Textauszug vom AVA aus dem Jahre 1592 steht:

Abb. 82 *Die freigelegten Fundamente einer Hütte bei der Ausgrabungsstelle.*

> *„... doch 1580 wegen der denkwürdigen Ereignisse und der Sorge um das vermeintliche Gemeinwohl Aller durch Unterbindung der Kontakte durch die Heilige Kirche unterbrochen, sich jedoch weiterhin redlichst um die auf der Bergscheide am Sölk unter der uralten dortigen Einsiedeley unterirdisch befindlichen Sanadis für Aller Heil trotz den Unbillen der Zeiten gekümmert, was ihnen in der Zukunft wohl auch die Heilige Römische Kirche zu Respekt zollen wird müssen. ...“*
>
> *(Quelle:Auszug aus Wurm-Akt, AVA Adelsarchiv Wien)*

Eine zweite Textstelle in einem weiteren Dokument aus dem Jahre 1512 weist ebenfalls auf die Einsiedelei am Sölkpass hin:

> *„... Die Wurms und die Rammings ab dem dankbaren Witold, der Ebaura Wurmb zur Frau nahm, kümmerten sich um den Erhalt der Stätte am Pass der Sölk, wo sie die unterirdischen Gefielde (unter der Einsiedeley) der Sanadis bewachten. ...“*
>
> *(Quelle:Auszug aus Raming-Akt, AVA Adelsarchiv Wien)*

Aus diesen beiden alten Textauszügen kann jeder herauslesen, dass es am oder in der Nähe des Sölkpasses im Bundesland Steiermark eine alte „Einsiedelei“ gegeben hat und möglicherweise heute noch gibt, unter der sich seit einem uns unbekannten Zeitraum in unterirdischen Räumlichkeiten „Samâdhis“ befinden sollen! Wenn es nicht in Jahrhunderte alten Texten nieder-

Abb. 83 *Bergpanorama beim Sölkpass, der Passübergang liegt am rechten Bildrand,*

geschrieben worden wäre, würde dies abermals nach einer unglaublichen, nicht nachvollziehbaren Geschichte klingen! Stellt sich natürlich sofort die Frage, ob diese Überlieferung wahr sein kann. Wir vermuten es, müssen aber gleich eine weitere Frage stellen: Was wusste die Kirche damals über die Herkunft und Aufgabe der „Samâdhis"? Über den Zweck, den diese Wesen in der Zukunft erfüllen sollten, wusste man damals sehr wohl Bescheid, dies wurde ja in einem weiteren Schriftdokument genau festgehalten. Nur woher diese Wesen stammten und von wem die Kirche den Auftrag bekam, diese Plätze über Jahrhunderte hinweg gemeinsam mit dem Adel zu betreuen, geht aus keinem der uns derzeit bekannten Schriftstücke hervor.

Interessanterweise gibt es vor Ort am Passübergang eine kleine, aus dem 20. Jahrhundert stammende Kapelle, die sich heute dort befindet, wo früher ein Bildstock bzw. Marterl stand. (Abb. 81) Ansonsten gibt es dort keinerlei Hinweise auf die Existenz einer solchen heiligen Stätte. Sieht man von einem unscheinbar aussehenden Steinhaufen ab, unter dem sich heute eine Toilettenanlage für Besucher des Sölkpasses befindet. Unter diese relativ große Steinanhäufung wurden Betonmauern eingearbeitet und zwei Räume angelegt. Ob es sich bei dieser Anlage um einen ehemaligen prähistorischen Schutzraum der einstigen nahen Einsiedelei oder ein neues, nur wenige Jahrzehnte altes Bauwerk handelt, bleibt derzeit noch offen. Einzig die Architektur der nachgeahmten Trockenmauer lässt eine nur wenige Jahrzehnte alte Bauweise erkennen, denn die Steine wurden nur grob angehäuft und ohne System einfach auf das Dach der Betonkonstruktion draufgelegt. Ein Hinweis auf eine ehemals alte architektonische Trockenmauer-Konstruktion fehlt, jedoch könnten bereits vorhandene Steinplatten eines alten Schutzraumes sekundär wiederverwendet worden sein. Nur wenige Meter nördlich des heutigen Parkplatzes konnten bei einer Ausgrabung des Bundesdenkmalamtes und des Vereines

ANISA in den Jahren 1999/2000 die Fundamente eines ehemaligen Blockhauses freigelegt werden, dessen zeitlicher Ursprung unbekannt ist. Vermutet wurde der Zeitraum des ausgehenden Mittelalters bzw. die frühe Neuzeit. (Abb. 82) Ob dies ein Hinweis auf die einst alte „Einsiedelei" sein kann, bleibt vorläufig noch offen.

Auch auf einer handgemalten Karte aus dem 16. Jahrhundert, die vom Prior Johannes Clobucciarch des Augustiner Chorherrenstiftes Fürstenfeld angefertigt worden ist und die sich heute im Steiermärkischen Landesarchiv in Graz befindet, ist kein erkennbarer Hinweis auf eine Einsiedelei in diesem Gebiet vorhanden. Dies darf einen aber nicht wundern, denn dieser Ort dürfte von der Obrigkeit vor den Einheimischen ja geheim gehalten worden sein.

Der „Sölkpass" und das östlich gelegene „Glattjoch" waren in der Vergangenheit zwei Bergübergänge, die durch den frühen und sehr alten Salzhandel über einen Säumerpfad (= Fußweg) genutzt wurden. Diese Nutzung reichte am Sölksattel, durch die archäologischen Ausgrabungen bestätigt, mindestens 6.000 Jahre bis in das Neolithikum (= Jungsteinzeit) zurück. Es gibt auch noch weitere archäologisch unbearbeitete Relikte im Umfeld des Sölkpasses. (Abb. 83 und 84) Bekannt ist beispielsweise ein über 3 Meter hoher Menhir, der sich im Gipfelbereich einer Bergkuppe in 1.823 Metern Seehöhe befindet (Ottenfels 2020). Erst im vorigen Jahrhundert wurde eine moderne Straße über den Sölkpass gebaut, die allerdings meist nur drei bis vier Monate im Jahr befahrbar ist, da es bei dem rund 1.780 Meter hohen Passübergang oft zu meterhohen Schneeverwehungen kommt. Außer kahlen und steilen Bergrücken in diesen Gebietsabschnitt, deren Gipfel bis zu 2.400 Meter hoch sind, gibt es hier nur eine zum Großteil unerschlossene Wildnis. Diese bildet ein faszinierendes Panorama für den Wanderer und Naturliebhaber. Auch bei der ansässigen Bevölkerung konnten wir bis heute noch keine Informationen über eine alte Einsiedelei weder vor noch hinter dem Passübergang erhalten. Laut Recherchen wissen wir, dass fast das ganze Bergmassiv um den Sölkpass heute einem italienischen Familien-Firmen-Konsortium Feltrinelli aus Bozen mit Habsburger Wurzeln gehört.

Abb. 84 *Ein über 3 Meter hoher Menhir auf einer Kuppe in ausgesetzter Lage bei der Kaltenbachalm nahe dem Sölkpass.*

Das Interessante an diesem Gebirgsabschnitt ist auch, dass im „Google Earth" (Internet-Software) einige Bereiche mit einem groben Raster unscharf gemacht worden sind. Und wieder stellen wir nur eine Frage: Warum? Was gibt es dort, das wir aus amerikanischer Sicht nicht erkennen und wissen sollen? Denn Amerika besitzt heute, laut Aussage von Mitarbeitern des Bundesamtes für Eich- und Vermessungswesen, die Rechte am österreichischen Kartenmaterial. Diese Situation erinnert uns sehr an die Tatsache, als unser Sachbildband „Tore zur Unterwelt" im September des Jahres 2009 erschienen war. Zwei Monate später, ab November, wurde der Abschnitt „Stuhleck" bis zur „Riegersburg" in der Oststeiermark mit einem 15 - 20 Kilometer breiten Streifen auf den Satellitenaufnahmen im Internet unscharf gemacht bzw. mit einem wiederkehrenden Raster versehen, sodass man bei einer hohen Auflösung keine Details mehr erkennen konnte. Genau dieser Gebietsabschnitt wurde von uns im Buchtext beschrieben! Ein Jahr später wurde dieser Abschnitt bis knapp vor die österreichische Bundes-Hauptstadt Wien

bis zum Kahlenberg erweitert! Erst viele Jahre danach konnte man im „GIS Steiermark“ und „Google Earth“ wieder annähernd die Details in der Landschaft sehen, allerdings nur mit einer eingeschränkten Vergrößerungs-Auflösung und heute noch gut erkennbaren teilretuschierten Geländeabschnitten.
Doch könnte sich die in den alten Texten erwähnte Einsiedelei auch in der Nähe des Sölkpasses befinden. Und zwar am zuvor schon erwähnten Glattjoch, einem weiteren Passübergang in 1.989 Meter Seehöhe. Diese Stelle liegt einige Kilometer östlich vom Sölkpass und es befindet sich dort tatsächlich ein aus Trockenmauerwerk errichteter, sehr alter spitzbogenförmiger Steinbau, der 6,60 Meter lang, 5,80 Meter breit und 5,50 Meter hoch ist. Der Innenraum ist 3,90 Meter hoch und die Mauerstärken schwanken zwischen 1,50 bis 1,70 Meter. Ein archäologisch interessierter Architekt aus Laibach, Herr Prof. Dr. Borut Juvanec (Universität Ljubljana, Slowenien) revitalisierte mit Studenten und einheimischen Freiwilligen von 1995 bis 1998 diesen damals schon sehr verfallenen und nur mehr fragmentarisch erhaltenen Steinbau. Gleichzeitig leitete der damalige Landesarchäologe Dr. Diether Kramer (†) die archäologische Untersuchung. Prof. Juvanec führte im Jahr 2000 an vier trapezförmig behauenen Decksteinen dieses Baues wissenschaftliche Datierungen mit einem damals noch als „Kosmische Lumineszenz-Datierung“ bezeichneten Verfahren durch, das heute als TCN-Datierung (= Terrestrische Cosmogene Nuclide) bekannt ist. Am Kernforschungszentrum Dubna in Russland erfolgte am Institut Obedinjonnij iadenich issledowanii Rossii (JINR) die Datierung der Proben von den vier Deckplatten. Drei davon erbrachten Richtwerte für ein Mindestalter von 8.800 ± 1.000 Jahren und eine konnte auf 1.000 ± 150 Jahre datiert werden. Es kann vermutet werden, dass die vierte jüngere Deckplatte vielleicht im Zuge einer Ausbesserung vor rund 1.000 Jahren ausgetauscht worden ist und nichts mit der ursprünglichen Errichtung des Trockenmauerbaues zu tun hat (Juvanec 2011). Denn man nimmt heute aus welchem Grund auch immer an, dass dieser Bau von irischen Mönchen im 8. oder 9. Jahrhundert errichtet worden ist. (Fauler 2019) In diesem Zusammenhang drängt sich die Vermutung auf, dass es sich bei diesem Bauwerk auch um einen Schutzraum in dieser exponierten Lage handeln könnte, der bereits in der prähistorischen Epoche dort errichtet worden war. Obwohl es in Irland einen bekannten ähnlich aussehenden Steinbau gibt, der dort irischen Mönchen zugeschrieben wird, kann es die Bauform allein nicht sein! Denn ähnlich gestaltete prähistorische megalithische Steinbauten findet man nicht nur in Irland, sondern auch in Frankreich, Griechenland, Italien, Russland, der USA und anderen europäischen Ländern. Und welcher Grund sollte irische Mönche dazu bewogen haben, in 2.000 Metern Höhe einen Steinbau zu errichten, den man nicht beheizen kann und es in der Nähe keine Möglichkeiten gibt, etwas Essbares anzupflanzen! Man kann sich dort im besten Falle nur zwei bis drei Monate im Jahr aufhalten! Der nächste Ort ist heute noch rund dreieinhalb Stunden Fußweg von diesem Platz entfernt.

Steinplatten (Findlinge) von der Oberfläche aus der unmittelbaren Umgebung konnten als Referenz zu den wissenschaftlich bearbeiteten Deckplatten auf ein Mindestalter von 60.000 bis 70.000 Jahren datiert werden. Dieser Steinbau, der heute durch die Revitalisierung zu einer christlichen Kapelle umfunktioniert wurde, könnte vielleicht eine Rolle in unserer Suche nach der Einsiedelei spielen, weil sich südöstlich davon die Überreste eines dreiräumigen Gebäudes befinden, wo Holzkohlereste bei einer Feuerstelle mittels der ^{14}C Kohlenstoffdatierung auf das Jahr 1515 datiert werden konnten. Dies sagt aus, dass zu dieser Zeit Menschen dort ein Feuer angezündet haben, mehr nicht. Aber was für ein Zufall, wir sind hier wieder im 16. Jahrhundert! Ob es sich bei diesen Steinresten mit den drei Räumen um die gesuchte „Einsiedelei“ handeln könnte, bleibt derzeit wie auch bei jenem Steinfundament am Sölkpass reine Spekulation. Jedoch ist eines interessant, der Grundbesitzer des über 15 Mio. Quadratmeter großen Grund-

stückes ist laut GIS Steiermark ein anonymes Verwaltungskonstrukt (Anton Philipp Revertera) und die anschließenden Grundstücke am Glattjoch gehören teilweise der Kirche oder, genauer gesagt, dem Augustiner Chorherrenstift Klosterneuburg und einem Pezold von Heinrich (Zimbabwe Mvurwi Forrester Estate). Hier schließt sich fast nahtlos der Kreis und eröffnet neue Denkansätze in viele Richtungen!
Wie wir aus einer weiteren Transkription der Adelsakten noch ersehen können, wird ein weiterer Samâdhi-Fundplatz im Umfeld von Eggenburg (Niederösterreich) ebenfalls in den Abschriften aus dem 16. und 18. Jahrhundert erwähnt. Hier sollen sich unterhalb der Ablasskirche zu Wartberg (Pfarrkirche St. Leonhard) unterirdische Hohlräume und ein „Kelch des Wahrers" (der heilige Gral?) befinden. Hier ruhen in den unterirdischen Anlagen mehrere Wesen, die wörtlich, so steht es in den alten Texten, als „Heilswahrer im „Sanadi/Samâdhi-Zustand" dahindämmern". Hier soll auch:

„ ... der „Quell" sein, der alles, was verloren ist oder geht wiederbringen kann ..."!

Diese Formulierung wurde in einer Textpassage im Jahre 1512 verfasst, die im Jahre 1720 erneut abgeschrieben wurde. Nur was ist dieser Quell? Klingt ja im weiteren Sinne nach „Jungbrunnen". Aber wir denken eher, dass dieser „Quell" die Samâdhis sind, da sie ja durch ihre Gene die Menschheit im Falle eines Kataklysmus (sehr große, alles zerstörende Katastrophe) auf der Erde wieder erneuern sollen. Wie üblich wurde schon vor langer Zeit über diesen unterirdischen Hohlräumen, die sich angeblich unter dem großen flachen Hügel nahe beim Ort Wartberg befinden, vorerst im 12. Jahrhundert eine kleine romanische Kirche errichtet. Sie wurde in den späteren Jahrhunderten umgebaut bzw. erweitert und ist dort heute noch weithin sichtbar! (Abb. 85 und 86)

Abb. 85 *Die flache Hügelkuppe mit der Kirche Wartberg, Niederösterreich.*

Abb. 86 *Die Kirche Wartberg stammt aus dem 16. Jahrhundert. Bereits um 1330 wurde eine kleine Kapelle auf dem Hügel errichtet.*

Das Bauwerk liegt heute sehr isoliert auf einem langgezogenen flachen Hügel, dessen Basis laut geologischer Berichte eine mehrere Kilometer starke Granitplatte sein soll. Wir fragen uns wieder zu recht: Warum steht weithin sichtbar ein großer Kirchenbau isoliert auf der Kuppe eines Hügels? Die Orte Wartberg und Eggenburg sind einige Kilometer von diesem Hügel entfernt und besitzen je eine eigene Kirche!

Früher dürften am Fuße des Hügels einige Weinbauern gesiedelt haben, denn im unteren Bereich des Hanges befindet sich eine alte Kellergasse entlang der Auffahrt zur Kirche. Hier und in der näheren Umgebung führen alte und jüngere Stollen in den Berghang hinein, die einst und heute zur Lagerung der Weine dienen. (Abb. 87) Es gab damals sicherlich nur Einzelgehöfte (Huben) und noch keine Dorfansiedlung wie sie heute durch Neubauten ergänzt zu sehen ist. Wir können nur hoffen, dass dieser Kirchenbau in der Zukunft erhalten bleibt, um dieses Erbe der Menschheit zu schützen. Oder bekommen wieder ausländische Geheimdienste von unserer Regierung und der Kirche die Möglichkeit, dort ungestört „wissenschaftlich“ zu arbeiten? Oberhalb des Haupteinganges der Leonhardkirche zu Wartberg ist in einer Nische eine Skulptur eines nicht eindeutig zu identifizierenden Heiligen zu sehen, der sowohl die Attribute einer Kette (Hl. Leonhard), einer Lanze (Hl. Georg) und die Flügel eines Erzengels (Michael?) aufweist. (Abb. 88) Das Besondere an dieser Gruppendarstellung ist die Figur des unterlegenen Fabelwesens (Luzifer?), das in diesem Fall mit einer Drachendarstellung nichts zu tun hat, sondern eher eine hässliche menschliche Gestalt mit weiblichen Attributen und Fledermausflügeln zeigt. (Abb. 89)

Abb. 87 *Einer von vielen neuzeitlichen Stolleneingängen, die teilweise in kurze oder längere unterirdische Anlagen führen.*

Interessant sind auch die in alten Flugblättern (= periodisch gedruckte Einzelblätter, die in Schrift und Bild über außergewöhnliche aktuelle Ereignisse berichteten) dokumentierten „Himmelserscheinungen“, die nach den Ereignissen in den Jahren 1510, 1520, 1561 und 1566 von der Römisch-Katholischen Kirche offiziell als Anlass dienten, alle Kontakte zu den „unterirdischen Völkern“ in Europa abzubrechen und den Handel mit diesen einzustellen. Um welche Ereignisse handelte es sich im 16. Jahrhundert eigentlich, die damals die Vertreter der Kirche so in Angst versetzten, dass sie mit gewaltigem Aufwand einst und bis heute noch alles daran setzen, um dieses Wissen nicht an die breite Öffentlichkeit kommen zu lassen? Heute wissen nur wenige Eingeweihte der Kirche und des Adels darüber Bescheid. Es werden in der Transkription zwei genaue Daten genannt, die auf den 14. Grasmond (April) 1561 in Nürnberg und auf den 27. Heumond (Juli) 1566 in Basel hinweisen. In der Nürnberger Stadtchronik vom 14. April 1561 wird als ausschlaggebender Grund für das Ereignis ein Gegenstand erwähnt, der im selben Jahre kurz davor in einer unterirdischen Anlage verrückt oder verschoben worden ist! An den beiden oben erwähnten und auch an anderen Tagen sowie in den Jahren um die Mitte des 16. Jahrhunderts wird von mehreren Ereignissen am Himmel berichtet, die für die damalige Bevölkerung mehr als mysteriös erscheinen mussten. Diese wurden von vielen Tausend Menschen an mehreren Orten in Europa und in verschiedenen Ländern der Welt über Jahrzehnte hinweg gesehen.

Die oben erwähnten Jahres-Daten stehen für die nachfolgend genannten Städte wie Wien (1520), wo ein großes langes stabförmiges Objekt mit orange leuchtender Spitze und eine kugelförmige Himmelserscheinung, sowie drei golden glänzende Kugeln zu unterschiedlichen Zeiten lange am Himmel über der Stadt zu sehen waren. (Abb. 90) Auch in Nürnberg (1561), Basel (1566) und davor im März 1551 im Schwabenland und in Lothringen (Frankreich), wurden am Tage mehrere verschiedenartige sonnengleiche kugelförmig große Gebilde am Himmel gesehen und als zusätzliches Beispiel fanden am 1. Juni 1554 die Plecher „Himmelserscheinungen" statt. Es soll, wie schon erwähnt, noch weitere Beobachtungen während dieser Zeiträume in anderen Ländern über Europa gegeben haben, über die auch schriftliche und gemalte Aufzeichnungen vorliegen. Unklar ist noch für uns die Jahresangabe 1510, die in den Adelsdokumenten

Abb. 88 *Eine bemerkenswerte Figurengruppe in der Nische oberhalb des Kircheneinganges zu Wartberg.*

Abb. 89 *Hier irritiert das ungewöhnliche Aussehen des Fabelwesens (Luzifer?) mit weiblichen Attributen und Fledermausflügeln.*

Abb. 90 *Die obere Graphik zeigt die Himmelserscheinung über Wien im Jahre 1520. Ein langes stabförmiges Objekt mit einem orangen Schein am unteren Ende wurde mehrmals über der Stadt gesehen. Unterhalb ist das gedruckte Flugblatt zu sehen.*
(Quelle: Augsburger Manuskript 1552, Deutschland und Zentralbibliothek Zürich, Graphische Sammlung, inv. PAS II, 9/14, Schweiz)

ebenfalls als Grund für das „Versiegeln" der unterirdischen Anlagen angeführt wird.
Der bekannte Schweizer Psychologe Carl Gustav Jung berichtete in seinem 1958 erschienenen Buch „Ein moderner Mythus von Dingen, die am Himmel gesehen wurden" über UFO-Beobachtungen und er versuchte, diese aus der damaligen wissenschaftlichen Sicht zu analysieren. Im Kapitel IV „Zur Geschichte des Ufophänomens" schreibt er einleitend:

„Die Publizität des Ufos hat zwar erst gegen das Ende des Zweiten Weltkrieges eingesetzt, aber das Phänomen war schon vorher bekannt und ist nicht nur in der ersten Hälfte des XX. Jahrhunderts beobachtet, sondern schon in früheren Jahrhunderten und vielleicht auch schon zur Zeit der Antike gesichtet und beschrieben worden."
(Jung 1958)

Womit Jung auch Recht hatte, denn es gibt auch aus der Römerzeit Aufzeichnungen über UFO-Sichtungen. Auch in dem 2013 im Taschen-Verlag erschienenen Faksimile eines im Jahre 1552 in Augsburg (Deutschland) gedruckten und erst jüngst wiederentdeckten Werkes mit dem Titel „The Book of Miracles – Das Wunderzeichenbuch" (Hrsg. Till Holger Borchert & Joshua P. Waterman) sind interessante gemalte Darstellungen aus dem 10. bis 16. Jahrhundert zu finden. Diese zeigen Ungewöhnliches, wie z. B. Naturkatastrophen und Anomalitäten aus jener Zeit auf. Es war die Zeit der Renaissance und Reformation, wo in einem christlichen Kontext Wundersames festgehalten wurde. Darum ist es auch nicht verwunderlich, wenn oft Bildinhalte, wie z.B. Kreuze, Säulen, Krieger, Engel oder Gott selbst, in den Malereien am Himmel auftauchen bzw. zu sehen sind, meist im Zusammenhang mit kugelförmigen Objekten. Hier wurde bewusst immer eine Verbindung zur Religion oder den christlichen Symbolen hergestellt. Es konnte somit durch kirchlichen Einfluss in den dazugehörenden Erklärungen immer der „Allmächtige Gott“ als Urheber und Richter über die Menschheit leichter dargestellt werden. Dies war notwendig, um in der Bevölkerung ein schlechtes Gewissen, also Schuldgefühle, hervorzurufen und dauerhaft bis heute zu verankern.

Interessant für uns waren einige dieser Beispiele insofern, weil sie etwa zeitgleiche Ereignisse mit unbekannten Himmelsobjekten, heute würden wir dazu „Fluggeräte“ sagen, aufzeigen, die wir auch auf zwei rund 500 Jahre alten Freskenmalereien in dem buddhistischen Höhlentempel Bezeklik am Rande der Taklamakan-Wüste im Nordwesten von China sahen. Diese Szenerie haben wir auch in unserem Sachbildband „Asiens Unterwelt“ dokumentiert. Die dort gemalte Darstellung zeigt, wie eine historische Stadt von diesen fliegenden Objekten in Brand geschossen wurde und die Menschen aus ihren Häusern flüchteten. (Abb. 91) Aber auch in Europa gab es für bekannte Künstler dieser Zeit Auftragsarbeiten der Kirche, wo auf den Gemälden und an Kirchenwänden eindeutig technisch wirkende Fluggeräte am Himmel im Detail und auch im Formationsflug zu erkennen sind. Wer sich für diese seltsam aussehenden Objekte auf den Malereien interessiert, kann auf eine breite Palette von Darstellungen zurückgreifen. Als jüngeres Beispiel möchten wir ein Marienbildnis aus dem 18./19. Jahrhundert anführen, das im Auftrag der „Herren vom Schwarzen Stein“ gemalt wurde und im linken unteren Bildabschnitt so ein Fluggerät zeigt. (Abb. 92 und 93) Zudem kommt hinzu, dass auf vielen alten Wandmalereien in Kirchen und Burgen Mischwesen zu sehen sind, deren Aussehen an Überlieferungen aus der Sagenwelt oder auch an archäologische Funde von fremden Hochkulturen, die weltweit gefunden wurden, erinnern. Sehen wir uns einmal den Text und die Darstellungen des aus dem Jahre 1561 stammenden Berichtes von der Stadt Nürnberg und in der Folge den aus dem Jahre 1566 von der Stadt Basel im Detail an. Am eindrucksvollsten ist jenes Flugblatt von Hanns Glaser über die Ereignisse in Nürnberg 1561 (Graphische Sammlung der Zentralbibliothek in Zürich), im Originaltext steht:

Abb. 91 *Ausschnitt einer Freskenmalerei aus dem 16. Jahrhundert im Bezeklik-Kloster am Rande der Wüste Gobi, China.*

> *„Anno M.D.LXI. An den XIIII. Tag Aprillis zu morgens zwischen Aim gehen tag und dem garauß/ das ist zu morgens zwischen 4 und 5 auff der kleinen uhr/ ist ein sehr erschröcklich gesicht an der Sonn wie sie im auffgang gewesen erschinnen/ und zu Nürnberg in der Stat und vor dem thor und auf dem Land von vielen manns und weybs personen gesehen worden. Erstlich ist die Sonn mit zweyen blutfarben halbrunden strichen/ gleichförmig wann der Moon im abnemen/ mitten durch die Sonne erschinnen und gesehen worden/ und inn der Sonne/ oben/ unten/ und auff beden seytte blutfarbe/ und eines theyls blößliche oder Eysenfarbe auch schwarzfarb runde Kugel gestanden/ Desselben gleichen auff bayden seytten und ringscheyben umb die*

Abb. 92
Ein Marienbildnis, das im Auftrag der „Herren vom schwarzen Stein" unter Anleitung von einem Kind gemalt wurde.

Sonne herumb/ sein solche blutrote/ und der andern kugel in anzal viel/ etwo drey inn die lenge/ unter weylen vier in einem Quatrangel/ auch etliche ainzig gestanden/ Und zwischen solchen Creutzen und Kugeln sein blutfarbe streyme hinden dick/ Und vom hinauß/ etwas geschmeydiger alls hocken rhor/ Allenthalben mit ein vermischt geweser/ samt unter andern zweyen grossen Rom/ zu dreyen/ auch vier und mehr kugel gewesen. Dieses alles hat mit einander anfahen zu streyten/ sein die kugel so erstlicht in der Sonn ge wesen/ herauß auff die/ so zu beyden seytten gestanden/ gefarn/ so sein die so heraussen gewesen sampt den kugeln auß den klein und grossen Rom/ inn die Sonne hinein gefarn/ zu dem haben die Ror eben so sehr alle die kugel unter einander gefarn/ und hefftig alles mit einander gestritten und gefochten/ bey einer guten stunde/ Und wie der Streyt das ein weyl inn die Sonne hinein/ und widerumb herauß am hefftigsten hin und her gefaren/ sich dermassen miteinander abgematt/ Ist es alles wie obverzeychnet von der Sonnen/ vom Hymel herab auff die erden gleich alls ob es alles Brennet gefallen/ und mit einem grossen dampff herunten auff der Erden allgemach vergangen. Nach solchem allen ist auch gleichförmig einem schwartzen Speer/

Abb. 93 (rechts) *Auf der linken unteren Seite des Bildes wurde in eine Wolke offensichtlich ein Fluggerät hineingemalt. Auf der Rückseite des Gemäldes befindet sich eine später hinzugefügte Bildbeschreibung.*

Ainmiller Max Emanuel (1807–1870 München) hat im Auftrag der Compturey des „D. H. v. T. T!“ zu Ödenburg dieses Werk im Alter von 6 Jahren unter Anleitung seines Lehrers Agricola Christoph (1779–1852) dieses Werk geschaffen und 1820 signiert.

der schafft vom auffgang/ Und die spitzen zum Nidergang inn grosser dick und leng gesehen worden. Was aber solche zeychen bedeuten/ ist Gott allein wissent/ dieweyl wir aber kurtz auffeinander/soviel und mancherley zeychen am Hymel haben/ die uns der Allmechtige Gott/ von unsers sündlichen lebens/ damit er uns gern zur buß reitzen und locken wolt/ erscheinen lest/ so sein wir leyder so undanckbar/ das wir solche hohe zeychen und Wunderwerck Gottes verachten/ Auch spötlich davon reden/ und inn winde schlagen/ Zubesorgen (?) es werde uns Gott umb unserer undanckbarkeyt willen/ ein schröckliche straff senden/ Jedoch werden solchs die Gotsfürchtigen in keinen weg (?) verachten/ sünder alle diese trewe warnung ihres gnedigen Vatters im Hymel behertzigen/ ir Leben bessern/ Gott trewlich bitten/ Das er seinen billigen zorn/ sampt der wol verdienten straff von uns wöll abwenden/ Damit wir alls seine kinder hie zeytlich/ und dort ewig leben mögen darzu uns Gott allen wölle helffen/ Amen."

(Quelle: Zentralbibliothek Zürich, Graphische Sammlung, inv. PAS II, 12/60, Schweiz)

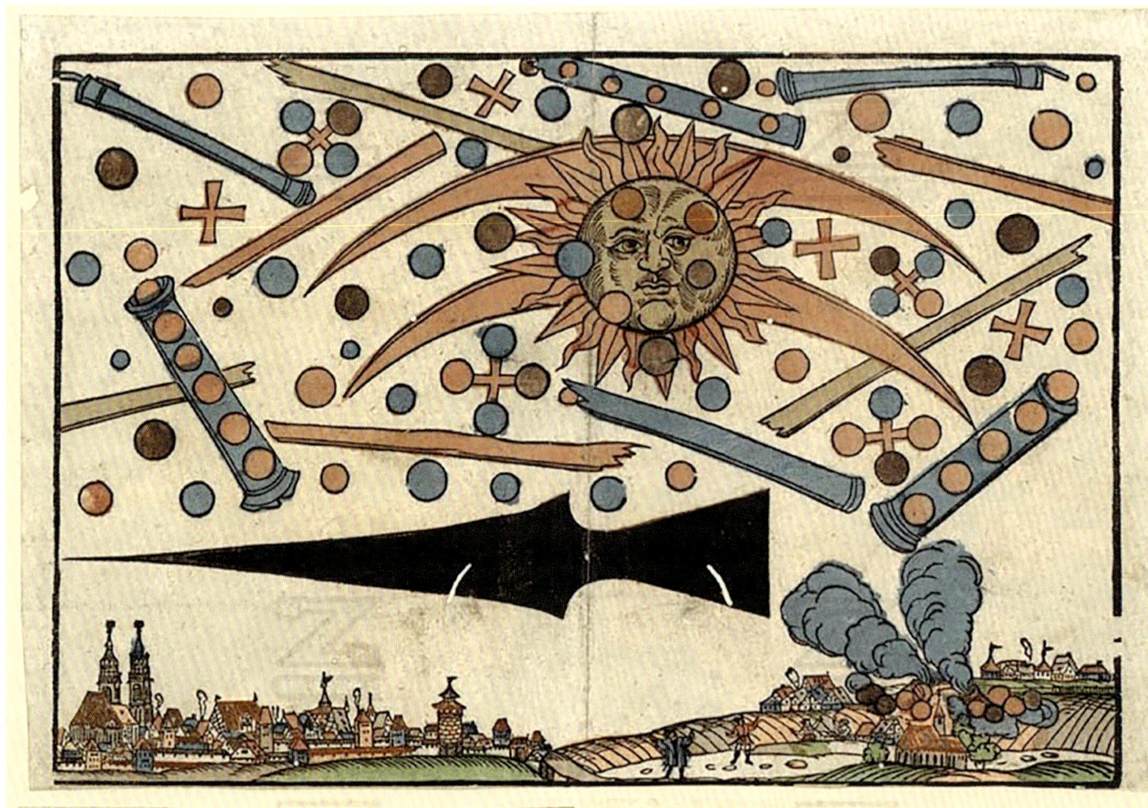

Anno M. D. LXI. An dem XIIII. tag Aprillis zu morgens zwischen Aim gehn tag vnd dem garauß/ das ist zu morgens zwischen 4 vnd 5 auff der kleinen vhr/ ist ein sehr erschröcklich gesicht an der Soñ wie sie im auffgang gewesen erschinnen/ vnd zu Nürmberg in der Stat vnd vor dem thor vnd auff dem Land von vielen manns vnd weybs personen gesehen worden. Erstlich ist die Sonn mit zweyen blut farben halb runden striche/ gleichförmig wañ der Monn im abnemen/ mitten durch die Sonne erschinnen vnd gesehen worden/ vnd inn der Sonne/ oben/ vnten/ Vnd auff beden seytten blut farbe/ vnd eines theyls blöbliche oder Eysen farbe auch schwartz farb runde Kugel gestanden/ Desselben gleichen auff bayden seytten vnd ringscheyben vmb die Sonne herumb/ sein solche blut rote/ vnd der andern kugel in anzal viel/ etwo drey inn die lenge/ vnter weylen vier inn einem Quatrangel/ auch etliche aintzig gestanden/ Vnd zwischen solchen Kugeln sein auch etliche blutfarbe Creutz gesehen/ vnd zwischen solchen Creutzen vnd Kugeln sein blutfarbe streyme hinden dick/ Vnd vorn hinauß/ etwas geschmeydiger alls hocken rhor/ Allenthalben mit ein vermische gewesen/ sampt vnter andern zweyen grossen rorn/ eines zur rechten/ vnd das ander zur lincken handt stehent/ in welchen kleinen vnd grossen Rorn/ zu dreyen/ auch vier vnd mehr kugel gewesen. Dieses alles hat mit einander anfahen zu streyten/ sein die kugel so erstlich in der Sonn gewesen/ herauß auff die/ so zu beyden seytten gestanden/ gefarn/ so sein die so heraussen gewesen sampt den kugeln auß den klein vnd grossen Rorn/ inn die Soñe hinein gefarn/ zu dem haben die Rorchen so sehr alls die kugel vnter einander gefarn/ vnd hefftig alles miteinander gestritten vnd gefochten/ bey einer guten stundt/ Vnd wie der Streyt das ein weyl inn die Sonne hinein/ vnd widerumb herauß am hefftigsten hin vnd her gefaren/ sich der massen miteinander abgematt/ Ist es alles wie obuerzeychnet von der Sonnen/ vom Hymel herab auff die erden gleich alls ob es alles Brennet gefallen/ vnd mit einem grossen dampff herunten auff der Erden allgemach vergangen. Nach solchem allen ist auch gleichförmig einem schwartzen Speer/ der schafft vom auffgang/ Vnd die spitzen zum Nidergang inn grosser dick vnd leng gesehen worden. Was aber solche zeychen bedeuten/ ist Gott allain wissent/ dieweyl wir aber kurtz auffeinander/ souil vnd mancherley zeychen am Hymel haben/ die vns der Allmechtige Gott/ von vnsers sündlichen lebens/ damit er vns gern zur buß reitzen vnd locken wolt/ erscheinen lest/ so sein wir leyder so vndanckbar/ das wir solche hohe zeychen vnd Wunderwerck Gottes verachten/ Auch spötlich dauon reden/ vnd inn winde schlagen/ Zubesorgen es werde vns Gott vmb vnserer vndanckbarkeyt willen/ ein schröckliche straff senden/ Jedoch werden solchs die Gotsförchtigen in keinen weg verachten/ sonder alle diese trewe warnung jres gnedigen Vatters im Hymel behertzigen/ jr Leben bessern/ Gott trewlich bitten/ Das er seinen billigen zorn/ sampt der wol verdienten straff von vns wöll abwenden/ Damit wir alls seine kinder hie zeytlich/ vnd dort ewig leben mögen darzu vns Gott allen wölle helffen/ Amen.

Bey Hanns Glaser Brieffmaler/ zu Nürmberg.

***Abb. 94** Das Flugblatt von Nürnberg aus dem Jahre 1561. (Quelle: Zentralbibliothek, Zürich, Schweiz)*

Es mag sich jeder seinen eigenen Reim auf den Inhalt dieser Abschriften und deren Aussagen machen. (Abb. 94) Wir möchten in die Texte nichts hineininterpretieren und auch keine Stellungnahme dazu abgeben, weil in den Originalen eigentlich alles gesagt wird! Wenn man im Internet die Kommentare zu diesen Texten liest, ist man über die Auslegung mancher Autoren doch mehr als erstaunt. Und dies umso mehr, als speziell in den letzten 20 Jahren führende Persönlichkeiten der Wissenschaft, des Militärs (Piloten aus Argentinien, Belgien, Brasilien, Chile, China, Deutschland, England, Iran, Japan, Österreich, Russland, Schweiz, USA usw.), der Politik (China, England, Japan, Kanada, Russland, USA), Astronauten der NASA (Amerika) sowie aus Russland und China und auch einzelne Geheimdienste die Existenz von sogenannten „UFOs", also nicht zu identifizierenden Flugkörpern, öffentlich bestätigt haben. Hier zum Vergleich noch der zweite Bericht aus Basel in der Schweiz aus dem Jahre 1566 und wir werden erkennen, dass beide Flugblätter ähnliche Vorkommnisse am Himmel dokumentieren:

- Seltzame gestalt so in disem M. D.
LXVI. Jar/-
gegen auffgang und nidergang / under dreyen malen am Himmel
ist gesehen worden / zů Basel auff den xxvii. und xxviii. Höwmonat
und volgends auff den vii. Augsten.

Dises lauffenden LXVI. Jars auff den XXVII. Höwmonats/ nach dem die Sonnen (so Plinius wol / der Welt aug genennt hat) den gantzen tag lieblich unnd warm geschienen / in hellem und fein gereinigetem lufft, Ist sie gegen nidergang / auff den abend / umb vii. ur urplötzlichen verendert worden / andere form unnd farb bekummen. Dann erstlich sie ihre streimen unnd glantz verloren hat / demnach nicht grösser / weder Vollmons realer ist / und zum dritten / gleichsam sie blůt weinte / in einem schwartzẽ lufft und veld hinder iren von allerley volcks allhie zú Statt und Landt ersehen worden. Gleicher gestalt ist nach der Sonnen undergang / der Mon / wóllicher dißmals nicht weit võ seiner völle / am liecht und schein gewesen / auch durch die nacht / fast roht/ und blütfarb / am Himmel gestanden.
Volgends Morgens / das der Sonnentag war / ist widerumb die Sonnen umb iiii. uren herfürkommen und auffgegangen / mit der form und gstalt / gar nach / da sie zúvor under unnd zú gnaden gegangen war / auch dermassen widerscheins an heusern / gassen und anderm geben / als ob erlichs fheürig und blůtig wäre.
Weyters auff den vii. Augsten / mit der Sonnen auffgang und ein wenig darvor / seind vil grosser schwartzer kugelẽ im lufft gesehen worden / wólche für die Sonnen / mit großer schnelle unnd geschwinde gefaren / auch widerkeert gegen einandern gleichsam die ein streyt fúrten / deren etlich roht und fhürig worden / volgends verzeert und erloschen.
Ob nun wol hiervon natürliche ursachen / der evhalationen halb und vaporen die sonderlich auß vergangenen feuchten Winter unnd Sommer entstanden / oder auch grosser hitz halben / so nach langer kelte und tàgen angangen / herfürbracht mógen werden. So will doch sein deüttung (dieweyl es nicht gemeinklich beschicht) darmit lauffen / als wol / als wan Cometen (wie auch einer yetzmals herfür kumpt) entstehend/ und finsternussen beschehen / nach natürlicher abrechnung und aber nicht in allweg breuchlich. Die Heylige geschrifft beyder Testament / gedenckt der zeichen am gestirn und Himmel. Insunderheyt hats lange erfarung in der welt beweysen wan den grossen liechtern ir schein auffgehalten/ das diß mals hefftig geschicht / vü wol hichar dient das der Pote von Eclipsen spricht.

Delectus Lunxuarios, Solisq labores.
gemeinlich sterbend / thewre / krieg ervolget seind.
Nun dörffen wir dißmal nicht rahten was kommen möchte / dieweyl erst erzelte rühten / vom Herzen der die ungehorsamme welt billich züchtiget und heimsücht / schon in allé werck gespürt werdé / hin und wider. Aber das ist züberfolgen Gott müsse nach seiner gerechtigkeyt / die wider erholten straaffesscherpffen / ob es yehnen erschließlich wurde. Sölliches zu hertzen führen / leeret frommer kindern art anlegen / die ihres Vatters außgestreckten arm underlauffen / mit flehnen / reue unnd besserung darmit wir barmherzigkeyt/ deren der Herr nicht vergisst / in allem zou finden / dierweyl ers ist so wundtschlechte und die sich zü ihm wednen werden beylet / Osce. am iitj.
Das hiesse nach des Herren leer / sich vor den zeichen am Himmel nicht geförchtet / aber vor dem Herren / der dise und dergeichen war=
nungen / neben seines heyligen wortes Predig für augen stelt.
Weyl demnach kugeln / zu den büchsen / und diese dem krieg angehörig gesehen / ist Gott trewlich anz"urúffen / das er Keyserlicher Mayestet und dem ganzen Römischen Reych / sampt andern Potentaten unnd Herrschafften / die hilff und beystand fhünd / sein gnad verleyhe /darmit dißen als dem Erbfeynd der Christenheit / stattlichen widerstand und abbruch beschehe / und das blútdurstig Ottomannisch hauß / so auß Seyrbien oder Thartaren vor zwey hundert und sech und sechszig... sein ursprung gehept / stürmen wölle / das Reych aber Jhesu Christi unsers lieben Herren erweytern unnd erhalten auff der ganzen Erde / wünsch ich Samuel Coccius der heylgen Geschrifft unnd freyen künsten studiosus zú Basel im Vatterland.

Getruckt durch Samuel Apiarium. (Abb. 95)

(Quelle: Zentralbibliothek Zürich, Graphische Sammlung, inv. PAS II, 6/5, Schweiz)

In der Zentralbibliothek Zürich werden mehrere Bände aufbewahrt, deren Inhalt ausschließlich Flugblätter aus dieser Zeit sind. Manche dargestellte Szenen auf den Einzelblättern dokumentierten doch recht ungewöhnliche Ereignisse. Das Interessante aber ist, dass die Römisch-Katholische Kirche letztlich diese und andere Erscheinungen, es gab in dieser Epoche viele solcher Vorfälle über ganz Europa, offensichtlich sehr ernst nahm. Und ab 1550, also in der zweiten Hälfte des 16. Jahrhunderts, brach sie offiziell den Jahrhunderte langen Kontakt zu den „Unterirdischen Völkern" innerhalb von nur 16 Jahren komplett ab.
Sie zerstörten europaweit mit einigen wenigen Ausnahmen alle ihnen bekannten Zugänge zur Unterwelt und verschlossen sie mit Millionen Tonnen an Material. Sie zerstörten auch all jene alten unterirdischen Anlagen, die unter anderem energetisch genutzt worden sind. Dies erfolgte derart, indem man die Wand- und Deckenteile erweiterte bzw. veränderte und damit die quantenphysikalischen Funktionen dieser Anlagen außer Kraft setzte. Denn dadurch wurde es unmöglich, das durch die Kirchenvertreter bestätigte alte frequenzgesteuerte Transportsystem zu benutzen, das auch als Zugang zu den Städten der unterirdischen Völker Anwendung fand bzw. Jahrhunderte lang als solches diente. Gleichzeitig bemühte man sich bis zum heutigen Tag, das Wissen um diese Orte in der Bevölkerung systematisch auszulöschen.

Nur ein einziger Zugang in Österreich wurde laut den alten Aufzeichnungen nicht verschlossen und blieb bis heute offen, um weiterhin einen Kontakt zur Unterwelt zu haben, so wurde es wörtlich im Text in einem historischen Dokument zitiert. Wir verzichten bewusst darauf, in diesem Buch den Namen dieses Ortes zu nennen, denn es wird schon einen Grund haben, warum er

Abb. 95 (rechts) *Das Flugblatt von Basel 1566. (Quelle: Zentralbibliothek, Zürich, Schweiz)*

Seltzame gestalt so in disem M. D. LXVI. Jar/ gegen auffgang vnd nidergang/ vnder dreyen malen am Himmel ist gesehen worden/ zů Basel auff den xxvij. vnd xxviij. Höwmonat vnd volgends auff den vij. Augsten.

Dises lauffenden LXVI. Jars auff den XXVII. Höwmonats/ nach dem die Sonnen (so Plinius wol/ der Welt aug genennt hat) den gantzen tag lieblich vnnd warm geschinen/ in hellem vnd fein gereinigetem lufft. Ist sie gegen nidergang/ auff den abend/ vmb vij. vr vrplötzlichen verendert worden/ andere form vnd farb bekummen. Dann erstlich sie jhre streimen vnnd glantz verloren hat/ demnach nicht grösser/ weder Vollmons gwesen ist/ vnd zum dritten/ gleichsam sie blůt weinte/ in einem schwartzē lufft vnd veld hinder jren von allerley volcks alhie zů Statt vnd Lande ersehen worden.

Gleicher gestalt ist nach der Sonnen vndergang/ der Mon/ wölicher dißmals nicht weit võ seiner völle/ am liecht vnd schein gewesen/ auch durch die nacht/ fast rot/ vnd blůtfarb/ am Himmel gestanden.

Volgends Morgens/ das der Sonnentag war/ ist widerumb die Sonnen vmb iiij. vren herfürkommen vnd auffgangen/ mit der form vnd gstalt/ gar nach/ da sie zůuor vnder vnnd zů gnaden gangen war/ auch dermassen widerschein an heusern/ gassen vnd anderm geben/ als ob etlichs fheürig vnd blůtig wäre.

Weyters auff den vij. Augsten/ mit der Sonnen auffgang vnnd ein wenig daruor/ seind vil grosser schwartzer kugelē im lufft gesehen worden/ wölche für die Sonnen/ mit grosser schnelle vnnd geschwinde gefaren/ auch widerkeert gegen einandern gleichsam die ein streyt fürten/ deren etlich rot vnd fheürig worden/ volgends verzeert vnd erloschen.

¶ Ob nun wol hieruon natürliche vrsachen/ der exhalationen halb vnd vaporen die sonderlich auß vergangnem feuchten Winter vnnd Sommer entstanden/ oder auch grosser hitz halben/ so nach langer kelte vnd rägen angangen/ herfürbracht mögen werden. So will doch sein deüttung (dieweyl es nicht gemeinklich beschicht) darmit lauffen/ als wol/ als wañ Cometen (wie auch einer yetzmals herfür kumpt) entstehend/ vnd finsternussen beschehen/ nach natürlicher abrechnung vnd aber nicht in allweg breuchlich. Die Heylige geschrifft beyder Testament/ gedenckt der zeichen am gestirn vnd Himmel. Insunderheyt hats lange erfarung in der welt bewysen wañ den grossen liechtern jr schein auffgehalten/ das diß mals hefftig beschicht/ vñ wol hiehar dient das der Poet von Eclipsen spricht.

Defectus Lunæ varios, Solisq; labores.

gemeinlich sterbend/ thewre/ krieg eruolget seind.

Nun dörffen wir dißmal nicht raten was kommen möchte/ dieweyl erst erzelte růten/ vom Herren der die vngehorsamme welt billich züchtiget vnd heimsůcht/ sc. on in allē werck gespürt werdē/ hin vnd wider. Aber das ist zůbesorgen Gott müsse nach seiner gerechtigkeyt/ die wider erholten straaffen scherpffen/ ob es yehmer erschießlich wurde. Sölliches zů hertzen füren/ leeret frommer kindern art anlegen/ die jhres Vatters außgestreckten arm vnderlauffen/ mit flehnen/ betten/ rew vnnd besserung/ darmit wir barmhertzigkeyt/ deren der Herr nicht vergisset/ in allem zorn finden/ dieweyl ers ist so wunderschlecht vnd die sich zů jhm wenden heylet/ Osee. am iiij.

Das hiesse nach des Herren leer/ sich vor den zeichen am Himmel nicht gefördchten/ aber vor dem Herren/ der dise vnd dergleichen warnungen/ neben seines heyligen worts Predig für augen stelt.

Weyl demnach kugeln/ zů den büchsen/ vnd dise dem krieg angehörig gesehen/ ist Gott trewlich anzůrůffen/ das er Keyserlicher Mayestet vnd dem gantzen Römischen Reych/ sampt andern Potentaten vnnd Herrschafften/ die hilff vnd beystand thůnd/ sein gnad verleyhe/ darmit dißmals dem Erbfeynd der Christenheit/ stattlichen widerstand vnd abbruch beschehe/ vnd das blůtdurstig Ottomannisch hauß/ so auß Scythien oder Thartaren vor zwey hundert vnd sechs vnd sechtzig jaren sein vrsprung gehept/ stürtzen wölle/ das Reych aber Jhesu Christi vnsers lieben Herren erweytern vnnd erhalten auff der gantzen Erden/ wünsch ich Samuel Coccius der heylgen Geschrifft vnnd freyen künsten studiosus zů Basel im Vatterland.

Getruckt durch Samuel Apiarium.

Abb. 96 *Der Franziskanermönch Roger Bacon. (Kupferstich von Friedrich Roth-Scholtz, Leipzig 1725).*

über Jahrhunderte hinweg geheim gehalten wurde. Dieser Platz befindet sich in einem Gebiet, in dem man nie einen Zugang in die Unterwelt vermuten würde! Früher war das aus dem 11. Jahrhundert stammende Gebäude im Besitz einer Adelsfamilie, heute sind die Eigentumsverhältnisse eher verschwommen. Wussten die hohen Vertreter der Kirche damals um die tatsächlichen Hintergründe von möglicherweise früheren Hochkulturen auf unserer Erde und deren technischen Errungenschaften Bescheid? Wir können mit großer Sicherheit davon ausgehen! Oder sind heute solche Gedankengänge noch immer mit einem religiösen bzw. wissenschaftlichen Verbot behaftet und unerlaubt? Von wem bekamen unsere Vorfahren ihre Informationen, vielleicht von den alten Zivilisationen unter unseren Füßen?

Wer dies nicht glauben möchte, sollte die drei in Latein abgefassten Bücher vom Franziskanermönch Roger Bacon (um 1214 – nach 1292) einmal genauer durchlesen! (Abb. 96) Der interessierte Leser wird erkennen, dass im 13. Jahrhundert bereits ein Informationspool über unsere wirkliche Vergangenheit vorhanden war, der bis heute in der Öffentlichkeit und der Wissenschaft entweder total unterdrückt, als Verklärung abgetan wird oder absichtlich in Vergessenheit geraten ist. Bacon schrieb über alte Hochkulturen, die von Naturkatastrophen vernichtet worden sind, von technischen Dingen, heute würde man dazu Autos, Flugzeuge, Schiffe, Unterseeboote sagen, über die vom Mittelalter bis ins 19. Jahrhundert hinein offiziell eigentlich noch nichts bekannt war:

„Schiffe können gebaut werden, die ohne Ruderer und Segel auskommen, ebenso kann man Wagen bauen ohne Zugtiere, die mit unglaublicher Kraft fahren (...) Flugmaschinen können konstruiert werden, so dass ein in der Mitte sitzender Mann sie mit einem kunstvollen Mechanismus lenkt und durch die Luft fliegt wie ein Vogel“

(Quelle: Bacon, Opus majus 1267)

Er schrieb aber, dass es diese Dinge bereits vor seiner Zeit, also in den vorangegangenen Epochen gegeben hat! Woher bezog er damals sein Wissen? War er ein sehr früher Science Fiktion-Autor oder hatte er damals Einblick in uns heute offiziell unbekannte Dokumente aus der Vergangenheit, die im Besitz der Kirche waren? Er zitiert auch antike Quellen und Informanten aus dem griechischen und ägyptischen Kulturkreis! Natürlich war er auf Grund seiner Äußerungen rund 10 Jahre in Paris inhaftiert, arbeitete aber danach wieder in Oxford. Zu bemerken ist in diesem Zusammenhang, dass hier die europäischen Länder Frankreich, England, Holland, Portugal und Spanien mit ihren späteren weltumfassenden Kolonien in der wissenschaftlichen Gesellschaft federführend waren. Die Kirche übte damals wie auch heute noch großen Einfluss auf die Politik und auf die wissenschaftliche Lehre bei den Universitäten bzw. deren Repräsentanten aus. Immerhin gründete die Kirche im Mittelalter die ersten Universitäten im europäischen Raum, vielleicht auch mit dem Ziel, ihre Weltanschauung zu festigen.

Nun betrachten wir noch einmal die Ereignisse, die in den Jahren 1520, 1561 und 1566 über Europa stattfanden und in mehreren der uns bekannten Dokumentabschriften Erwähnung fan-

Abb. 97 *Ansicht der Riegersburg in der Oststeiermark, unter der sich Gänge befinden sollen, die von einem Brunnenschacht wegführen.*

den. So fällt auf, dass es an diesen Tagen am Himmel über Europa zu Phänomenen kam, mit denen die Menschen der frühen Neuzeit einfach nichts anfangen konnten, weil ihnen zur Gänze das Wissen um den Hintergrund fehlte. Nehmen wir einmal an, es waren Auseinandersetzungen von höher entwickelten Wesen, in deren Abfolge es um die Existenz der Menschheit auf der Erde ging. Waren die Völker aus dem Erdmantel darin involviert und beschützten sie die Menschen an der Erdoberfläche? Oder ist ein solcher Gedanke tabuisiert, weil es ja gemäß der vorherrschenden Lehrmeinung keine anderen höher entwickelten intelligenten Lebewesen auf unserem Planeten geben kann als die menschliche Rasse? Das bereits erwähnte kürzlich wiederentdeckte und 1552 gedruckte Augsburger „Wunderzeichenbuch" war damals eigentlich nur der reichen Bürgerschaft zugänglich, weil sich das Volk so ein Druckwerk nicht leisten konnte. Eine Frage stellt sich in diesem Zusammenhang, warum nahm man diese Ereignisse als Anlass, den Handel und den Kontakt mit den unterirdischen Völkern sowohl von kirchlicher als auch von weltlicher Seite des Adels her zu verbieten und alle Zugänge zu unterirdischen Anlagen in Europa zuzuschütten oder zerstören zu lassen?

Davor, bevorzugt im Mittelalter, wurden in einigen Fällen Kirchen, Klöster, Burgen oder später Schlösser über den Zugängen zur Unterwelt errichtet, nicht um sie zu verschließen, sondern ursprünglich diente dies zum Schutz. (Abb. 97) Aufklärend muss aber an dieser Stelle vermerkt werden, dass nicht jeder künstliche Stollen, jedes Bergwerk oder Erdstall, der sich unter einem Schloss, einer Burg und Kirche oder einem Stiftskomplex befindet, einen direkten Zugang zur „Unterwelt" besitzt! Die echten Zugänge waren meist vom geologischen Umfeld abhängig, in dem sich diese unterirdischen Anlagen bzw. Hohlräume befanden. Von einigen Fällen wissen wir dies aus diversen Aufzeichnungen bzw. alten Überlieferungen, wo auch die Orte genannt

werden. Dazu muss gesagt werden, dass es mindestens zwei Arten von Zugängen gab: Laut Informanten der Kirche waren es durch Gesteins-Frequenzen energetisch gesteuerte Portale sowie reale Eingänge, also Felsgänge. Jedoch wurden diese manchmal durch künstlich geschaffene Felsbarrieren gesichert!
Bis zum heutigen Tage wird das Verfüllen von Anlagen durch Staat und Kirche noch praktiziert, ohne eine plausible Begründung dafür abzugeben. Da wurden Vereinbarungen getroffen, die es unmöglich machen sollen, dass die Wahrheit über unterirdische Anlagen und deren wahres Alter ans Tageslicht kommen. Es werden fiktive „Offenbarungen", wir würden heute auch „Verfälschung von Tatsachen" dazu sagen, in die Welt gesetzt und diese werden gar nicht oder nur selten hinterfragt! Denn die dafür zuständigen „Experten" wissen ja ALLES und sie haben genügend, wenn auch manchmal widersprüchliche Antworten für nahezu alle Fragestellungen parat! Die Wahrnehmung der Menschen ist durch eigene bewusst oder unbewusst erzeugte Grenzen und Perspektiven geprägt, die eine universelle und interdisziplinäre Denkweise oft ausschließt bzw. stark eingrenzt.
Wir selbst haben ja solche Situationen im Verlauf der letzten zwei Jahrzehnte mehrfach miterleben und in Erfahrung bringen können, dass einige Wissenschaftler und Vertreter der Kirche bis auf einzelne Ausnahmen heute wenig oder gar keine Ahnung von den tatsächlichen Vorkommnissen in der Vergangenheit haben. Jedoch wie sollten sie auch an die Informationen gelangen? Man kann ihnen dazu nicht den geringsten Vorwurf machen, liegt die Wahrheit immer noch gut verwahrt und manchmal auch für die wissenschaftliche Forschung unzugänglich in Adels-, Staats- und Kirchenarchiven! Dieser Jahrhunderte lang manipulierte Geschichtsablauf wird deshalb nicht umgeschrieben werden. Doch dürften diese Kontakte zur Unterwelt seit dem 16. Jahrhundert nicht ganz abgebrochen, sondern in Einzelfällen, später vermutlich offiziell durch Firmenkonstrukte sehr gut geschützt, bis heute fortgesetzt worden sein. Dies ist von uns nicht nur eine Vermutung, denn wir glauben auf Grundlage unserer Recherche, Erfahrungen und Informationen, dass sie der Wahrheit sehr, sehr nahekommt!

Wir sind uns bewusst, dass dies alles unbegreiflich klingt, jedoch zeigen die vielen uns bekannten Fakten, wie schriftliche Dokumente, Gemälde, Grafiken usw. ein Bild auf, das in einem abgegrenzten Bereich im Mittelalter und am Beginn der Neuzeit einen geschichtlich veränderten Hintergrund eindeutig belegt! Dabei geht es nicht um jene Daten des Alltags, die beispielsweise Herrscher, Ländereien und Bevölkerung betreffen, diese sind, sieht man von einigen wenigen Ausnahmen, wie gefälschte Urkunden, ab, wissenschaftlich sehr gut aufgearbeitet! Sondern um spezielle Kontakte mit Völkern, die der Öffentlichkeit bis heute nicht bekannt gemacht wurden und Jahrhunderte lang vor den ansässigen Volksgruppen in Europa versteckt worden sind. Nun stellt sich berechtigterweise gleich eine weitere Frage, warum werden heute fachlich fundierte Forschungsergebnisse, die Antworten auf diese Fragestellungen erbringen könnten, oftmals ignoriert und unterdrückt, bewusst verfälscht oder manchmal sogar zerstört? In einigen Fällen werden sie systematisch als Verschwörungstheorie oder Esoterik deklariert! Wenig bekannt ist die Tatsache, dass seit dem September 1953 diese Begriffe offiziell von einem amerikanischen Geheimdienst (CIA) gezielt zur Diffamierung von Personen eingesetzt wurden, um in brisanten Fällen vom Wahrheitsgehalt einer Sache abzulenken.

Wieso versucht man nicht, neue Erkenntnisse zu bearbeiten und, sollten sie stimmen, offiziell zu akzeptieren? Warum werden unbekannte Abschnitte bzw. Wissensbereiche unserer eigenen Vergangenheit von manchen Universitäten nicht interdisziplinär und offen erforscht? Warum verschwinden weltweit archäologische Funde, die nicht in das gängige Geschichtsbild passen? Dafür gibt es leider viele Beispiele! Dies ist einfach zu erklären, weil diese im heute vorgeschriebenen und etablierten Schema noch immer keinen Platz haben. Zumal ihre Existenz im 19. bzw. Anfang des 20. Jahrhunderts, teils mit sehr gut fundierten wissenschaftlichen Fakten, aber manchmal auch mit vom Zeitgeist beseelten Hypothesen und Theorien erklärt wurden, die heute noch unser Geschichtsbild prägen. Wir vertreten die Meinung, dass es die Aufgabe der Wissenschaft ist, grundlegend neues Wissen zu schaffen und Fakten, die zu einer neuen Erkenntnis führen könnten, nicht wegzudiskutieren! Doch ist in diesem Zusammenhang noch ein wichtiger Umstand zu berücksichtigen, und zwar, das „Wissen" immer mit „Macht" gleichzusetzen ist.

Abb. 98 Die heutige legendäre Burg Hauska in Tschechien aus dem 13. Jahrhundert und darunter ein Wandfresko, das die alte Burg mit der ringförmigen Mauer zeigt, die später entfernt worden ist.

Auch konnten wir durch unsere Recherchen erkennen, dass Verbindungen zur Unterwelt nicht nur in Österreich, sondern auch in den heute umliegenden Staaten wie Deutschland, Schweiz, Italien, Slowenien, Ungarn, Tschechien und der Slowakei bekannt waren. So sind mündliche Geschichten, die aus den letzten 500 Jahren stammen, mit ziemlicher Sicherheit in der Kernaussage fast unverfälscht erhalten geblieben, da ja nur 15–25 Generationen oder weniger zwischen dem tatsächlichen Ereignis und heute liegen.

Es existieren auch noch weitere Sagen aus der Steiermark, die über weibliche Wesen aus der Unterwelt berichten. Auf dem Lebernfelde in der Südsteiermark waren zum Beispiel die „Muerfrauen" zuhause. Sie wurden im Jahre 1890 als schöne Jungfrauen mit missgestalteten Füßen beschrieben, welche im Inneren der oststeirischen „Kögeln" (= Hügel) in prächtigen, beleuchteten Palästen wohnen! (Hans von der Sann 1890) Beruhen ähnliche Sageninhalte und Beschreibungen der „Unifrauen" und der „Muerfrauen" nur auf einem Zufall bzw. Mythos oder könnte hier mehr dahinterstecken? Dem aufmerksamen Leser wird auffallen, dass die in der Oststeiermark erwähnten „Unifrauen" die gleiche Bezeichnung „Uni" haben, wie jene des unterirdischen Volkes im Pölstal. Und wie sieht

Abb. 99 *Steinstufen, die auf die Anhöhe führen, wo einst vermutlich eine Kapelle stand.*

es mit den prächtig erleuchteten Palästen unter der Erdoberfläche aus, wäre dies möglich? Gibt es Energiequellen, die so etwas zulassen, oder ist allein der Gedanke daran heute ein Fall für einen Psychiater? Sie werden überrascht sein, es gab solche alten Energiequellen tatsächlich, wir nennen sie heute Batterien, wir haben sie im Kapitel 5 ausführlich beschrieben. Aber auch über andere Beleuchtungstechniken, wie jene, die nachstehend angeführt sind, wurde im vorigen Jahrhundert berichtet.

Doch würden die oben angeführten alten Überlieferungen für uns kaum von Interesse sein, gäbe es da nicht den Text eines Vortrages aus dem Jahre 1940 von einem Captain Verner D´Auvergne (1865-1940), der in Patna in Indien vorgetragen wurde und im „Journal of the Bihar and Orissa Research Society" im Vol. XXVI, Part II unter dem Titel „My Experiences in Tibet" publiziert wurde. In diesem Aufsatz erwähnt D´Auvergne seine Konfrontation mit Phänomenen während seiner Reise durch Tibet, die möglicherweise den Rahmen von heutigen wissenschaftlichen Erkenntnissen sprengen könnten, wenn man sich bemühen würde, diese Aufzeichnungen vor Ort und experimentell im Labor zu überprüfen. Jedoch ist anzunehmen, dass die chinesische Regierung dies schon längst untersucht hat. Laut D´Auvergne selbst konnte er auf Einladung des Che-sho Lamas vom Tao-chug-Kloster in den Kho-Khun-Bergen Schwefelquellen in dort befindlichen Höhlen besuchen. Die Höhlengänge wurden laut seiner Aussage von einer Beleuchtungsart erhellt, die auch für ihn bis zu diesem Zeitpunkt unbekannt war. Er beschrieb sie als über 10 Zentimeter durchmessende Quarzkristalle hinter einer Metallplatte, die 1,5 Meter über dem Boden an Holzgestängen an der Wand befestigt waren und nach einiger Zeit ein helles grünliches Licht abstrahlten, wenn zuvor ein spezieller Gong angeschlagen wurde. Angeblich befanden sich in den unterirdischen Gängen alle 6 Meter an der Wand solche einfachen Beleuchtungskörper.

Abb. 100 *Eingang zu einer mehrere Meter langen Höhle, die sich unter einem Plateau befindet.*

Aktiviert wurde diese Beleuchtung durch einen Schlag mit einem Holzhammer auf einen 23 Zentimeter durchmessenden Metallgong, der wie aus polierter Bronze aussah, aber aus einem ihm unbekannten Metall bestand, das mit einem Geflecht von silberfarbenen Fäden durchzogen gefertigt schien. Auch die Platten, die zum Blendschutz vor den Bergkristallen an der Wand hingen, schienen aus dem gleichen Metall wie jenem des Gongs zu bestehen. Über die Herkunft der Metallplatten und des Gongs konnte der Lama keine Auskunft geben, denn sie waren dem Kloster vor vielen Jahrhunderten übergeben worden. Von wem und wann wusste er nicht. Dass diese mehr als ungewöhnliche Beleuchtungsart von Höhlengängen nur durch Frequenzen einer uns unbekannten, technisch hergestellten Metalllegierung im Zusammenspiel mit Kristallen aktiviert werden konnte, sollte dieser Bericht den Tatsachen entsprechen, ist schon erstaunlich. Natürlich ist dies nur ein kurz zusammengefasster Auszug seines Vortrages. Es kann sich jeder selbst ein Bild von D´Auvergnes Eindrücken in Tibet machen, wenn er den englischen Originaltext liest. Der Schweizer Journalist Luc Bürgin stieß im Rahmen seiner Recherchen auf diesen zu seiner Zeit mit Auszeichnungen hochdekorierten Forscher und publizierte im Jahre 2017 einen Bericht in der Zeitschrift „Mysteries“ (Nr. 4, 2017, S. 30-39) über ihn.
Bereits im Mittelalter und im 16. und 17. Jahrhundert benutzte die Kirche, wie eingangs erwähnt, auch ganz offiziell die Inquisition um -zigtausende „Wissende“ und sogenannte Häretiker in Europa zum Schweigen zu bringen. Dies wurde in Hunderten Büchern festgehalten, jedoch steht dort nur der Vorwand, warum man diese unglücklichen Menschen durch Folter umbrachte oder verbrannte! Hexerei oder Zauberei wurde oft nur vorgeschoben. Mit der nur allzu oft angewendeten Folter konnte man Schuldgeständnisse in welche Richtung auch immer erzwingen und so vom eigentlichen Thema oder dem wahren Tötungsgrund, der Kenntnis um eine bestimmte Sache, ablenken! Dass in manchen Fällen natürlich auch Missgunst, Neid, Gier und private Zwistigkeiten Auslöser waren, um ungeliebte Personen offiziell schnell aus dem Weg zu schaffen und um so auch an ihr Hab und Gut zu gelangen, liegt nahe. Solche niederen Beweggründe sind ja leider sogar heute noch im Internet, der Politik und der Presse täglich zu beobachten.
Wir bekamen vor mehr als fünf Jahren Kontakt zum Mitglied einer Familie, deren Vorfahren im Zeitraum der Inquisition in einem Dorf in der Oststeiermark lebte. Den Überlieferungen der Großeltern zufolge versorgte einst die Familie über Generationen hinweg die Einwohner einer unterirdischen Stadt mit Lebensmitteln. Sie mussten im 17. Jahrhundert aus ihrem Dorfe fliehen, weil sie aus vorgenanntem Grund befürchteten, durch die Kirche im Rahmen der Hexenverfolgung stigmatisiert und verfolgt zu werden. Die Familie floh sehr weit bis in den heutigen russischen Raum (Sibirien) und kehrte erst nach drei Jahrhunderten nach Deutschland zurück. Als wir diese Geschichte das erste Mal hörten, konnten wir mit dem detaillierten Inhalt zu dieser Zeit nicht viel anfangen. Denn es soll sich um kilometerlange große Tunnels gehandelt haben, deren Eingänge damals in der Oststeiermark noch von „Riesen“ bewacht wurden. Klingt ja nach dem Inhalt von Märchen oder Sagen, die heute von einigen wenigen universitären Volkskundlern und Archäologen als Ausgeburt einer reichen volkstümlichen Phantasie dargestellt werden. Wir nahmen diese Information vorerst zur Kenntnis, denn wir wussten zu diesem Zeitpunkt noch nicht, dass es tatsächlich in der Steiermark und in einigen weiteren Bundesländern von Österreich und in den angrenzenden Staaten Zugänge zu unterirdischen Städten und Völkern gab und heute noch geben soll. Dies wurde uns erst Jahre später durch die schriftlichen Dokumente aus der Kaiserzeit bzw. Abschriften aus der Neuzeit im Staatsarchiv und unsere jahrzehntelangen Feldforschungen bestätigt.
Aber nicht nur aus Österreich sind solche Überlieferungen bekannt. Wir wurden durch Hinweise von Forscherkollegen auf die Entstehungsgeschichte der Burg Houska/Hauska im nörd-

lichen Tschechien bei Blatce nahe der deutschen Grenze aufmerksam gemacht, die im Jahre 1280 um einen solchen Zugang, einem angeblich bodenlosen Loch (= Schacht), errichtet worden ist. (Abb. 98) Die alte Burg hatte ursprünglich ein eigenartiges Aussehen. Ein Teil der Anlage war dreieckig und die hohen Mauern hatten die zur Abwehr dienenden Zinnen nur nach innen zum Hof hin ausgerichtet, als ob man von dort aus etwas bekämpfen wollte. Im Hof selbst soll sich einst ein senkrecht in die Tiefe führender Schacht oder Spalt befunden haben, in dem Dämonen leben sollen. Dieses Loch war durch die umgebenden Mauern von der Außenwelt komplett abgeschottet. Angeblich hatte man damals einen zu Tode Verurteilten in den Schacht hinuntergelassen, der danach mit weißen Haaren und verwirrt wieder herausgezogen wurde. Man wollte auf diese Weise mehr über das Aussehen der Dämonen erfahren, die damals die Bevölkerung vor Ort verunsicherten. Ob diese Geschichte der Realität entspricht, wissen wir nicht. Die Mauern wurden später abgerissen und an der Stelle, wo sich das Loch im Felsen befand, wurde eine Kapelle darüber gebaut und diese in den neu errichteten Wohntrakt der Burganlage integriert.

Abb. 101 *Ein umgestalteter Innenraum der alten Burgkapelle des Renaissanceschlosses Hauska. Dieser Kapellenraum soll laut Überlieferung im Mittelalter direkt über der Schachtöffnung errichtet worden sein. Feuchte Stellen am Boden könnten dies belegen.*

Es gibt noch eine andere Version, wo sich der Schacht auf der höchsten Stelle des Berges befunden haben soll und dort eine kleine Kirche darüber errichtet wurde, die aber Jahrhunderte später dann abgerissen worden ist und Steinplatten den Schacht heute noch verschlossen halten sollen. Der Zugang zu diesem Kirchenbau ist heute noch zu sehen. (Abb. 99) Laut einer Legende waren die Wände dieser Kapelle in den Sommermonaten immer sehr feucht, was auf eine aus der Tiefe kommende starke Wetterführung des Schachtes hinweisen würde. Auf dem Plateau befindet sich noch ein kurzer Stollen, der aber nicht in die Tiefe führt, sondern nach einigen Metern endet. (Abb. 100)

Im 18. Jahrhundert wurde die alte Wehranlage Houska im Stil eines Renaissanceschlosses umgestaltet. (Abb. 101) Interessante Freskenmalereien in den Räumen zeigen eigenartige Darstellungen. Natürlich fehlt auch der Drachenkampf mit dem Hl. Georg nicht. Aber außergewöhnlich ist das Bildnis einer Frau, deren Oberkörper halb Mensch und der untere Bereich halb Tier (Kentaur) ist. Sie hält in ihren Händen einen Bogen und zielt auf einen Menschen. (Abb. 102) Viele Legenden ranken sich um diese Burg und den mysteriösen Schacht. Darum ist es auch kein Wunder, dass im Zeitraum des Zweiten Weltkrieges von 1939 bis 1945 die SS sich hier einquartierte, um unter anderen den Schacht zu erforschen. Eine spezielle Organisation „Ahnenerbe" hielt in der Kriegszeit dort Sitzungen ab, um Kontakt mit den „Dämonenwesen" aufzunehmen. Rund drei Kilometer von dieser Burg entfernt befindet sich auf einer Bergkuppe eine weitere mittelalterliche Festung, bei der sich ebenfalls ein tiefer Schacht, der heute verschlossen ist, befunden haben soll. (Abb. 103)

Fakt ist, es gibt in Europa viele solcher Beispiele, wo Häuser, Burgen, Schlösser, Kirchen oder Klöster (z. B. Augustiner Chorherren-Stift Klosterneuburg und Vorau) über sehr alten und großen unterirdischen Anlagen errichtet wurden, aber nicht alle besaßen einen direkten „Zugang zur Unterwelt"! Heute kennen wir durch die alten Handschriften einige dieser frühen Bauwerke, die einen solchen haben sollen, jedoch wurde es bei diesen interessantesten Plätzen nicht verabsäumt, sie in den letzten Jahrhunderten massiv zu verschließen! (Kusch & Kusch 2014)

Abb. 102 *Dieses Fresko zeigt auf der rechten Seite eine Frau mit einem Tierkörper (Kentaurin), die einen Bogen spannt und mit dem Pfeil auf einen Menschen zielt.*

Abb. 103 *Blick von Hauska auf die gegenüber liegende Burg Bösig, die laut Überlieferung ebenfalls einen Schacht haben soll.*

KAPITEL 3
RÄTSELHAFTE WELT DER ANOMALIEN

Archäologische Höhlengrabung in der Leopoldinergrotte, Steiermark.

Was ist eine Anomalie? Diese Frage stellt sich jährlich für viele Wissenschaftler und vielleicht auch manche Leser zu Recht. Denn es wird bei wissenschaftlichen Auswertungen von Resultaten immer wieder versucht, Erklärungen für ausgefallene bzw. seltene Abweichungen von einem festgelegten Normalzustand, wie auch immer dieser zu definieren wäre, zu bekommen. Dass es bei von dieser Norm stark abweichenden Fällen oft zu abstrakten oder auch neuen Denkansätzen und Forschungsergebnissen in allen uns bekannten Wissensbereichen kommt, ist vorprogrammiert. Der Begriff Forschung beinhaltet im Idealfall fachübergreifende Wissensgebiete – man nennt dies interdisziplinär –, durch die oft Ansätze für neue Erkenntnisse gewonnen werden können. Im Rahmen unserer Forschungen wurden wir in den letzten Jahren mit Anomalien unterschiedlichster Art und Weise geradezu überhäuft. In vielen Fällen mussten wir umdenken lernen, um die neuen Erkenntnisse auf wissenschaftlicher Basis weiterbearbeiten zu können.
Beginnen wir mit einem leichten Beispiel. So gelang es uns, mit Hilfe von Hunderten interessierten Menschen und den engsten Mitarbeitern unseres Forschungsteams in den letzten 29 Jahren mehr als 800 unterirdische Anlagen bei uns in der Oststeiermark zu lokalisieren, kartographieren und zum Teil wissenschaftlich zu bearbeiten. Diese Tatsache kann als Anomalie bezeichnet werden, weil es, wie bei uns in der Oststeiermark belegt, normalerweise nicht so viele künstlich geschaffene Hohlräume auf einem so eng abgegrenzten Raum geben kann! Dazu sollte noch erwähnt werden, dass wir in der gesamten Steiermark heute auf einen vorläufigen Stand von weit über 2.000 künstlich geschaffenen unterirdischen Anlagen kommen, die bereits bekannt sind. In dieser Zahl sind nicht nur alte prähistorische Anlagen enthalten, da sind alle Facetten von Hohlräumen vertreten, die in der Vergangenheit bis in die Jetztzeit vom Menschen unterirdisch angelegt wurden, dazu zählen neben alten Erdställen und Bergbaustollen auch moderne Straßen- und Eisenbahntunnels.
Warum gibt es bei uns und auch in vielen anderen österreichischen Bundesländern beispielsweise alte unterirdische Anlagen, über deren Ursprung kaum jemand Bescheid weiß? Was wusste man über die Nutzung der Anlagen, die sich im näheren oder weiteren Umfeld von Siedlungen befanden? Sehen wir von den ältesten mündlichen Überlieferungen ab, die manchmal Nutzungshinweise beinhalten können, so kennen wir wenige geschichtlich fundamentierte Urkunden oder Hinweise, die Rückschlüsse auf die Entstehung solcher Hohlräume zulassen. Wieso wurde im Mittelalter die „Unterwelt" von religiöser Seite her verteufelt und der Begriff „Hölle" dafür etabliert? Wollte man die Menschen von unterirdischen Plätzen fernhalten und das Wissen um die Vergangenheit auslöschen? Dies war damals wohl ein frommes Wunschdenken und es funktionierte!
Auch heute noch, nach knapp 500 Jahren, werden viele dieser Tatsachen von der Christlichen Kirche im wahrsten Sinne des Wortes totgeschwiegen bzw. Dokumente, die dies belegen, stillschweigend verwahrt oder vernichtet. Weil die Thematik und die Informationen selbst, so scheint es, mit einem weltweitem Verbot belegt sind. Doch kann man dem heutigen Klerus in diesem Zusammenhang kein Versäumnis zuweisen. Obwohl auch heute noch unterirdische Anlagen auf Anweisung überall dort, wo sie bei Umbauarbeiten in Kirchen oder auf deren Grundstücken wiederentdeckt werden, weltweit ohne Angabe von Gründen sehr schnell wieder zugeschüttet oder, wie heute üblich, zubetoniert werden. So wie in früheren Zeiten ist auch heute nur einigen wenigen Eingeweihten der Kirche dieses spezielle Wissen zugänglich und nur diese haben Kenntnis darüber. Die Landpfarrer beispielsweise oder auch höhere Würdenträger der Kirche haben keinerlei Ahnung davon! Dies war für sie von Vorteil, denn so konnten sie auf Anfragen über dieses Thema mit ruhigen Gewissen behaupten, dass es keine unterirdischen Anlagen in oder bei den Kirchengebäuden, Klöstern oder ihren Grundstücken gab.
Es muss aber, abgesehen von den heute versicherungstechnischen Aspekten in Form von Haf-

tung der Grundbesitzer, auch noch grundlegende Direktiven geben, die auf das organisierte Verschließen unterirdischer Anlagen von kirchlichen und staatlichen Bereichen hinweisen. Weiß man vielleicht davon, dass es dort vermutlich Hinterlassenschaften früher Kulturen geben könnte, die in den Hohlräumen aufbewahrt und vielleicht wiederentdeckt werden könnten? Denn unter der Erde befinden sich mancherorts genug Hinweise auf eine uns unbekannte kulturelle Vergangenheit auf unserer Erde. Dies wurde in den letzten Jahrzehnten weltweit durch zahlreiche archäologische Funde belegt! Oder waren einige der Anlagen tatsächlich „Tore zur Unterwelt", wie es uns der Augustiner Chorherr Univ.-Prof. DDr. Floridus Röhrig beschrieben hat?

Anfangs konnten wir dies nur vermuten, heute wissen wir aber von einigen wenigen Fällen und aus mehreren Dokumenten (Abschriften), dass dies Realität ist. Denn unsere eigene Vergangenheit war teilweise anders, als sie uns derzeit in der Öffentlichkeit und in der Wissenschaft präsentiert wird! Viele wissenschaftliche Erkenntnisse und Hypothesen, die im 20. Jahrhundert noch an den Universitäten gelehrt wurden, landeten in den letzten 20 Jahren im wahrsten Sinn des Wortes auf den Müllhalden der Geschichtsschreibung. Und dies ist gut so, denn weltweit versuchen viele engagierte Wissenschaftler, abseits des Mainstreams neues Wissen zu schaffen, was durch die internationale Vernetzung heute etwas leichter möglich wurde. Aber hier ist Vorsicht geboten, denn über das digitale Netzwerk können ebenso leicht Falschmeldungen verbreitet werden, die nicht gleich als solche zu erkennen sind! Diese sind aber, wenn sie kritisch hinterfragt werden, relativ einfach zu demaskieren.

Eines ist jedoch unbestritten, die unterirdischen Anlagen sind zumindest für uns die tatsächlichen „Archive der Menschheitsgeschichte"! Und dies nicht nur aus archäologischer Sicht, in der es Hunderte Fundplätze mit nicht erklärbaren Strukturen und Funden gibt. Hier spielt auch die Quantenphysik eine große Rolle, die in der Vergangenheit sicherlich nicht unter diesem modernen Begriff bekannt war, aber dennoch schon von der Frühzeit der Menschheitsgeschichte bis ins Mittelalter von „Wissenden" angewandt wurde.

Es gab und es gibt auch heute noch ein Wissen um eine prähistorische „Steintechnologie". Dazu gehört unter anderem die Verwendung von Kristallen, die mit elektromagnetischen Feldern und Ton-Frequenzen aktiviert werden können. Damit ist und war man in der Lage, schwere Gegenstände, wie z. B. tonnenschwere Steine, zu bewegen oder Löcher in diese zu bohren. Dies wurde experimentell bereits nachgewiesen und auch gefilmt. (https://www.jaspisschool.eu/wpcontent/uploads/2013/07/S82-Bericht-Tibetanische-Levitation-durch-Klang.pdf)

Zum Materietransport über kürzere oder weitere Entfernungen wurde diese Technik ebenfalls benutzt. Zum Einsatz kamen hier unterschiedliche Frequenzen der Gesteine, die mit vier aufeinander abgestimmten Tonfolgen, aktiviert werden konnten. Wie uns von drei Vertretern der Kirche erklärt wurde, ist auch der Mensch selbst in der Lage, diese Mischtöne mittels seiner eigenen Stimmbänder zu erzeugen. Er benötigt dazu keinen hochtechnisch ausgeführten Frequenzmodulator.

Damit experimentierte der Prähistoriker Univ.-Prof. Dr. Wolfgang Neugebauer von der Uni Wien in den Jahren 1998 bis 2001 und erzielte gemeinsam mit seinem Freund mit Hilfe eines alphornähnlichen Gerätes, das er von einem Geigenbauer in Klosterneuburg mit zwei Mundstücken anfertigen ließ, positive Ergebnisse. Er wollte seine Erfahrungen in einem Interview mit einem Reporter der Kronen Zeitung der Öffentlichkeit bekannt geben, verstarb aber drei Stunden vor dem Termin auf dem Parkplatz der Stiftstaverne an einem Herzinfarkt. Sein Freund, der ihm bei seinen Versuchen geholfen hatte, starb drei Monate danach. Im Besitz des Geigenbauers waren drei Akten des verstorbenen Neugebauer, in denen die drei Alphörner, deren genaue Tonfrequenzen und die experimentell ermittelten Transportverbindungen sowie die davon betroffenen unterirdischen Anlagen aufgezeichnet waren. Dadurch wissen wir über

die vier Tonfolgen und von deren Auswirkungen, weil diese Funktion ja in den Akten beschrieben wurde. Der Geigenbauer wollte diese Akten verkaufen, wurde aber angeblich von einer bestimmten Seite bedroht und fürchtete um sein Leben, wie er telefonisch mitteilte. Auch er verstarb kurz darauf. Die Akten sind seitdem verschwunden.
Gab es eine Kultur, die diese Frequenzen bewusst, für was auch immer, nutzen konnte und auch über die genaue Funktion Bescheid wusste? Oder sind diese Gedanken so abstrakt, dass sie nie in ein uns derzeit bekanntes wissenschaftliches Konzept passen würden, zumal diese den heute offiziell anerkannten Gesetzen der Physik widersprechen? Der Vatikan weiß allerdings über ein weltweites Transportsystem Bescheid und besitzt laut dem Archivar Univ.-Prof. DDr. Röhrig vom europäischen Raum Kartenmaterial, das die alten energetischen Teleportationslinien (laut Kircheninformation = „Grund- und Fundamentallinien") und die davon betroffenen Örtlichkeiten im Detail aufzeigt. Experimente dieser Art betreffend Materietransport werden bereits seit Jahrzehnten weltweit vom Militärs und Geheimdiensten durchgeführt.

Was erreichten die beiden Forscher aus Klosterneuburg mit ihren drei Instrumenten, die sie sich anfertigen ließen, in der Erdstallanlage bei Kritzendorf? Für diese Anlage benötigten sie ein Instrument, das nach den Konstruktionszeichnungen in den Akten aus mehreren etwa 30 Zentimeter langen zusammensteckbaren Teilen bestand, um diese auch durch Schlupfstrecken und einen abgewinkelten Gangteil (Schachtgrund) bis zum Raum mit einem Gerät, das Zahnräder und Hebel besaß, transportieren zu können. Die anderen beiden Instrumente waren laut den Akten für eine andere Anlage im Rubland (Rabenwaldkogel) in der Steiermark und für eine weitere Anlage in Niederösterreich bestimmt. Laut Aussagen von Bekannten von Dr. Neugebauer gelang es ihm, das Gerät im Erdstall von Kritzendorf zu aktivieren und er erreichte durch den Materietransport eine noch intakte Empfangsanlage im Rubland in der Steiermark, wo er rund ein Jahr lang weiterführende Experimente mit Erfolg durchführen konnte. Diese Informationen mit vielen weiteren Hinweisen stammen von ihm nahestehenden Personen, die diese Schilderungen für uns glaubwürdig erscheinen lassen. Nach Neugebauers Tod im Jahre 2002 wurde der früher im Privatbesitz befindliche Talkumabbau am Rabenwaldkogel verkauft. Seit 2011 übernahm dann der internationale Konzern Imerys Talc (= OTAN/NATO) mit Sitz in Paris diesen Talkumabbau. Dieser kaufte weitere Grundstücke auf diesem Berg auf und siedelte die ansässigen Bauern um. Dies haben uns die betroffenen Einheimischen so mitgeteilt. Die von der Firma entlassenen Geologen sprechen von einem alten Stollennetz im Berg und auch die pensionierten Bergleute berichteten, dass 2006 die Zufahrtsstraße, die von Pöllau aus zum Werk führte, neu ausgebaut wurde, um eine Tunnelbohrmaschine zum Bergwerk transportieren zu können. Diese soll seitdem im Berg im Einsatz sein. Die Abraumhalden oberhalb des relativ kleinen abgegrenzten trichterförmigen Tagbaues sprechen eine eigene Sprache! (Abb. 104 und 105) Die begrünte Bergkuppe dahinter ist bereits aufgeschütteter Abraum, aber nicht nur vom Tagbau!

Abb. 104 *Vorbereitung für einen Aufklärungsflug.*

Abb. 105 *Der obere Bereich des Talkumabbaues am Rabenwaldkogel mit den Materialaufschüttungen.*

Es mag sich jeder seine eigenen Gedanken über die möglichen Zusammenhänge machen, wir haben vor Ort in den letzten Jahren vieles untersuchen und dokumentieren können. So erzählten uns die alten Besitzer der abgelösten Grundstücke, dass es in der Nähe der höchsten Erhebung oberhalb des Talkumwerkes viele Steinhügeln im Wald gab. Unter diesen befanden sich aus Trockenmauerwerk errichtete Schutzräume, die noch im vorigen Jahrhundert von den Bergleuten unter der Woche als Schlafplätze genutzt worden waren. Am Wochenende fuhren sie dann heim zu ihren Familien. Diese alten Schutzräume am Waldhang wurden später leider auf Anweisung des Werkes mit Planierraupen dem Erdboden gleich gemacht. Im Werksgelände des Talkum-Tagbaues soll es einem alten Bericht zufolge einen 70 Meter tiefen Schacht und mehr als fünf Kilometer lange Stollen geben. Und auch am Rabenwaldkogel selbst gibt es noch viele alte Stollen und alte megalithische Bauten, so genannte Schutzräume, die im Zusammenhang mit großen unterirdischen Objekten stehen könnten. (Abb. 106 und 107)

Dass sich unterhalb von den aus Trockenmauerwerk errichteten Schutzräumen, von denen einige ein wissenschaftlich datiertes Mindestrichtalter von über 10.000 Jahren haben, sich vermutlich verzweigte unterirdische Hohlräume befinden können, haben jahrelange Untersuchungen aufgezeigt. In den Jahren 2008 bis 2010 und 2016 bis 2021 organisierten wir an verschiedenen Plätzen über 50 gezielt durchgeführte Geo-Bodenradareinsätze mit vier unterschiedlichen Messgeräten, deren Resultate dies teilweise belegen. (Abb. 108 und 109) Wir waren durch die Auswertungen der elektromagnetischen Anomalien überrascht, wie groß und verzweigt diese in Stockwerken angelegten Gänge, Schächte und Hallen sein können. (Abb.110 und 111) Dass wir im letzten Jahrzehnt insgesamt 16 alte Bergsiedlungen zwischen dem Kulm und dem Hochwechsel kartographieren konnten, zeigt auf, wie wichtig diese Untersuchungen sind. Wir können vorsichtig davon ausgehen, dass überall dort, wo sich Steinhügel mit Schutzräumen auf

Abb. 107 Eingang zu einem Stollen am Rabenwaldkogel.

den Berghängen befinden, vermutlich unterhalb ein Netz an unterirdischen Gängen, Räumen und Schächten vorhanden sein kann! Mehr als 20 Bohrversuche in den letzten Jahren bis in über 50 m Tiefe bestätigten nicht alle, aber dennoch teilweise die Geo-Radarmessungen fast auf den Meter genau. (Abb. 112) Jedoch waren einige Hohlräume bis zur Decke über 10 Meter hoch mit feinstem, weißen Quarzsand verfüllt, dessen Herkunft und Zweck uns unbekannt ist. (Abb. 113 und 114) Auch wie diese vielen Tonnen an weißem Sand in die großen Gänge und Hallen gelangten und sie auffüllen konnten, ist uns derzeit nicht bekannt. Erklärungsmodelle für das Verfrachten des Sandes stehen zur Diskussion, weil die primäre Ursache dafür ganz einfach unbekannt ist. Die Verfüllungen können auf natürliche Weise durch Wasser, also durch Einschwemmung, oder künstlich herbeigeführt worden sein. Hier bleibt noch viel Raum für die wissenschaftliche Forschung. Unsere Anlagen erinnerten uns sehr an die unterirdischen Städte in Kappadokien (Türkei), die ebenfalls viele Jahrtausende alt sind und seit dieser Zeit bis heute ständig von Menschen aufgesucht und genutzt wurden.

***Abb. 108** Ein Einsatz des Geo-Bodenradars, um den oberflächennahen Verlauf der unterirdischen Gänge und Hallen zu lokalisieren,*

***Abb. 106 (links)** Abschnitt eines Trockenmauerganges auf dem Rabenwaldkogel in der Oststeiermark.*

Abb. 109 *Temperaturmessung im Winter bei einem Tierbau (Bild oben), der sich nach dem Gelände-Scan als Zugang zu einer großen und tiefen unterirdischen Anlage erwies (Bild unten).*

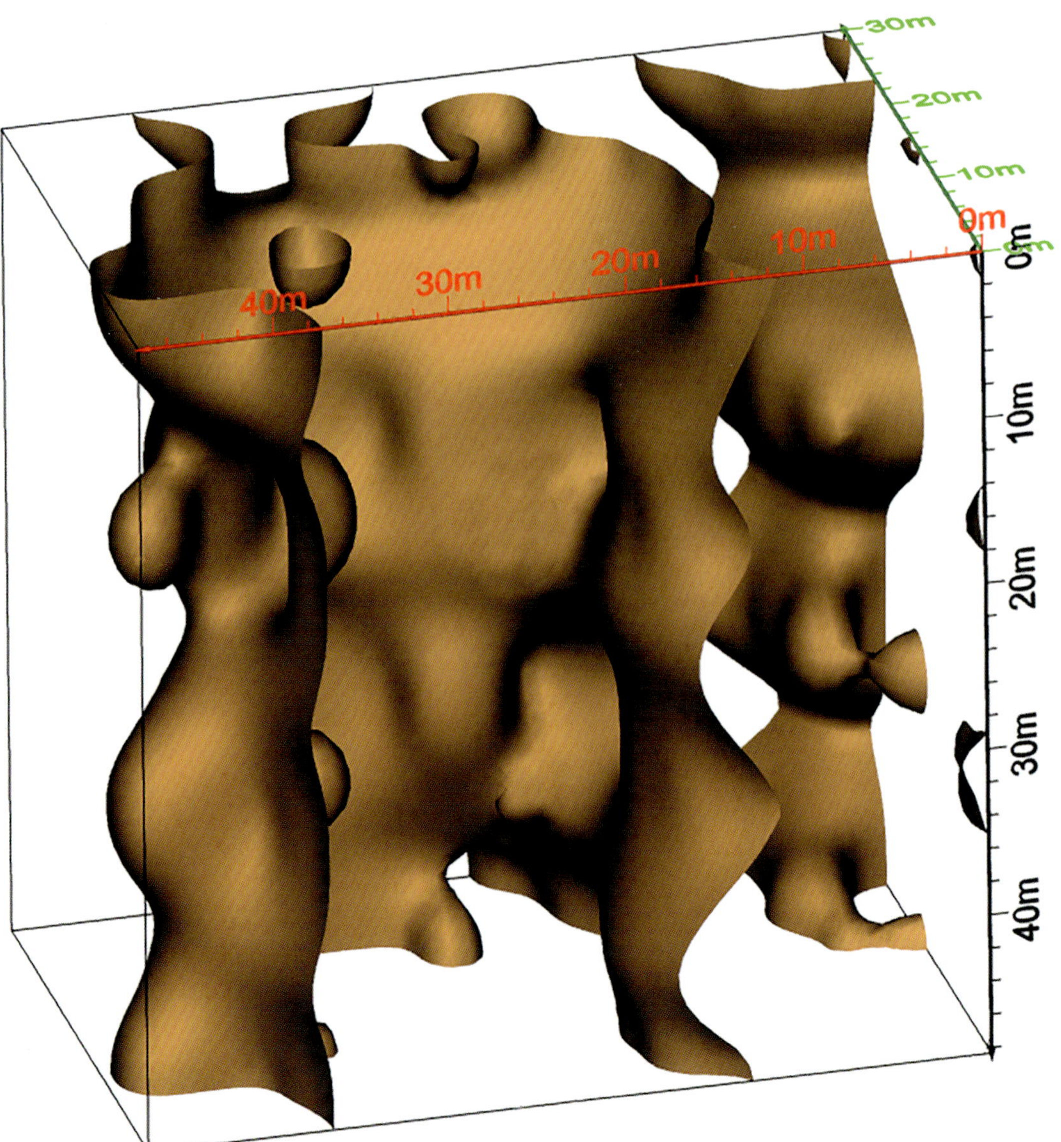

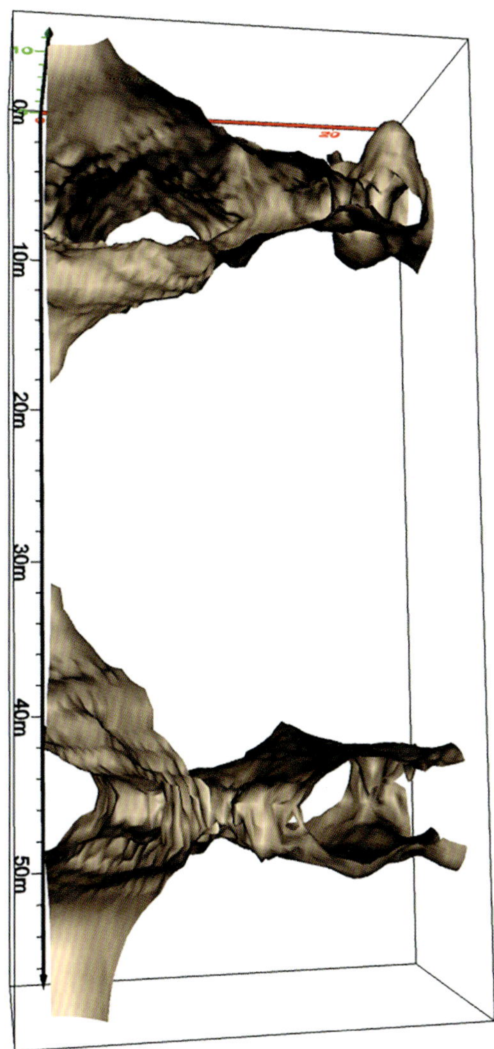

Abb. 110 Radargramm der großen unterirdischen Anlagen nahe der Franzosenhöhle bei Miesenbach. Diese Graphik zeigt Anomalien von elektromagnetischen Feldern beim Scan auf.

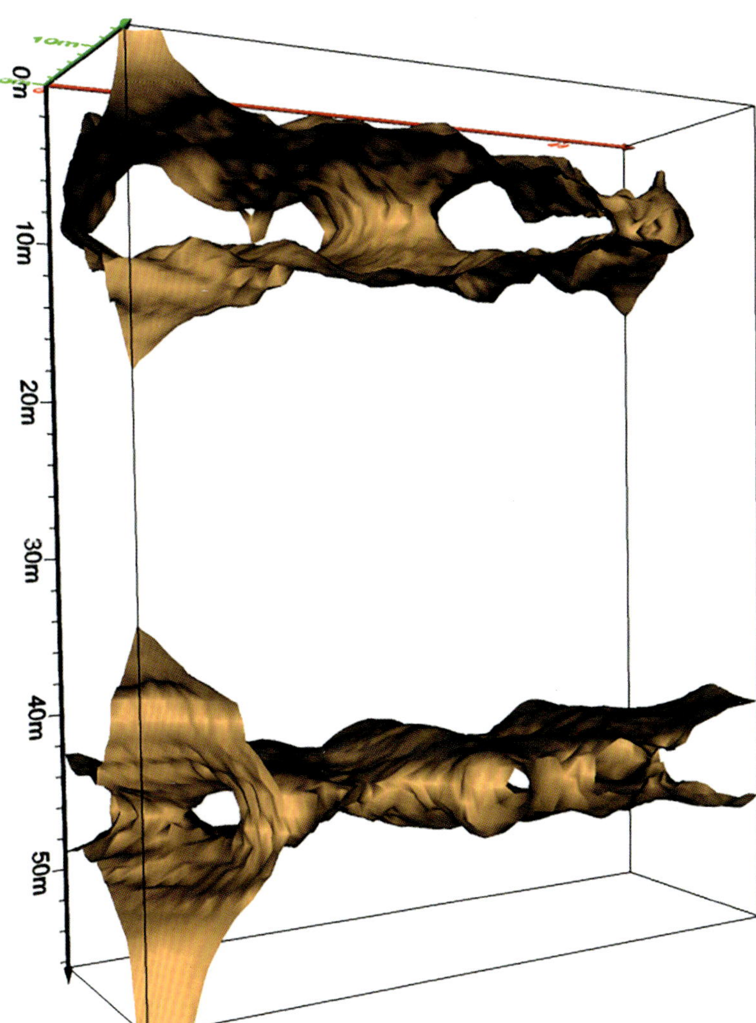

Abb. 111 Eine weitere von insgesamt sechs Radargrammgraphiken, die alle bis 50 Metern tief unter der Oberfläche zwei großräumige verzweigte Gangsysteme unterhalb der Bergsiedlungen in der Ost-Steiermark anzeigen.

Dass die Steinkammern einer mitteleuropäischen Megalithkultur zuzuweisen sind, ist durch insgesamt vier TCN-Datierungsserien mit 34 Auswertungen, die in den letzten acht Jahren durchgeführt wurden und die neue Richtwerte für ein Mindestalter dieser Strukturen und den dazugehörenden Referenzdatierungen lieferten, belegt. (Kusch & Kusch 2014) Die ermittelten Richtwerte eines Mindestalters der Steinsetzungen und Steinbauten liegen zwischen 10.000 und 24.000 Jahren vor heute (Kusch 2017) Nicht eindeutig belegt ist jedoch die Funktion der Steinkammern, die wir anfänglich als Schutzräume bezeichneten. Bei vielen der Kammern könnte diese Nutzungsform auch in der Nacheiszeit zum Einsatz gekommen sein. Wäre da nicht ein Hinweis von dem Archivar DDr. Röhrig aus dem Augustiner Chorherrenstift in Klosterneuburg, der den Steinhügeln mit ihren Schutzräumen eine weitere Nutzungsart zuwies. Er erzählte von zwei Steinhügeln, die sich in einem Wald oberhalb von Kritzendorf befanden. Dies erwähnten wir auch in unserem Buch „Versiegelte Unterwelt". Wir beschrieben damals, dass einer der beiden Steinhügel, und zwar jener, der mit einem Zaun geschützt war, eine zugängliche Kammer hatte, die laut dem Archivar ein Empfangsraum eines energetischen Transportsystems war. Diese Information war für uns zunächst eher rätselhaft, erst viel später erhielten wir ergänzende Kenntnis durch historische Quellen. Umso erstaunter waren wir, als im

Abb. 112 Bohreinsatz in der Marktgemeinde Anger, Steiermark.

Abb. 113 Bei diesem Bohreinsatz konnten zwei fast 10 Meter hohe Hohlräume angebohrt werden, die allerdings mit weißem Quarzsand bis an die Decke verfüllt waren.

Frühjahr 2014 nach dem Tod von DDr. Röhrig genau dieser eingezäunte Hügel im Auftrag des Stifts mit einem Bagger abgetragen und dem Erdboden gleichgemacht wurde! Die Waldbesitzer bekamen für diese Gefälligkeit einen neuen Zaun auf ihrem Grundstück.

Wir wollten dem Hinweisen des Archivars nachgehen und untersuchten einen uns bekannten Schutzraum, der bei einer Temperaturmessung an einem strengen Wintertag (- 15 ° Celsius im Freien) eine Raumtemperatur von + 12,3 ° Celsius hatte, obwohl der Zugang offen war und der Raum selbst tiefer als der Waldboden lag. Die Steine an der Wand, der Decke und die Oberfläche des Bodens wiesen damals alle die gleiche Temperatur auf. So etwas kann nur als Anomalie bezeichnet werden, denn im Normalfall müsste in Bodennähe des sackartig angelegten Raumes die gleiche Temperatur vorherrschen wie im Freien.

Dies konnten wir auch in den darauffolgenden Jahren feststellen, wo wir wiederholt im Winter einige Temperaturmessungen zur Kontrolle in der Kammer vornahmen und dabei die Außen- und Raumtemperatur ident war. Bei diesen Messungen waren der Boden und die Wandteile in Eingangsnähe mit Eiskristallen bedeckt. Dies erregte unsere Aufmerksamkeit und ein Frequenztechniker führte 2020 erstmals mit einer Tesla-Spule eine Versuchsreihe von Messungen im Raum und darüber durch. Das Erstaunliche war, dass die im 4 Gigahertzbereich befindliche sehr starke Handy-Strahlung und andere Frequenzen, die im Wald

Abb. 114 Eine ähnliche Situation hatten wir auf der Kring bei Vorau, wo wir in 30 Metern Tiefe in einem Hohlraum auf weiße Quarzsandeinlagerungen stießen.

***Abb. 115** Das Bild oben zeigt eine Frequenzmessung im Freien oberhalb der Franzosenhöhle bei Miesenbach. Nur etwas mehr als 1 Meter unter der Erde zeigt sich ein völlig verändertes Messergebnis in der Höhle, siehe untere Bildhälfte.*

Abb. 116 *Der Hauptraum der Franzosenhöhle bei Wildwiesen nahe Miesenbach. In den Seitennischen ist die energetische Strahlung fast auf Null reduziert.*

an der Erdoberfläche gemessen werden konnten, im Schutzraum nicht mehr messbar waren, obwohl die Überdeckung nur einen Meter beträgt. (Abb. 115)

Noch mysteriöser war ein Umstand, dass in zwei der vier Nischen des Raumes auf einmal eine idente gleichmäßige Frequenz gemessen werden konnte und alle anderen starken Frequenzen von außen wie durch eine Abschirmung auf Null reduziert wurden. Dieser Sache wollten wir durch eine zweite Messung in der Höhle auf den Grund gehen.
Zuerst untersuchten wir die Nischen an den Wänden, die in unterschiedlichen Höhen scheinbar wahllos im Raum verteilt sind. (Abb. 116) Dies haben wir allerdings schon bei der Vermessung der Höhle vor acht Jahren feststellen können, aber wir hatten noch keine Erklärung für die Abstufung der Nischen. Dann zogen wir gerade Linien von den Nischen bis zur Raummitte und diese trafen sich genau dort im Zentrum der runden Kammer unterhalb der großen Deckplatte. Als wir die Energiefelder, die aus den Nischen kamen, aufzeichneten, waren wir überrascht, denn die Felder bildeten in Raummitte einen Energiezylinder, der durch die Höhlendecke hindurch bis über den Waldboden reichte und dort an Stärke zunahm. In dem nicht sicht-, aber messbaren Zylinder aus elektromagnetischen Feldern pulsierte die Energie in einem starken abgehackten Frequenzrhythmus. Was dies bedeuten könnte, davon haben wir derzeit noch keine Ahnung, vielleicht hängt es mit dem Phänomen der Empfangs- bzw. Sendestationen zusammen, die uns der Archivar DDr. Röhrig beschrieben hat. Der Raum ist noch mit einer

rund 20 bis 30 Zentimeter starken eingeschwemmten Sedimentschichte bedeckt, die die gemessene Energiestrahlung vielleicht beeinflusst.

Die Dritte Kontrollmessung im Jahr 2021 erbrachte weitere neue Daten, die allerdings nicht ident mit den vorangegangenen Messungen sind. Eine Langzeitmessung über Nacht im Jahr 2022 scheiterte, weil die Akkus sich nach kurzer Zeit komplett entleert hatten. Ende Oktober 2022 erfolgte die fünftc dreitägige Untersuchung bei der Höhle, deren Ergebnisse noch ausgewertet werden. Wir wollen Sie, Werte Leser zum Nachdenken anregen und in diesem Zusammenhang auch für die Wissenschaft weitere Möglichkeiten von Forschungsansätzen aufzeigen. Denn jedes Ergebnis, egal ob positiv oder negativ, führt zu neuen Erkenntnissen!

Wie wichtig oft nur einzelne wissenschaftliche Auswertungen sein können, beweisen die eingeschwemmten Quarzsande aus dem Kandelhofer-Erdstall bei Puchegg/Vorau. Die Verfrachtung der weißen Sande von der Erdoberfläche in die Hohlräume erfolgte an diesem Ort vor vielen Tausenden von Jahren. (Abb. 117) Die Decksteine der Trockenmauer-Einbauten in der unterirdischen Anlage haben laut TCN-Datierung einen Richtwert für ein Mindestalter von 23.965 ± 694 Jahren vor heute. (Abb. 118)

In einer wochenlangen archäologischen Ausgrabungs-Kampagne konnte dieser Erdstall von uns im Jahre 2008 wissenschaftlich bearbeitet werden. (Kusch 2016) Sein Entstehungsalter liegt in einem noch unbestimmten Zeitraum der prähistorischen Epoche vor über 24.000 Jahren.

Abb. 117 *Der rund 24.000 Jahre alte Trockenmauereinbau im Kandelhofer-Erdstall bei Puchegg/Vorau.*

[10]Be results:

Results not dependent on spallogenic production rate model: | *Exposure ages -- constant production rate model:* Scaling scheme for spallation: Lal(1991) / Stone(2000)

Sample name	Thickness scaling factor	Shielding factor	Production rate (muons) (atoms/g/yr)	Internal uncertainty (yr)	Exposure age (yr)	External uncertainty (yr)	Production rate (spallation) (atoms/g/yr)
KEPU12013	0.9836	1.0000	0.235	694	23965	2206	8.86

Exposure ages -- time-varying production models:

Scaling scheme for spallation:	Desilets and others (2003,2006)		Dunai (2001)		Lifton and others (2005)		Time-dependent Lal (1991)/Stone (2000)	
Sample name	Exposure age (yr)	External uncertainty (yr)	Exposure age (yr)	External uncertainty (yr)	Exposure age (yr)	External uncertainty (yr)	Exposure age (yr)	External uncertainty (yr)
KEPU12013	25180	3076	25393	3088	24507	2532	24005	2151

[26]Al results:

Results not dependent on spallogenic production rate model: *Exposure ages -- constant*

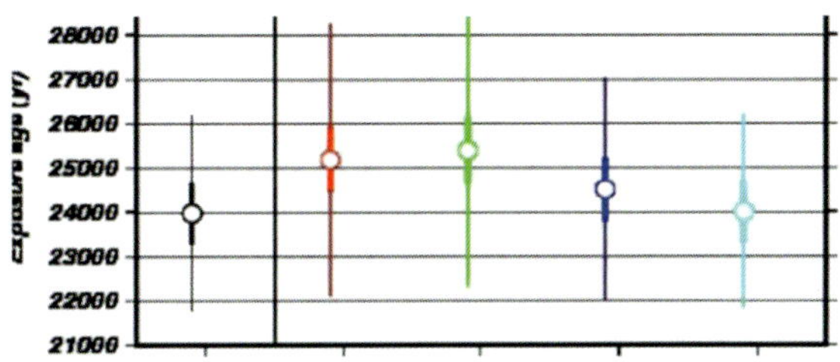

Comparison of exposure ages generated from various scaling schemes. Leftmost, constant production rate: Lal(1991)/Stone(2000) scaling scheme (black). Others, time-dependent production: red, Desilets and others(2003,2006); green, Dunai (2001); blue, Lifton and others (2006); cyan, time-dependent adaptation of Lal(1991)/Stone(2000). Circles denote Be-10 exposure ages; triangles denote Al-26 exposure ages. The thick line shows the 1-sigma internal uncertainty; the thin line shows the 1-sigma external uncertainty.

Abb. 118 *Korrigierte Auswertung der TCN-Datierung aus dem Kandelhofer-Erdstall.*

KHE-6)
KHE-5)
0
5 cm

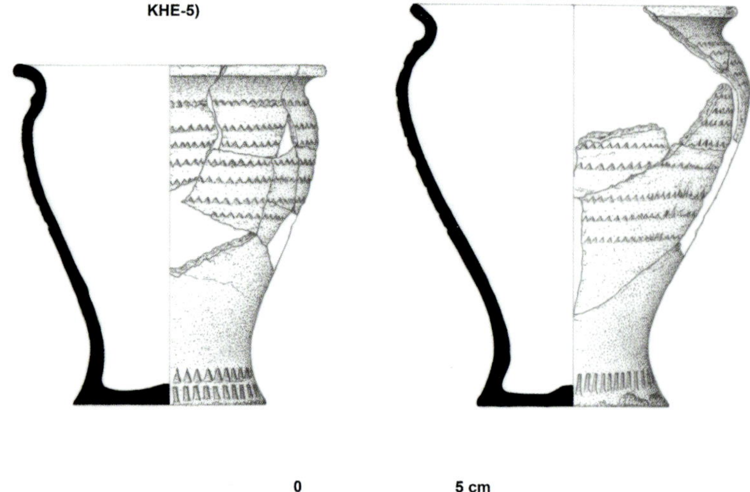

Abb. 119 Zwei römische feinkeramische Gefäße, deren Fragmente bei der archäologischen Ausgrabung im Jahre 2008 von uns geborgen werden konnten. Dies belegt, dass dieser Erdstall zu dieser Zeit bereits als „Mülldepot“ Verwendung fand. (Zeichnung: Monika Messner)

Sekundär eingebrachte Fundstücke reichen von der Altsteinzeit über die Römerzeit und das Mittelalter bis in die Neuzeit. (Abb. 119) Allein an der Fundverteilung in diesem Erdstall war zu erkennen, dass er seit der Römerzeit nur mehr als Abfallgrube, die ansässige Bevölkerung bezeichnete diese als „Scherbengruabn“, in Verwendung stand. (Abb. 120).
Speziell ein unterirdischer Tunnel, der Streblgang nahe des Ortes Vorau, dessen Richtwert für ein Mindestalter durch eine TCN-Datierung mit rund 20.258 ± 531 Jahren vor heute angegeben werden kann und dessen Entstehungszeit noch älter sein muss, erbrachte bei mehreren Untersuchungen durch Mitarbeiter der TU Graz

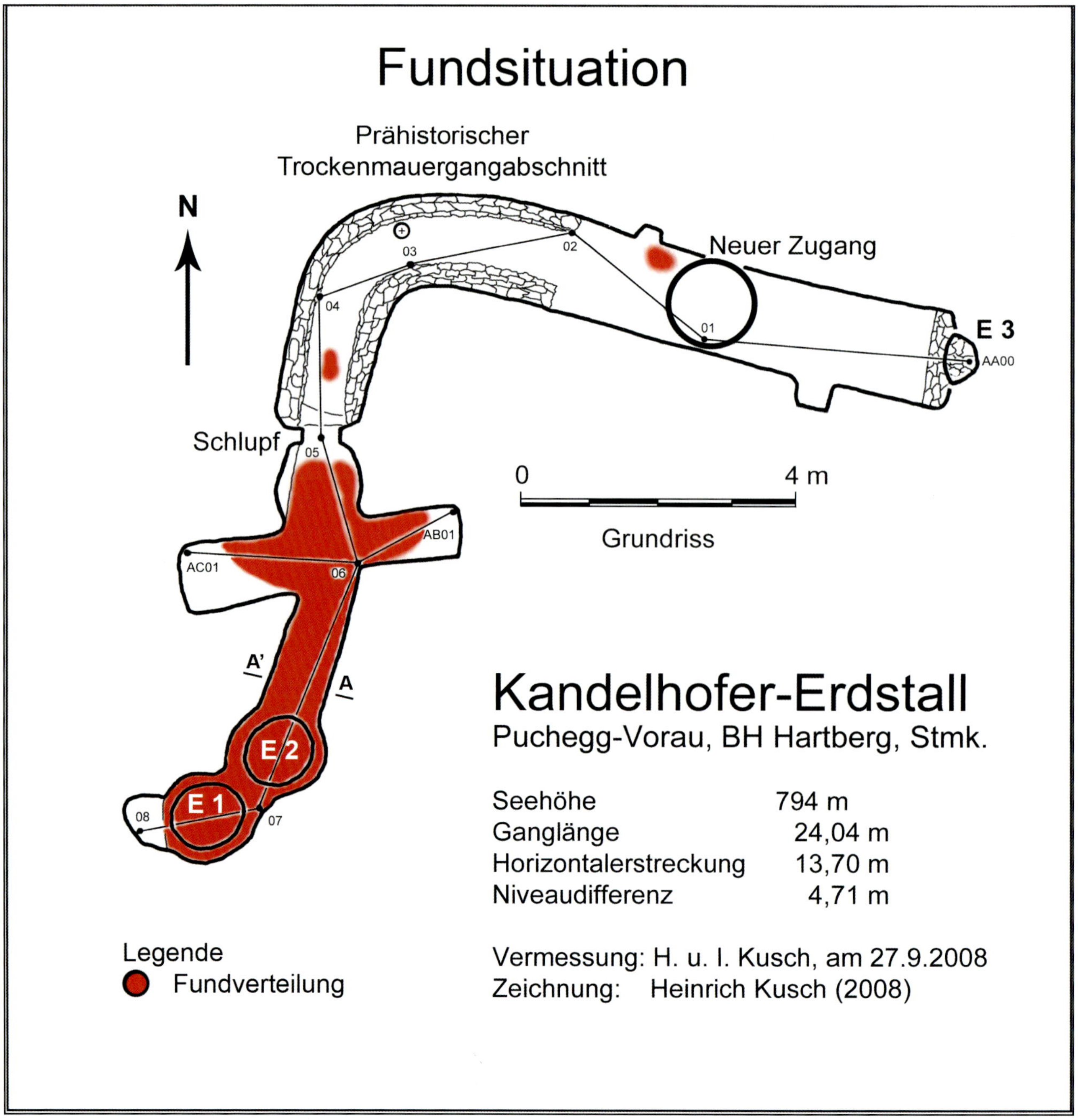

Fundsituation
Prähistorischer
Trockenmauergangabschnitt
N
Neuer Zugang
03
02
04
01
E 3
AA00
Schlupf
05
0
4 m
Grundriss
AB01
AC01
06
A'
A
E 2
E 1
08
07
Kandelhofer-Erdstall
Puchegg-Vorau, BH Hartberg, Stmk.
Seehöhe 794 m
Ganglänge 24,04 m
Horizontalerstreckung 13,70 m
Niveaudifferenz 4,71 m
Vermessung: H. u. I. Kusch, am 27.9.2008
Zeichnung: Heinrich Kusch (2008)
Legende
Fundverteilung

Abb. 120 Grundrissplan des Kandelhofer-Erdstalles, auf dem die Fundverteilung der archäologischen Artefakte eingezeichnet ist.

Abb. 121 *Gangpassage im Strebl-Gang bei Puchegg in Vorau, Ost-Steiermark.*

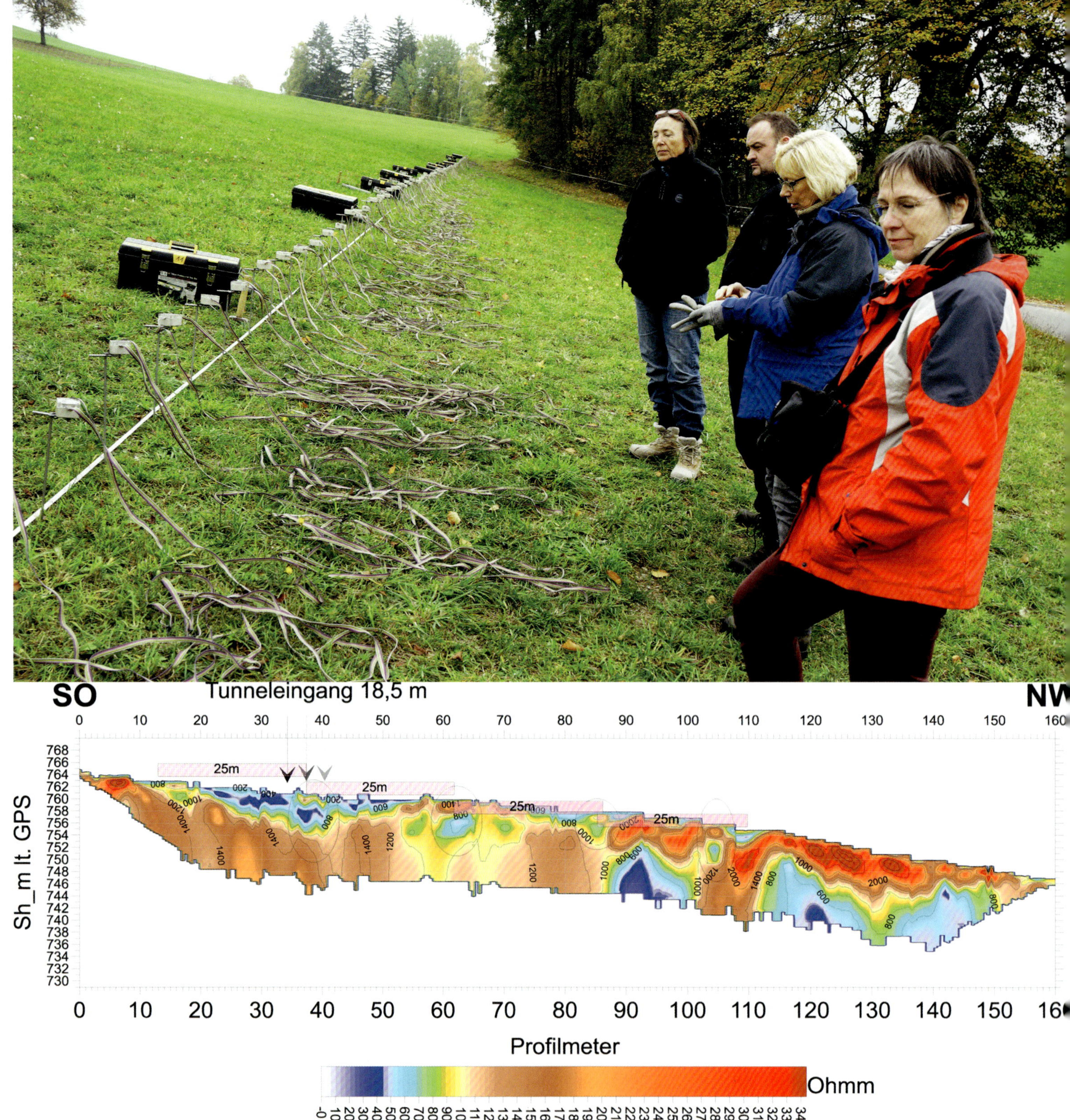

__Abb. 122__ Geoelektrische Messungen oberhalb des Strebl-Ganges.

und weitere Wissenschaftler, Anomalien die äußerst interessant, aber schwer zu interpretieren sind. (Abb. 121 und 122) Dieser 92 m lange, künstlich geschaffene Felsgang wurde vor über 20.000 Jahren wahrscheinlich mit Maschinen aus dem Fels (Augengneis) geschrämt, denn die Werkzeug- bzw. Arbeitsspuren an den Wänden waren auf den Innenseiten der Rillen durch das verflüssigte Quarzgestein verglast. Durch das hohe Mindestalter des Ganges sind diese Spuren im Eingangsbereich ziemlich verwittert und durch Besucher beschädigt bzw. abgerieben worden. Der ehemalige Zugang wurde vor mehr als 20.000 Jahren durch einen einst sechs Meter langen Trockenmauergang wiederhergestellt. Datiert wurde die erste steinerne Deckplatte

^{10}Be results:

Results not dependent on spallogenic production rate model:					*Exposure ages -- constant production rate model:* Scaling scheme for spallation: Lal(1991) / Stone(2000)		
Sample name	Thickness scaling factor	Shielding factor	Production rate (muons) (atoms/g/yr)	Internal uncertainty (yr)	Exposure age (yr)	External uncertainty (yr)	Production rate (spallation) (atoms/g/yr)
SSP12012	0.9836	0.9989	0.232	531	20258	1846	8.56

Exposure ages -- time-varying production models:

Scaling scheme for spallation:	Desilets and others (2003,2006)		Dunai (2001)		Lifton and others (2005)		Time-dependent Lal (1991)/Stone (2000)	
Sample name	Exposure age (yr)	External uncertainty (yr)	Exposure age (yr)	External uncertainty (yr)	Exposure age (yr)	External uncertainty (yr)	Exposure age (yr)	External uncertainty (yr)
SSP12012	21389	2597	21576	2608	20873	2139	20344	1804

^{26}Al results:

Scaling factor comparison:

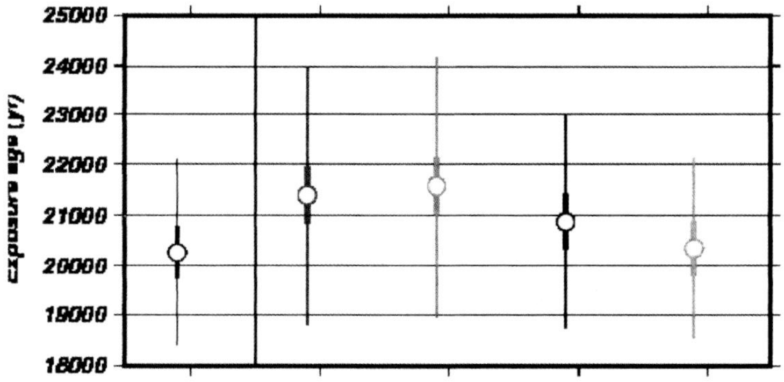

exposure age (yr)

25000
24000
23000
22000
21000
20000
19000
18000

Comparison of exposure ages generated from various scaling schemes. Leftmost, constant

Abb. 123 *Auswertung der TCN-Datierung vom Strebl-Gang. Das Ergebnis stammt von einer beprobten Deckplatte des steingemauerten Zuganges. Das Resultat belegt, dass der dahinterliegende Felsgang älter als 20.300 Jahre ist.*

dieser künstlich errichten Gangstruktur. (Abb. 123) Die Präzision der prähistorischen Steinbearbeitung im Felstunnel ist allerdings in den letzten zwei Dritteln des Ganges noch gut erhalten geblieben und lässt erkennen, dass meterlange Passagen des Felsganges Abweichungen von nur wenigen Zentimetern aufweisen. Dies konnte im Jahre 2014 durch Laserscans auch wissenschaftlich belegt werden. (Abb. 124) Ebenso konnten in den alten V-förmigen Schrämspuren Verglasungen der Innenseiten festgestellt werden, die Rückschlüsse auf hohe Temperaturen während der Arbeit zulassen. (Abb. 125) Bis in die Neuzeit konnten bei Bergwerken nur grob behauene Gänge aus dem Fels gemeißelt oder gesprengt werden, weil oft das alte Wissen um diese Art von Gesteinsbearbeitung verloren ging. (Kusch & Kusch 2014) Oftmals wurden seit dem Mittelalter im Bergbau bereits vorhandene alte Felsgänge genutzt, um ohne Aufwand bei der Mineralsuche (= Prospektion) tiefer in den Berg vordringen zu können. So wurde es in einigen alten Texten aus dem 14. Jahrhundert in der Neuzeit niedergeschrieben:

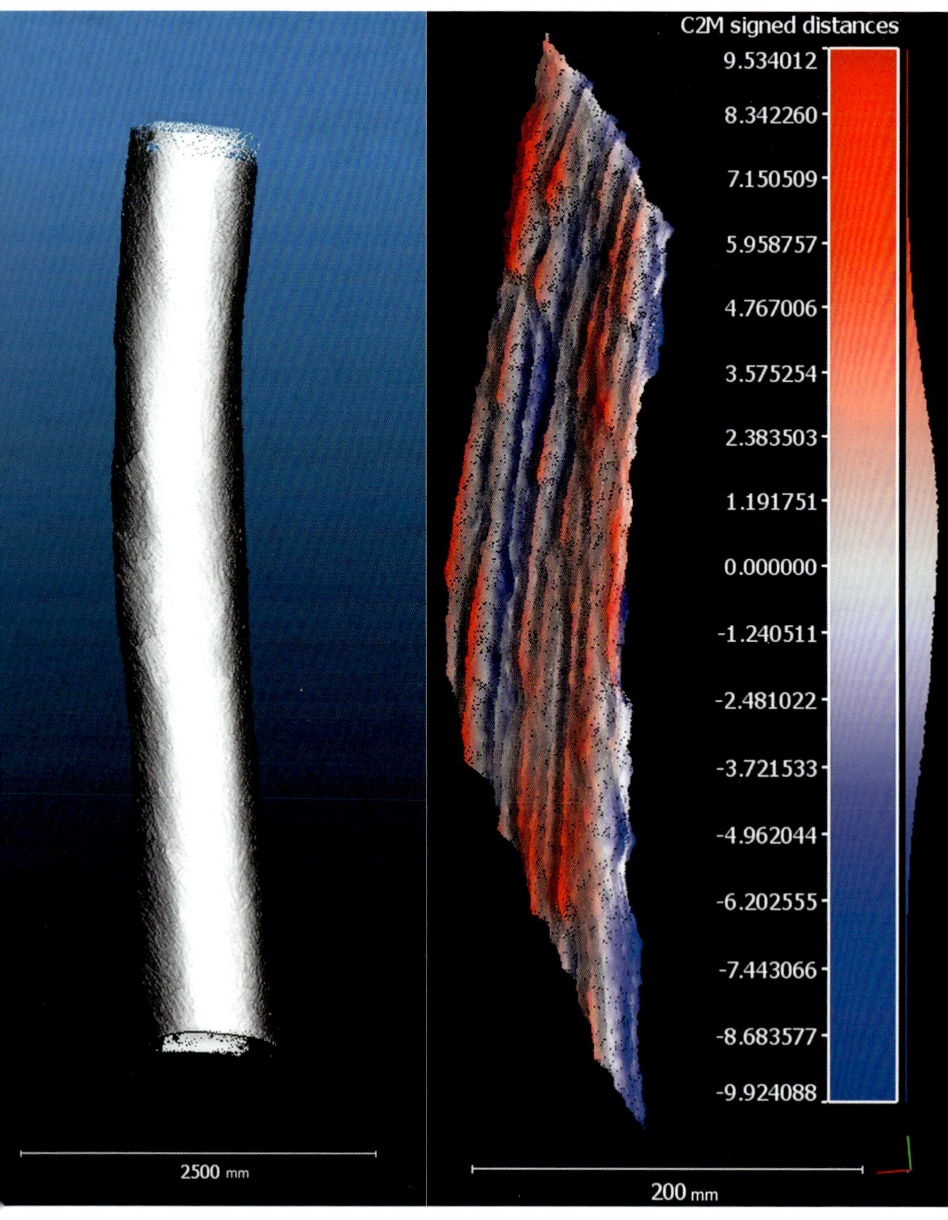

Abb. 124 *Gang-Scan eines Abschnittes im Strebl-Gang. Die Auswertung belegt, wie präzise dieser Stollen in prähistorischer Zeit aus dem Fels geschrämt wurde. Die Abweichung der Arbeitsspuren auf 6 Metern Länge beträgt nur wenige Zentimeter.*

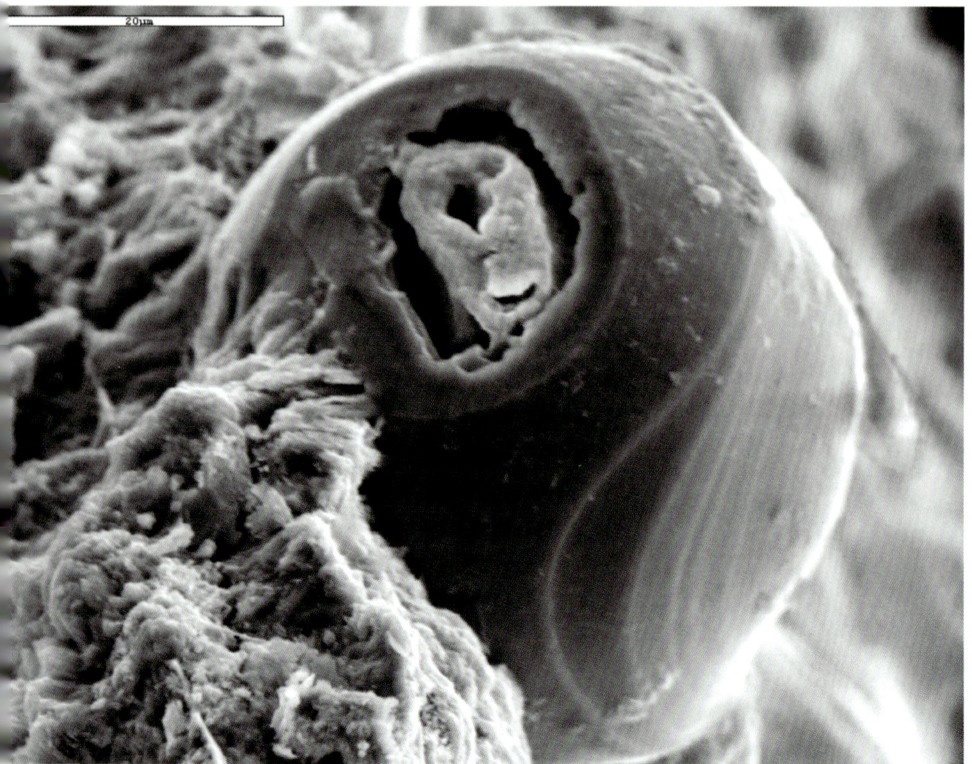

„ ... Nach dem Gebete zündeten die am Schachte (Ergänzung d. Verf.: wartenden Bergleute) ihre Grubenlampen an und stiegen in die Tiefe.
Honsa kroch zum Schachte, - horchte eine Weile - und auch er stieg vorsichtig und geräuschlos im Finstern hinab.
Eicher ging rüstig an die sich vorgesetzte Arbeit. Es war heute noch ein alter Bergbau zu vermessen, in welchem einige Belegungen (= Arbeitsorte) angelegt werden sollten. ... "
(Ivelin 1870, Seite 143)

Das in diesem Text erwähnte Bergwerk liegt an der österreichisch-ungarischen Grenze und in den wenigen Sätzen aus dieser Überlieferung ist der wahre Kern der Aussage sofort erkennbar. Und zwar, dass zuerst die bereits vorhandenen alten Bergbauanlagen, also Felsgänge, vermessen werden mussten, um in ihnen danach die prospektierten mineralhaltigen Plätze für den künftigen Abbau zu kennzeichnen. Danach wurden die erzführenden Passagen meist mit dem Gezähe (= Hammer und Meißel) oder später mit Sprengstoff erweitert, um an Einlagerungen bzw. Depots des erzhaltigen Gesteins zu gelangen. Diese bereits im Mittelalter schon als „alt" beschriebenen Stollen wurden damals durch Rutengänger und auch mit Hilfe von anderen uns heute unbekannten Gerätschaften aufgefunden. Auch dies wurde in alten Niederschriften über Bergbau und auch Malereien dokumentiert. Eine Fresken-

Abb. 125 *Dieser vom verflüssigten Quarzgestein ummantelte Stahlspan belegt die hohen Arbeitstemperaturen von über 1000 Grad Celsius in den Schrämspuren an der Wand. Diese Aufnahme stammt von einem Rasterelektronenmikroskop an der Karl-Franzens-Universität in Graz.*

Abb. 126 *In der Neuzeit restaurierte mittelalterliche Freskenmalerei, die das Aufspüren von bereits vorhandenen Stollen und die frühe Erzgewinnung aufzeigt.*

malerei in Klosterneuburg belegt diese im Mittelalter und der Neuzeit angewandte Tätigkeit der Bergbau-Prospektoren. (Abb. 126) In dieser zeitgenössischen Darstellung sind auch zwei Eingänge zu Stollen in Trockenmauerwerk-Bauweise erkennbar, deren architektonischer Ursprung, wissenschaftlich belegt, in Mitteleuropa aus dem frühen Megalithikum vor über 10.000 Jahren stammen kann! Diese Aussage trifft nur auf die von uns in der Steiermark bereits datierten Stollen zu und ist nicht allgemein auf andere Objekte übertragbar!
Unsere wissenschaftlichen Untersuchungen im Streblgang in Puchegg sind bis heute noch nicht abgeschlossen und erfolgen nach ausgesuchten Kriterien seit mehr als acht Jahren durch viele anerkannte Wissenschaftler. Auffallend sind bei den Resultaten Anomalien, die es eigentlich nicht geben dürfte. (Abb. 127) So konnten wir in Winterzeiten Dampfwolken beobachten, die stoßweise aus der Eingangsöffnung kamen, als ob es eine Wetterführung im Gang gäbe. Jedoch ist eine Bewetterung des Felsganges nicht möglich, weil er blind ohne Fortsetzung endet und kaum eine Niveaudifferenz aufweist. Dies heißt, dass die Luft im Gang kaum in Bewegung sein sollte. Aber dies ist nicht der Fall, denn periodisch entsteht ein kühler Luftstrom, der aus dem Nichts zu kommen scheint. Dies konnten fünf Wissenschaftler von verschiedenen österreichischen Universitäten beobachten, die auch keine Antwort auf diese Anomalie hatten. Die besagte Stelle, wo der Luftstrom im Gang entsteht, liegt 72 Meter vom Eingang entfernt im Berginnern und es konnte bei Untersuchungen von einer Messgruppe dort an den Wänden unter einer bestimmten Frequenzbeschallung ein verstärkter Aufbau eines ringförmigen elektrischen Magnetfeldes festgestellt werden. Experten der Technischen Universität Graz führten zu unterschiedlichen Zeiten verschiedene Langzeitmessungen, wie Radon-, Temperatur- und

Abb. 127 *Messung der elektromagnetischen Felder und Frequenzen im Strebl-Gang.*

Luftfeuchtigkeitsmessungen sowie der Gammastrahlung, im Gang durch, bei denen sich in einigen Fällen die neuen Batterien in den Messgeräten schlagartig entleerten und versagten, obwohl diese eine Laufzeit von mindestens einem Jahr hätten haben sollen. Dies passierte uns auch mit Filmteams, wo die frisch geladenen Akkus der Kameras und der Beleuchtung auf einmal ohne ersichtlichen Grund entleert waren. Hat man die Batterien jedoch aus dem Gang wieder ins Freie gebracht, so funktionierten sie nach kurzer Zeit mit voller Ladung wieder einwandfrei!

Bei Langzeittemperaturmessungen in den Jahren 2016 und 2017 bekamen wir erstaunliche Resultate, für die wir keine Erklärungen haben. Fehlfunktionen können ausgeschlossen werden, weil wir danach die Logger (digitales Messgerät, mit dem die Raumtemperatur monatelang gemessen werden kann) auf ihre Funktion getestet haben. Wir hatten ursprünglich vier und bei der zweiten Temperaturmessung fünf Messstationen mit je zwei Logger im Gang aufgestellt, wo auf Stativen in Gangmitte und knapp über dem Boden Messungen vorgenommen wurden. Interessant waren die Resultate der Luftfeuchtigkeit, die im Gang Werte von 105 bis 110 Prozent erbrachten. Die Raumtemperatur lag mit einer Schwankungsbreite von 0,5 Grad eigentlich konstant bei rund + 9,5 Grad Celsius, was dem Jahresmittelwert dieses regionalen Abschnittes entsprach. Jedoch kam es bei diesen Auswertungen wiederum zu Anomalien, für die es keine Erklärungen gibt. So traten in Abständen von mehreren Wochen Temperaturschwankungen auf, wo der Wert bis zu 680 Mal in 8 Tagen wechselte, d. h., die Temperatur um 0,5 Grad anstieg und danach wieder absank, um dann unverändert wieder wochenlang konstant gleichbleibend oder erhöht bis zum nächsten Schwankungsblock zu verharren. (Abb. 128)

Noch mysteriöser war ein Vorfall, der eine der Langzeitmessungen plötzlich beendete. Es war am 23. Mai 2017, als es am sonnigen Nachmittag um 16:46 Uhr einen heftigen Knall gab, der in der Folge beide Fernsehgeräte im nahe gelegenen Bauernhof unbrauchbar machte, und auch unsere zehn Temperatur-Logger nahmen danach keine Messungen mehr vor. Auf der Speicherkarte der Videokamera, welche im Gang installiert war, um eventuelle Veränderungen im Tunnel zu dokumentieren, waren alle Dateien komplett gelöscht und die Speicherkarte danach unbrauchbar. Laut der Wetterstation am Masenberg gab es in diesem Zeitraum weder ein Gewitter noch sonstige auffallende Ereignisse. Stellt sich die Frage: Was war der Auslöser für dieses Geschehen?

Abb. 128 *Auswertung von über mehrere Monate lang durchgeführten Radon-, Temperatur- und Luftfeuchtigkeitsmessungen im Strebl-Gang.*

Zeitlicher Gang der Radonkonzentration

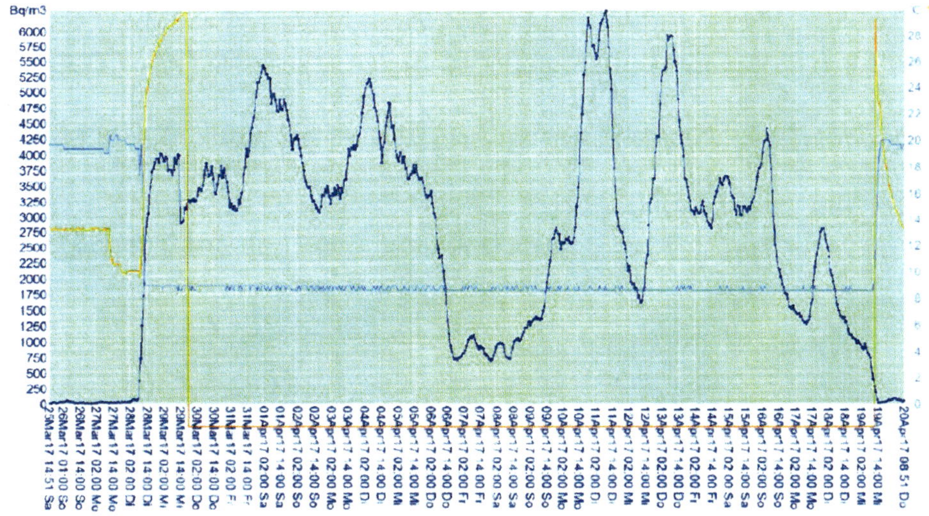

Der Plot zeigt das Zeitintervall von 2017-Marz-25 Sa 14:51 bis 2017-Apr-20 Do 08:51 (617 Stunden). Durchschnittliche Radonkonzentration in dieser Zeit ist **2658 Bq/m³** (±6%).

Abb. 4: Zeitlicher Gang der Radonkonzentration, der Temperatur und der relativen Luftfeuchtigkeit am Messpunkt 1.

Strebl 2 70m

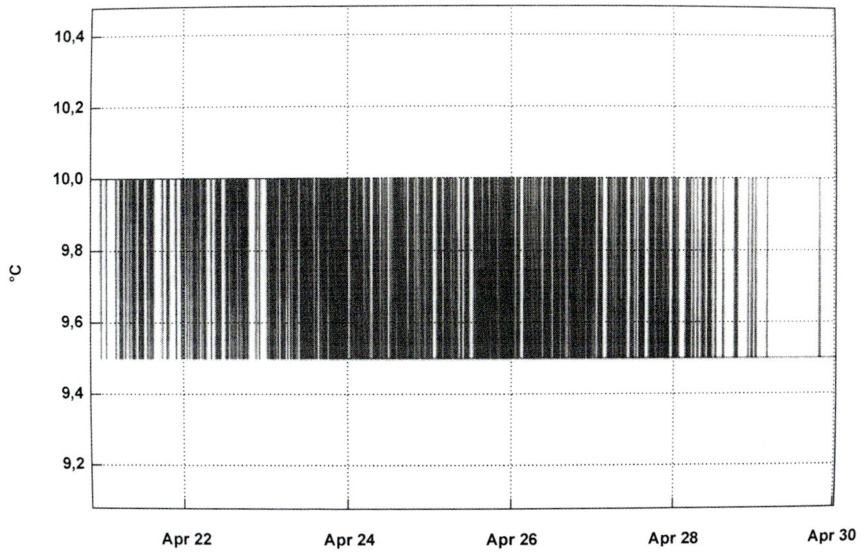

°C

Apr 22 Apr 24 Apr 26 Apr 28 Apr 30

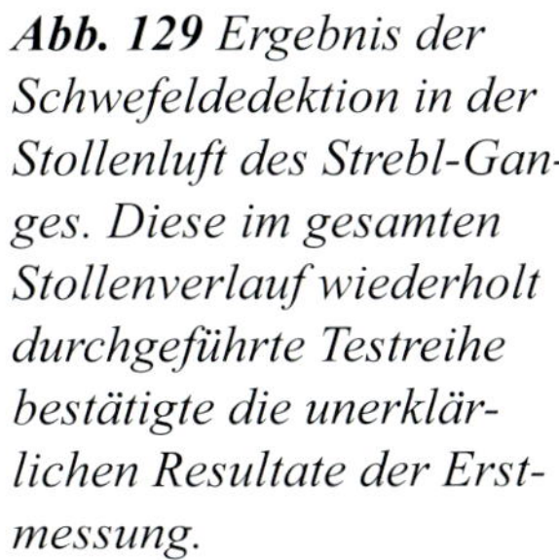

Abb. 129 *Ergebnis der Schwefeldedektion in der Stollenluft des Strebl-Ganges. Diese im gesamten Stollenverlauf wiederholt durchgeführte Testreihe bestätigte die unerklärlichen Resultate der Erstmessung.*

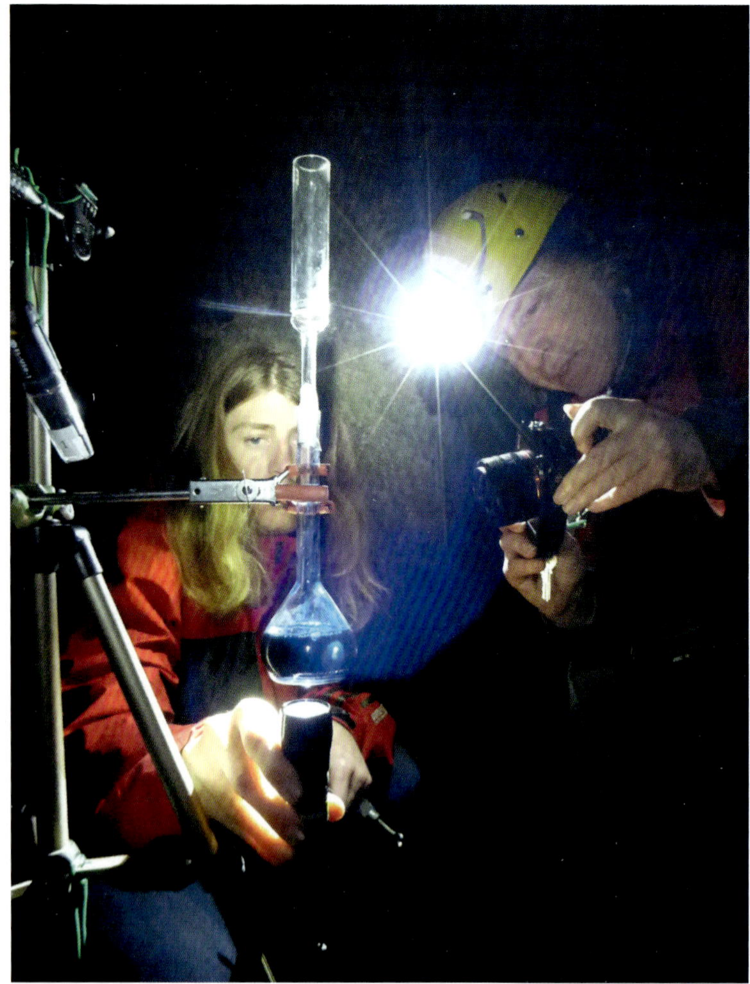

Abb. 130 *Dokumentation der Teststelle 2 (Abzweigung) im Strebl-Gang. Hier veränderte sich die Farbe des chemischen Farbstoffes der Rhodamin-Gruppe ins Bläuliche.*

Abb. 131 *Bei der Teststelle 5 (12 Meter vom Eingang entfernt) wurde eine außergewöhnliche Reaktion der Chemikalien beobachtet, bei der es zum Ausfallen der Farbstoffsalze in der Lösung kam. Strebl-Gang, Puchegg, Steiermark.*

Noch interessanter waren chemische Untersuchungen im Streblgang, bei denen die Schwefeldetektion mit Farbstoffanaloga der Xanthenfarbstoffe der Rhodamin-Gruppe in der Stollen-Luft monatelang gemessen wurden. (Abb. 129) Im Normalfall zeigt die klare Flüssigkeit nach der Zugabe einer Starterflüssigkeit keine Reaktion, wenn der Test an der Erdoberfläche durchgeführt wird. Wenn jedoch die Messung unter der Erde in Naturhöhlen oder künstlichen Tunnels stattfindet, kann durch die Verfärbung festgestellt werden, ob sich unter der Messstelle noch tiefer liegende Hohlräume befinden, die direkt oder indirekt mit dem Tunnel in Verbindung stehen können. Der erste Testlauf dauerte neun Monate und dokumentierte in den Auswertungen mehrere Anomalien. Wie auf der Abbildung zu sehen ist, hat sich die Flüssigkeit beim Standort 2 (= Abzweigung) im Stollen blau verfärbt. (Abb. 130) Bei externen und nachträglich erfolgten Laborversuchen konnte kein einziges Mal die Farbe Blau experimentell wieder hergestellt werden! Beim Standort 1 (Tunnelende) und Standort 3 (10 Meter vor der Abzweigung) ist die Farbe in zwei Rottönen entstanden, was auf eine erhöhte Schwefelkonzentration in der Raumluft hinweist. Dies könnte eine vermutete Verbindung zu tiefer gelegenen Hohlräumen belegen. Tut es aber nicht, weil metastabile Änderungen in den chromophoren Gruppen, die in den Farbumschlägen resultierten, festgestellt werden konnten. Dies bedarf einer zusätzlich aufwändigen geräteunterstützten Untersuchung vor Ort, um präzise Aussagen machen zu können. Die markanteste Veränderung im chemisch-physikalischen Verhalten der Lösung erfolgte bei der Messstelle 5 (12 Meter vom Eingang entfernt), wo es bei beiden Versuchsreihen in den Jahren 2016 und 2017 zum Ausfallen des Farbstoffsalzes nach vollständiger Lösung kam. (Abb. 131) Um das Einwirken anderer in der Luft vorhandener Komponenten auf das Detek-

Abb. 132 *Geschmolzenes Sediment, gefunden in Hinterbühel bei Kaindorf, Steiermark, mit leicht erhöhter Radioaktivität.*

Abb. 133 *Einer der fallweise „selbstleuchtenden" sogenannten „schwarz-lila Steine" aus der „12 Apostel Zeche", der in historischen Dokumenten genannt wurde. Bei dieser Aufnahme wurde kein langwelliges UV-Licht verwendet! Der Stein leuchtete zu diesem Zeitpunkt von selbst.*

tionsgemisch zu vermeiden, wurden Molfilter verwendet, um nur die größenspezifisch relevanten Teilchen zur Reaktionslösung vordringen zu lassen. Hier gibt es einen vergleichenden Ansatzpunkt zur Theorie des 12-dimensionalen Raumes vom international renommierten Physiker Burkhard Heim (1925 – 2001) und seiner Frau Gerda Heim, die in ihren Arbeiten über die Entwicklung einer einheitlichen Feldtheorie für die Gravitation und den Elektromagnetismus gewisse Orte als Organisationsreservoirs möglich erscheinen lassen. In diesem Zusammenhang stellt sich die interessante Frage, ob es sein kann, dass der Streblgang solch ein Organisationsreservoir enthält, weil es zum Ausfallen des Farbstoffsalzes kam? Auch im Rahmen von Frequenzmessungen und Tonexperimenten konnten im Tunnel erstaunliche Abweichungen zur Erdoberfläche festgestellt werden. Allerdings fehlen für die exakte Auswertung die entsprechenden Referenzdatensätze von anderen unterirdischen Objekten.

Es war einer von vielen Besuchen der Frauenhöhle bei Hinterbühel westlich von Kaindorf, der uns vor Jahren mit dem ehemaligen Besitzer

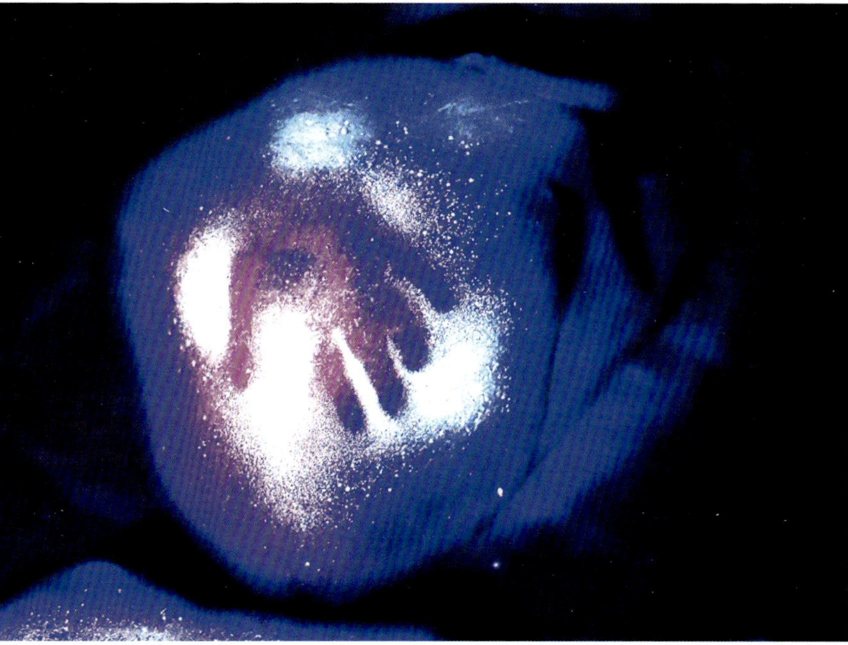

Abb. 134 *Bei dieser Aufnahme wurde der „schwarzlila Stein" mit langwelligem UV-Licht bestrahlt, wobei aus dem Zentrum des Steines ein helles Licht erschien. Der erkennbare Handabdruck entstand schon Monate davor während einer Fernsehdokumentation.*

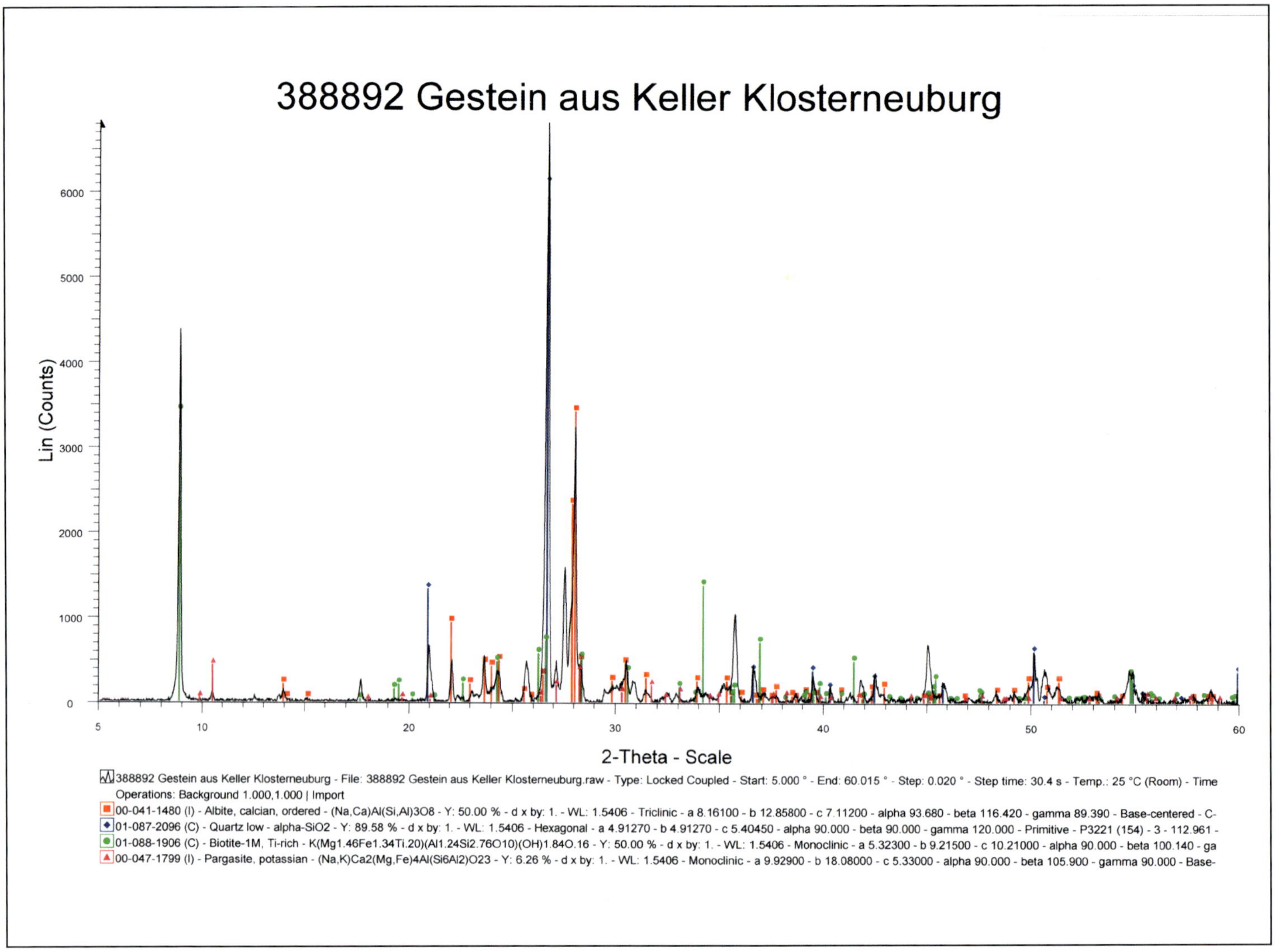

388892 Gestein aus Keller Klosterneuburg

Lin (Counts): 0 – 1000 – 2000 – 3000 – 4000 – 5000 – 6000

2-Theta - Scale: 5 – 10 – 20 – 30 – 40 – 50 – 60

388892 Gestein aus Keller Klosterneuburg - File: 388892 Gestein aus Keller Klosterneuburg.raw - Type: Locked Coupled - Start: 5.000 ° - End: 60.015 ° - Step: 0.020 ° - Step time: 30.4 s - Temp.: 25 °C (Room) - Time
Operations: Background 1.000,1.000 | Import
00-041-1480 (I) - Albite, calcian, ordered - (Na,Ca)Al(Si,Al)3O8 - Y: 50.00 % - d x by: 1. - WL: 1.5406 - Triclinic - a 8.16100 - b 12.85800 - c 7.11200 - alpha 93.680 - beta 116.420 - gamma 89.390 - Base-centered - C-
01-087-2096 (C) - Quartz low - alpha-SiO2 - Y: 89.58 % - d x by: 1. - WL: 1.5406 - Hexagonal - a 4.91270 - b 4.91270 - c 5.40450 - alpha 90.000 - beta 90.000 - gamma 120.000 - Primitive - P3221 (154) - 3 - 112.961 -
01-088-1906 (C) - Biotite-1M, Ti-rich - K(Mg1.46Fe1.34Ti.20)(Al1.24Si2.76O10)(OH)1.84O.16 - Y: 50.00 % - d x by: 1. - WL: 1.5406 - Monoclinic - a 5.32300 - b 9.21500 - c 10.21000 - alpha 90.000 - beta 100.140 - ga
00-047-1799 (I) - Pargasite, potassian - (Na,K)Ca2(Mg,Fe)4Al(Si6Al2)O23 - Y: 6.26 % - d x by: 1. - WL: 1.5406 - Monoclinic - a 9.92900 - b 18.08000 - c 5.33000 - alpha 90.000 - beta 105.900 - gamma 90.000 - Base-

***Abb. 135** Die chemische Analyse des „schwarz-lila Steines“ von der Montanuniversität Leoben belegte, dass es sich um ein Gang- bzw. Tiefengestein handelt.*

***Abb. 136** Ein weiterer schwarzer Stein befindet sich auf dem Gelände einer Kirche bei Unzmarkt in der westlichen Obersteiermark.*

Herrn Winkler (†) zusammenbrachte. Als wir uns über die Gänge unterhielten, die unter seinem Haus verlaufen sollten, erwähnte er auf einmal verglaste Steine, die seine Frau auf dem Feld gefunden hatte. Anfangs konnten wir mit dieser Information nicht viel anfangen, als er uns aber die Steine zeigte, sahen wir sofort, dass es sich hier um etwas Besonderes handelte. (Abb. 132) Es waren drei Stücke, die eigentlich aus einem fest verschmolze-

nen Quarzsediment bestanden. Unsere ersten Überlegungen gingen in Richtung Kohlenmeiler, alter Kalköfen oder Schlacken von Schmelzöfen für die frühe Erz- bzw. Glasgewinnung. Herr Franz Winkler und seine Frau Erika erzählten uns, dass sie auf den Äckern schon viele solche Steine gefunden hatten und dies auch nichts Besonderes sei. In einer neben dem Hof stehenden alten Kapelle, die gerade restauriert wurde, fanden wir im untersten Fundament, das aus dem 19. Jahrhundert stammen soll, ebensolche Steine eingemauert. Damit konnten wir auch den 2. Weltkrieg sofort ausklammern, weil wir anfangs dachten, große Bomben hätten bei der Explosion an der Einschlagstelle extrem hohe Temperaturen erzeugt, die dann die Oberfläche (Obok = Verwitterungskruste z. B. vom Schiefergestein) zum Schmelzen gebracht hat. Quarzhältiges Sediment benötigt immerhin je nach Dichte zwischen 800 und 1.200 Grad um zu verglasen! Reines Quarzgestein benötigt eine wesentlich höhere Temperatur.
Wir maßen diesen Steinen vorerst auch keine Priorität zu. Stutzig wurden wir allerdings nach einigen Monaten, als wir auf einmal im Gebiet Vorau von der Familie Tomp/Romirer in der Gemeinde Reinberg erfuhren, dass auch dort auf den Feldern von Bauern immer wieder größere (bis zu 70 cm lang) und kleinere verglaste Steinbrocken gefunden worden sind. Ähnliche Vorkommen sind uns auch aus Waldbereichen der Gemeinden Vornholz und St. Lorenzen bekannt. So begannen wir uns auch mit diesem Phänomen auseinanderzusetzen. Der erste Schritt war, eine Untersuchung des verglasten Sedimentbrockens in der Mineralogischen Abteilung des Universalmuseums Joanneum in Graz zu veranlassen, um herauszufinden, welchem Einfluss er zum Zeitpunkt des Schmelzvorganges ausgesetzt war. Und vor allem interessierte uns die Frage, was ihn zum Schmelzen gebracht hatte. War die Ursache vielleicht ein großer Waldbrand, wodurch auch das Bodensediment schmolz? Wenn ja, welcher und wann? Warum findet man in einem Umkreis von mehreren Kilometern von Vorau und Kaindorf solche verglasten Steine vor, die offensichtlich durch eine große Hitzeeinwirkung auf die Oberfläche des Bodens entstanden sind? Eine Untersuchung auf Radioaktivität verlief gleich zu Beginn positiv. Die Glasur zeigte Werte einer leicht erhöhten Gamma-Strahlung, die, wie allgemein bekannt ist, auch in manchen Gesteinsarten natürlich vorkommt. Wir wussten zu diesem Zeitpunkt auch

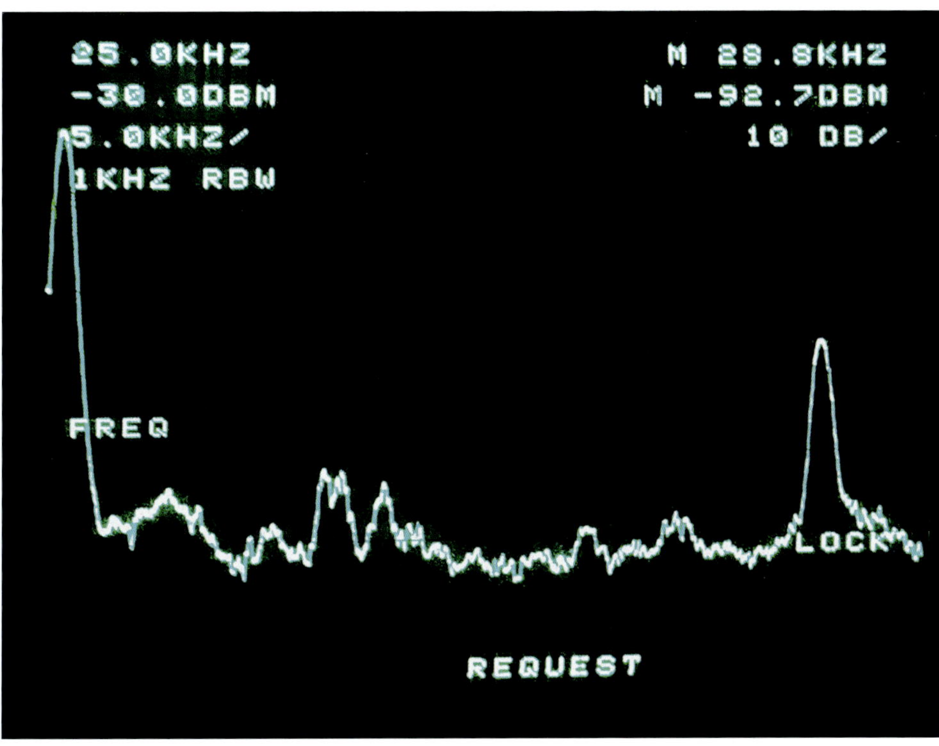

Abb. 137 *Diagramm einer Frequenzmessung in der „12 Apostel Zeche", wo an einer bestimmten Stelle 28,8 KHZ gemessen wurden.*

Abb. 138 *Eine von mehreren periodisch selbstleuchtenden Lampen in der „12 Apostel Zeche“, die „ohne“ Stromzufuhr aktiv werden, auch wenn der Hauptstromschalter der Gebäude deaktiviert ist.*

noch nicht, warum es zur Verglasung gekommen war. Das Objekt zeigte eine Reduktion der Hitzeeinwirkung auch unterhalb der verglasten Oberfläche, was nur durch eine länger andauernde oder eine kurze, extrem hohe Hitzeeinstrahlung entstanden sein konnte. Wenn die Verwitterungskruste an der einstigen Erdoberfläche, in der Oststeiermark „Obok“ genannt, aus welchem Grund auch immer verglast wurde, dann müsste es eigentlich auch noch größere verglaste Flächen geben, wenn diese nicht durch den langen Zeitraum der Verwitterung zum Opfer gefallen sind.

Abb. 139 *Untersuchungen der Räumlichkeiten in der „12 Apostel Zeche“ mit einer Wärmebild-Kamera, die an mindestens fünf Stellen sogenannte kreisförmige „Hot Spots“ registrierte.*

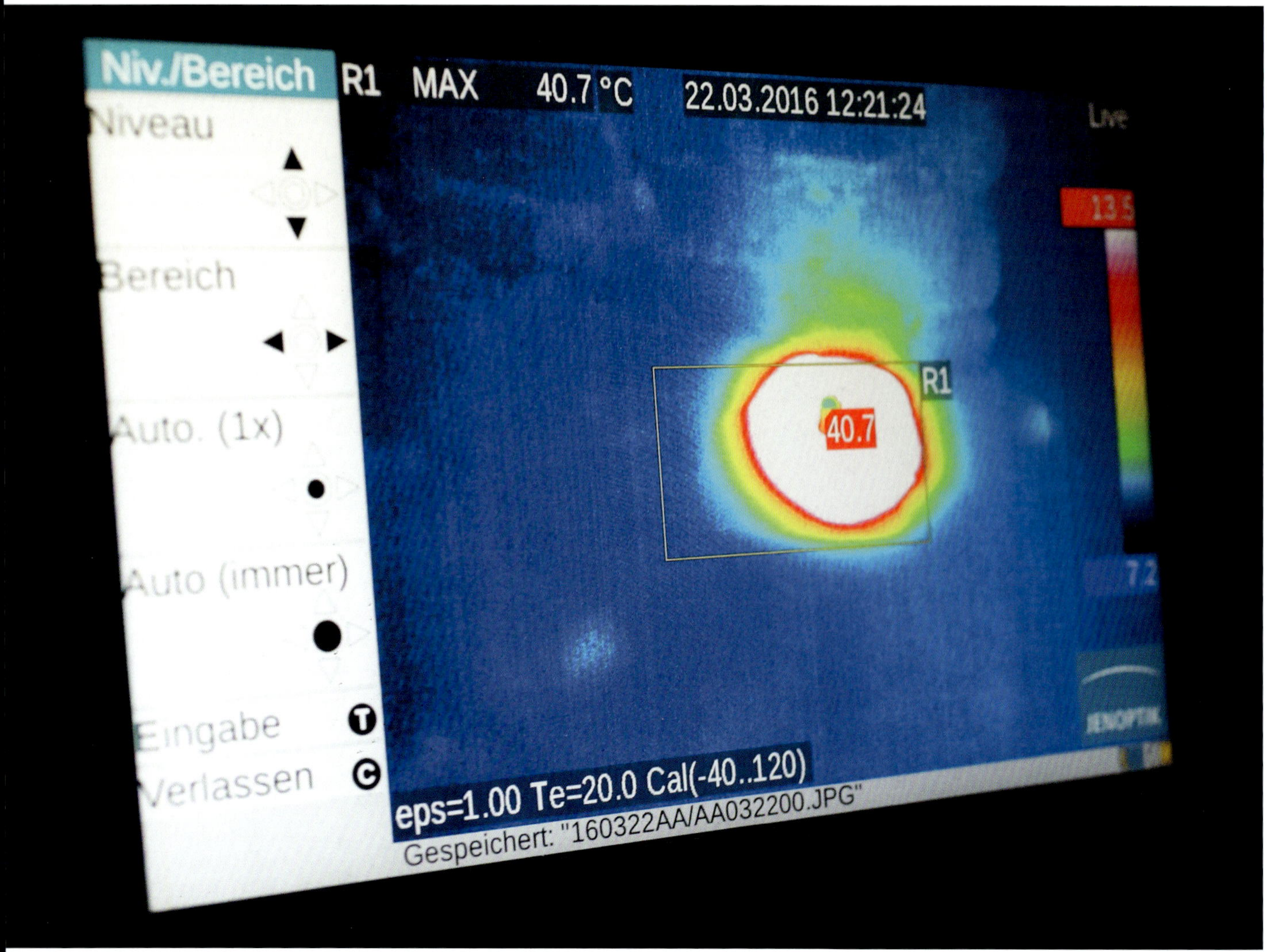

Auch in Klosterneuburg in der „12 Apostel Zeche" gibt es unerklärliche Phänomene. Dort befinden sich jene im historischen Dokument von 1580 beschriebenen Steine, die unter langwelligem UV-Licht blau leuchten können. Mehrmals konnte aber beobachtet werden, dass drei der Steine von selbst, also ohne UV-Licht, in einem blaulila Farbton stundenlang leuchteten. (Abb. 133 und 134) Dies erinnert uns an die Überlieferung von der Isais, die im 12. Jahrhundert den Tempelrittern den schwarz-lila Stein aus der Unterwelt an die Erdoberfläche brachte. Wir haben einen Stein in zwei Universitäts-Laboren mineralogisch-chemisch untersuchen lassen, wo festgestellt wurde, dass es sich um Tiefen- bzw. Ganggesteine vulkanischer Herkunft handelt. (Abb. 135) Die enthaltenen Minerale sind laut dem Befund der Montan-Universität Leoben Biotit, Plagioklas und Clinopyroxen, als Besonderheiten wurden chemische Zonierungen und Verzwilligungen angegeben. Die Gesteinsstruktur ist microgranulithic und besitzt eine feine siliziklastische Matrix mit größeren Körnern und Leisten. Warum die Steine sich durch uns unbekannte energetische Einflüsse verfärben, wissen wir nicht. Einmal verfärbte sich der große graue Stein innerhalb von Minuten zur Gänze schwarz und behielt zwei Tage lang diese Farbe. Einen solchen schwarzen Stein gibt es auch bei der Pfarrkirche hl. Jakob der Ältere nahe der Frauenburg bei Unzmarkt in der Steiermark. (Abb. 136)

Es gibt noch weitere energetische Anomalien in den unterirdischen Räumen, die nicht erklärt werden können. An bestimmten Stellen sind in Gangpassagen Frequenzen messbar, die selten vorkommen. (Abb. 137) Dann wieder gibt es Stellen, wo leere Batterien sich von selbst aufladen und elektrische Glühlampen ohne Strom leuchten. (Abb. 138) Wir kennen noch nicht alle, aber einige Anomalien, die in den Räumen zu unterschiedlichsten Zeiten auftreten. Die spektakulärsten sind aber jene der „Hot Spots", die in unregelmäßigen Abständen auf den Steinplatten am Boden mit Sonden gemessen wurden. (Abb. 139) Entdeckt wurden diese Plätze, als die unterirdischen Räume mit einer Wärmebildkamera abgesucht worden sind. Es bildeten sich bei mindestens fünf verschiedenen Stellen am Boden bis zu einem halben Meter durchmessende kreisrunde Bereiche und sogar in einer aus Steinen gemauerten Säule tauchte eine rechteckige erhitzte Stelle auf. (Abb. 140) Von den fünf Messsonden, die zur Überprüfung der von der Messgruppe aufgefundenen Stellen in den Räumen installiert worden waren, trat bei zwei innerhalb von Sekunden eine unerklärliche Temperaturerhöhung bis zu 400 Grad Celsius auf. (Abb. 141) Dies geschah nicht in periodischen, sondern in verschiedenen Zeitabständen, die bis zu drei Wochen auseinander lagen. Die Aufzeichnungen erfolgten in einem Zeitraum von durchgehend acht Wochen und es gelang, vier Anomalien zu registrieren. (Abb. 142 bis 144) Wobei die höchsten Temperaturen, nämlich +370 bis +390 Grad Celsius am 2. Juli 2016 ab 16:33 Uhr bis 17 Uhr, gemessen werden konnten. Von 19:58 Uhr bis 20:23 Uhr am gleichen Tag erfolgte eine weitere Aktivität bei zwei Stellen, wo bei einer +395 Grad Celsius und bei der anderen über +340 Grad Celsius festgestellt wurden. Ein dritter Anstieg erfolgte am 2. Juli in der Zeit von 22:29 Uhr bis 22:37 Uhr, hier stiegen die Temperaturen auf +245 Grad Celsius. An drei weiteren Tagen, und zwar am 10. Juli, 28. Juli und am 16. August, kam es bei den „Hot Spots" erneut zu einem Temperaturanstieg bei den mit Sonden ausgestatteten Stellen. Am 10. Juli um 17 Uhr erfolgte ein Anstieg auf +25 Grad Celsius, der nach 19 Uhr wieder auf den Normalwert des Raumes (+14,5 Grad Celsius) zurückging. Am 28. Juli stiegen die Temperaturen im Zeitraum von 16:30 Uhr bis 17:05 Uhr auf einen Wert von +173 Grad Celsius und am 16. August um 18:50 Uhr auf +32 Grad Celsius!

Woher diese Energien kommen, wissen wir nicht, nur eines ist sicher, sie kommen innerhalb von Sekundenbruchteilen senkrecht aus dem Felsboden und erhitzen die dort verlegten Steinplatten manchmal auf mehrere Hundert Grad Celsius. Da stellt sich wieder einmal die Frage, was existiert da in den Hohlräumen unterhalb der „12 Apostel Zeche", das solche gebündelten Energiestrahlen erzeugen kann? Um welche Art von Energieform es sich hierbei handelt, ist derzeit noch unklar. Die heißen Stellen sind meist kreisrund und geben die Hitze nicht an die umgebenden Steinflächen ab, haben auch keine Abstrahlung in den darüberliegenden Luftraum oder an die Decke.

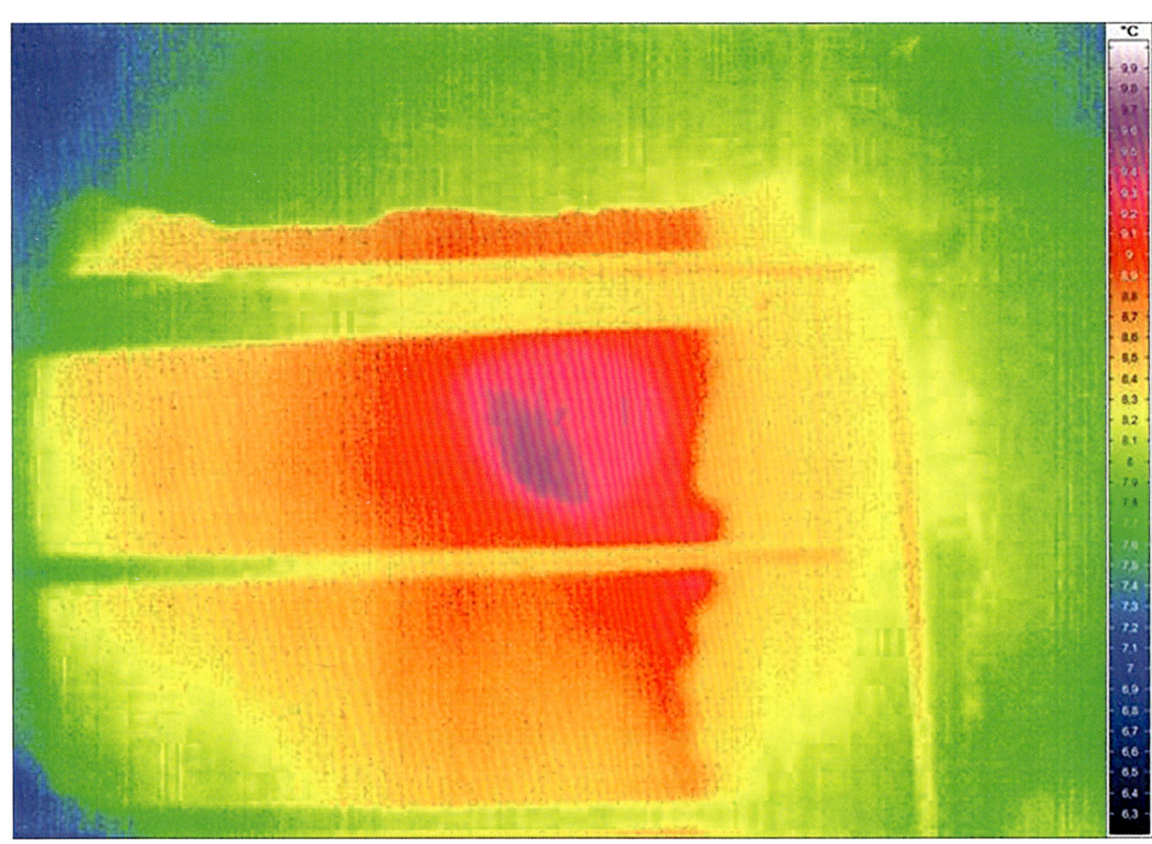

Abb. 140 *Rechteckige Wärmesignatur in eine Steinsäule der „12 Apostel Zeche".*

Abb. 141 *Diese verbrann Schutzumhüllun einer Mess-Sonde dokumentier die periodisch entstandene seh hohe Temperatu auf der Steinplatte dieser Messstelle.*

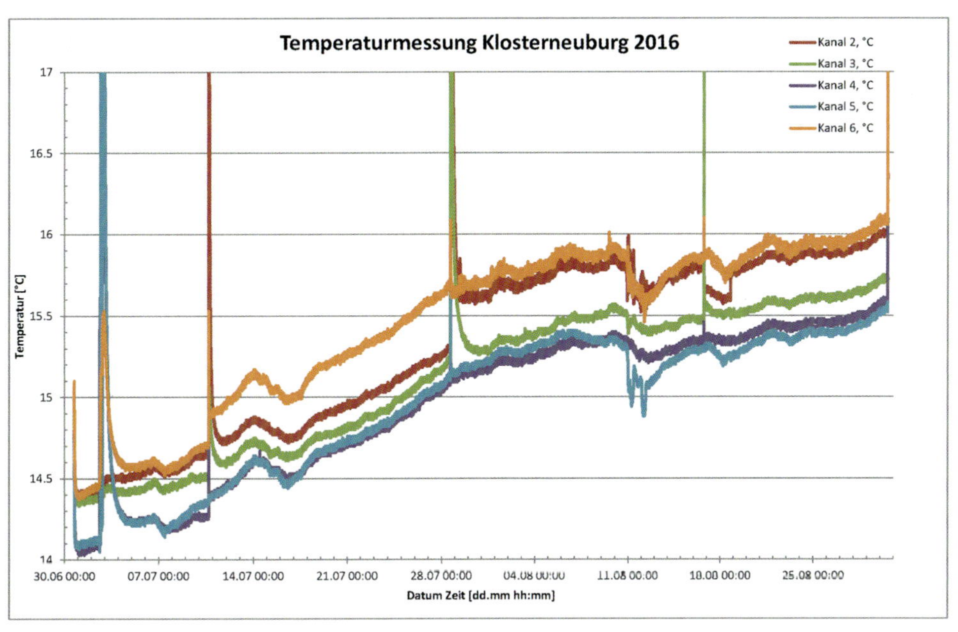

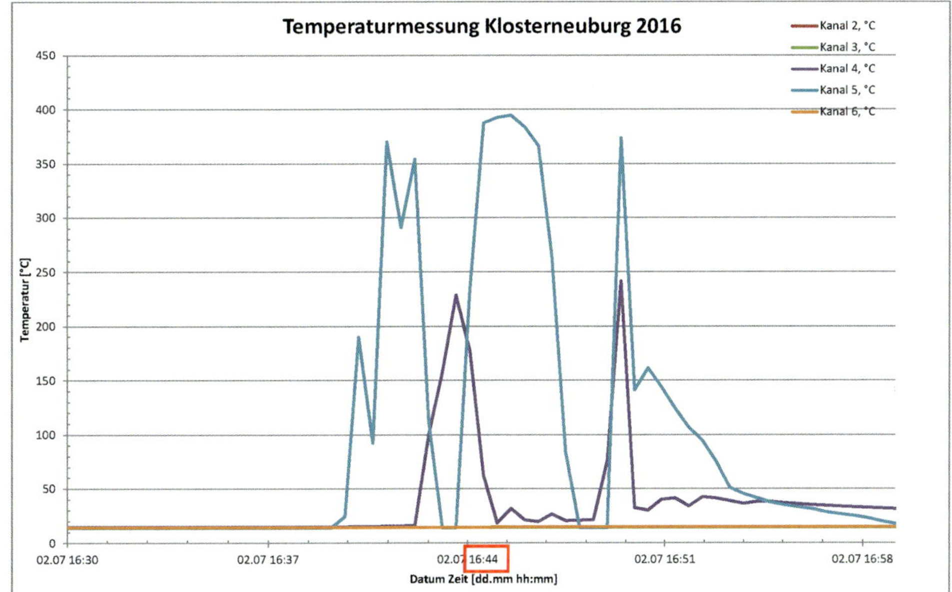

Abb. 142 bis 144 *Diagramme der Langzeit-Temperaturmessungen in der „12 Apostel Zeche“. Wie zu sehen ist, erreichen die Temperaturen auf den Steinplatten bis zu 400 Grad Celsius.*

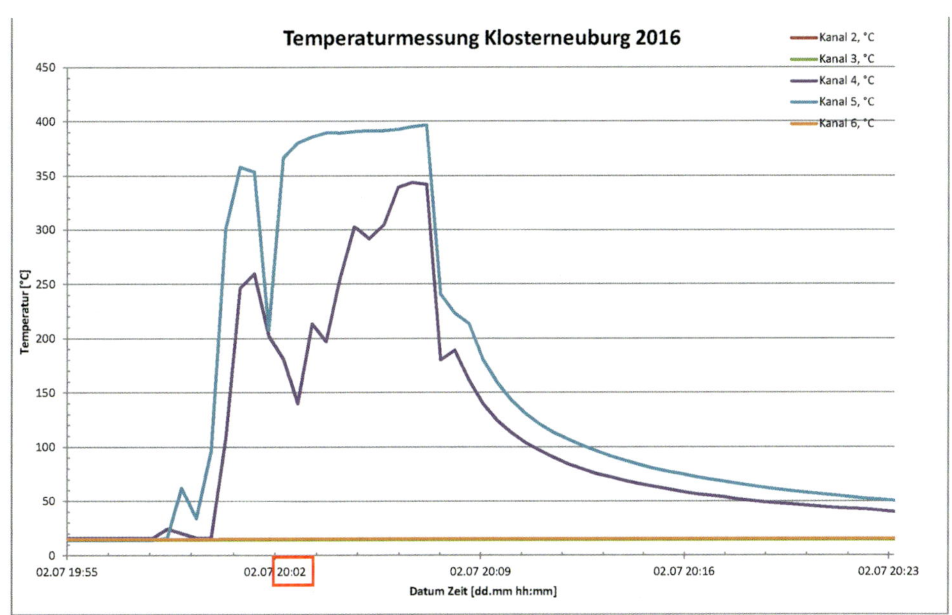

KAPITEL 4

ARCHIV EINER VERGESSENEN ZIVILISATION

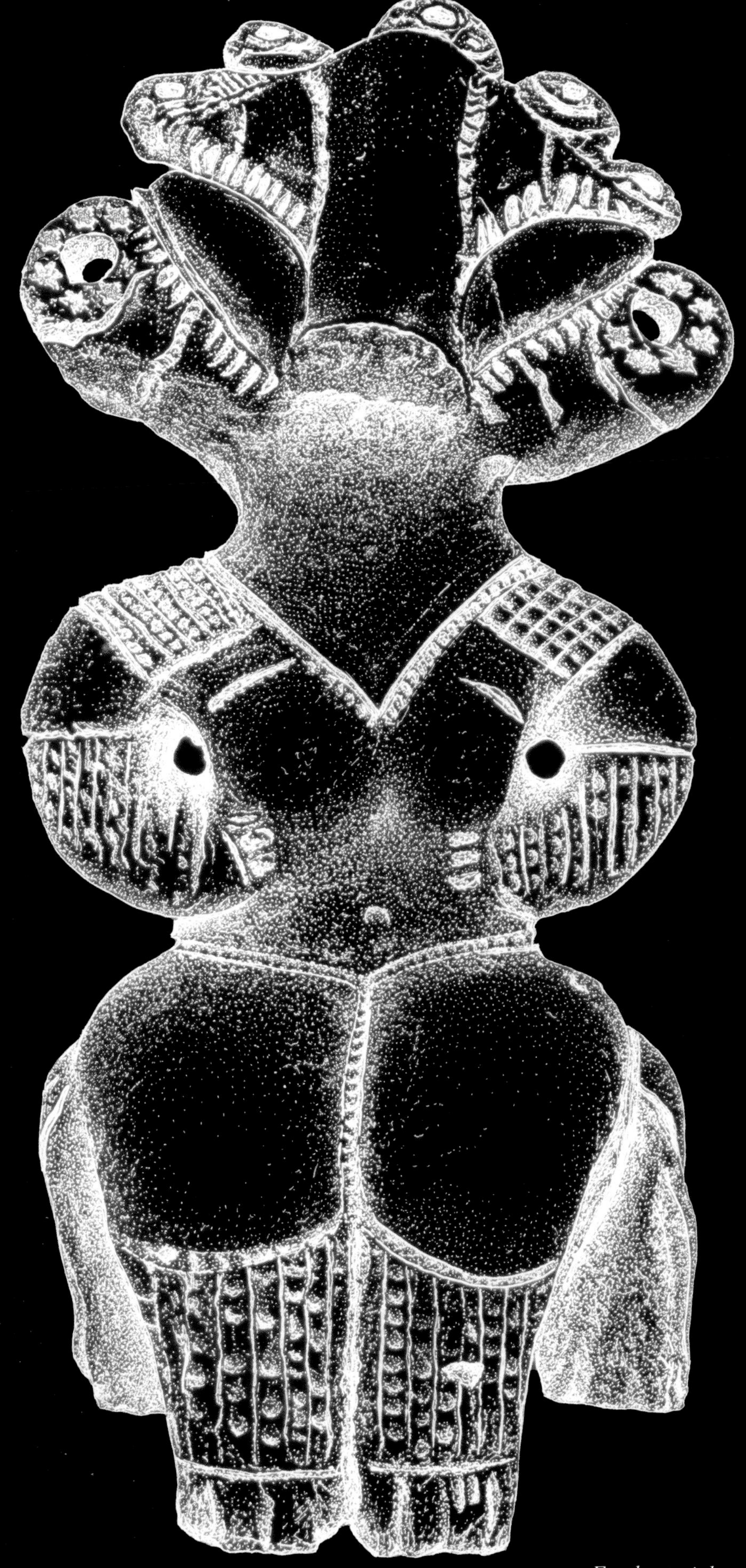

Fundmaterial aus der „12 Apostel Zeche"
(Zeichnungen: Monika Messner)

0 5 cm

Auch dieses Kapitel hat eine Vorgeschichte, die nicht unerwähnt bleiben soll. Denn vor mehr als 20 Jahren wurden durch den bereits verstorbenen Wiener Prähistoriker Univ.-Prof. Dr. Wolfgang Neugebauer in Klosterneuburg im Rahmen von Ausgrabungen bei einigen Fundplätzen zahlreiche Artefakte geborgen, die offenbar einer bis dahin in Österreich weitgehend unbekannten neolithischen Hochkultur im Donauraum angehörten. (Abb. 145) Diese Keramikfunde präsentieren Gegenstände, die im östlichen unteren Donauabschnitt in Ungarn, Serbien, Bulgarien, Rumänien, Moldavien und bis in die Ukraine hinein der „Vinča-Kultur“, auch „Donauzivilisation“ genannt, zugeordnet werden konnten. Diese Kultur breitete sich nach offizieller Lehrmeinung und durch unzählige archäologische Fundstätten belegt im Neolithikum (= Jungsteinzeit) vom Schwarzen Meer ausgehend entlang der Donau über Österreich bis nach Deutschland im Nordwesten und teilweise auch in den ägäischen bzw. vorderasiatischen Raum aus. (Abb. 146) Das Besondere an dieser bäuerlich geprägten Kultur ist jedoch, dass sie die ältesten derzeit bekannten Schriftzeichen, sieht man von den über 200 paläolithischen Zeichen bei den prähistorischen Höhlenmalereien in Europa ab, entwickelt hat, die heute unter dem Begriff „Donauschrift“ bekannt ist.

Abb. 145 *Einer der neolithischen Funde, die Dr. Neugebauer aus den Abrisshäusern in Klosterneuburg bergen konnte.*

Wir können im Kapitel 5 dieses Buches den Schriftcharakter der Zeichen zweifelsfrei auf Abbildungen von drei großen und mehreren kleinen gravierten Steintafeln archäologisch beweisen. (Abb. 147) Auf zwei der großen Tafeln ist eine fortlaufende Zeichenfolge erkennbar, die offensichtlich auf der Rückseite die eingravierten Abbildungen erklärt und eindeutig eine Symbol- bzw. Zeichenschrift dokumentiert. Solche Fundstücke wurden laut unseren jahrelangen Recherchen bis zum heutigen Tag in Europa nicht wiederentdeckt bzw. veröffentlicht! Was nur ganz normal ist, denn bei Freilandfundstellen wären solche Steindokumente schon längst durch Korrosion und Erosion in den letzten Jahrtausenden so stark verwittert, dass, wie auf der Rückseite von Tafel I erkennbar, im besten Fall nur mehr Schriftfragmente sichtbar wären! Also müssen wir annehmen, dass solche Fundstücke bis heute noch nicht geborgen werden konnten, sonst wären sie schon längst publiziert worden! Vielleicht hilft es uns oder den Schriftexperten, anhand dieser Dokumente die Vinča-Schrift zu entziffern oder neue Ansätze dazu zu finden. Im Laufe der letzten 150 Jahre fanden zahlreiche Ausgrabungen in Südosteuropa statt und der deutsche Wissenschaftler Dr. Harald Haarmann hat sich Jahrzehnte lang intensiv mit dieser Kultur beschäftigt und einige Bücher über seine Arbeiten und Erkenntnisse veröffentlicht. (Haarmann 2010/2017) Dass im Rahmen der Freilegungsarbeiten in der „12 Apostel Zeche“ unterhalb des römischen Hypokaust auf einmal ein prähistorischer Horizont sichtbar wurde, in dem sich nicht nur fossiles Knochenmaterial mit unbekannter Zeitstellung, sondern auch Artefakte nicht verifizierbarer Herkunft befanden, die möglicherweise einer nicht irdischen Fremdkultur zuzuordnen sind, war für uns vor rund 10 Jahren nicht einmal andenkbar. Seit mehr als 40 Jahren nehmen mei-

Verbreitung der Vinča Kultur im Südosteuropäischen Raum

TISZA	PETRESTI	BOIAN-GUMELNITA
LENGYEL	BUTMIR	DANILO-HVAR
CUCUTENI	VINČA	DIMINI

bb. 146
rbreitung der Vinča-
ultur über den süd-
teuropäischen Raum
ıch Marija Gimbutas.

Abb. 147 *Steintafel X mit Symbolzeichen der Vinča-Schrift.*

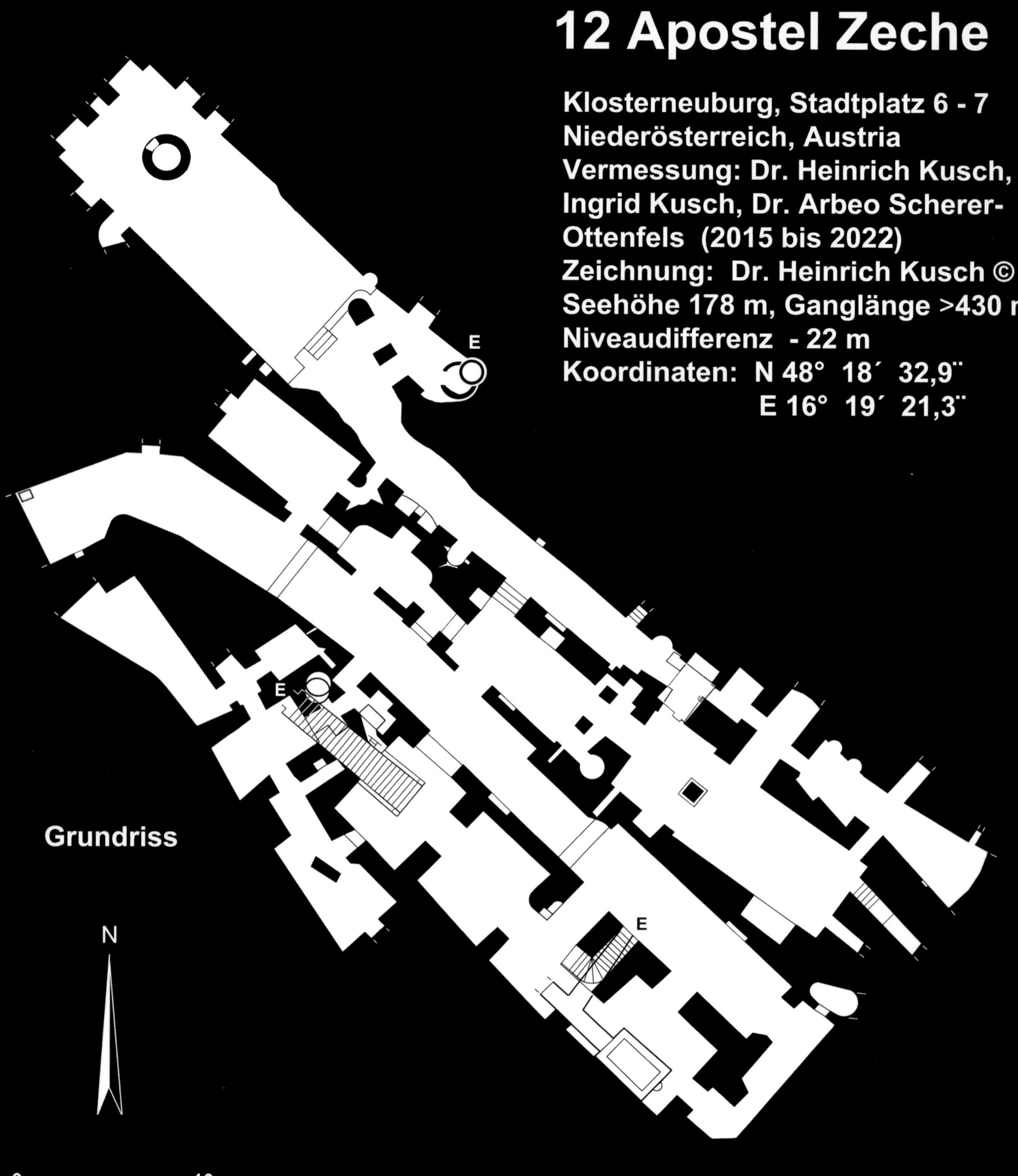
12 Apostel Zeche
Klosterneuburg, Stadtplatz 6 - 7
Niederösterreich, Austria
Vermessung: Dr. Heinrich Kusch, Ingrid Kusch, Dr. Arbeo Scherer-Ottenfels (2015 bis 2022)
Zeichnung: Dr. Heinrich Kusch ©
Seehöhe 178 m, Ganglänge >430 m
Niveaudifferenz - 22 m
Koordinaten: N 48° 18´ 32,9¨
E 16° 19´ 21,3¨
E
E
E
Grundriss
N
0
10 m

ne Frau Ingrid und ich als Prähistoriker an archäologischen Höhlen- und Freilandgrabungen im In- und Ausland teil. Bei mehreren hatte ich auch die Leitung übernommen. Durch unsere Forschungsarbeiten aufmerksam geworden, wandte sich der Besitzer der „12 Apostel Zeche" erstmals im Jahr 2009 an uns, damit wir seine weiteren Freilegungsarbeiten in den unterirdischen Räumen und den neuen prähistorischen Horizont betreffend durch einzelne Notbergungen fachkundig begleiten. (Abb. 148 und 149) Alle prähistorischen Fundstellen wurden erst nach dem Ausräumen der historischen Auffüllung und der vorsichtigen Entfernung der römischen Fußbodenheizung aufgefunden. Dies war eine gute Voraussetzung und brachte uns die Gewissheit, dass die darunter liegende Kulturschicht seit der Römerzeit zum Großteil unberührt geblieben ist! Als erster prähistorischer Gegenstand wurde vom Besitzer in einem Raum ein Schädel eines „Höhlenbären" (Ursus spelaeus) unter dem Hypokaust gefunden, der auf zwei gekreuzten Unterkiefern, einer Tatze und fünf Steinkugeln auflag. (Kusch & Kusch 2014) Das Besondere an diesem Schädel war, dass er laut Aussage eines Gerichtsmediziners aus Wien im Stirnbereich ein Einschussloch von einem Hochgeschwindigkeitsgeschoß hatte, das teilweise wieder mit Knochenmasse zugewachsen war. (Abb. 150) Das Geschoß verfehlte das Gehirn des Bären und drang seitlich unterhalb des Kopfes wieder aus, sodass der Bär überlebte. Denn nur so war es möglich, dass es bei der Eintrittsstelle am Schädel zur Ausbildung von neuem Knochengewebe (lat. = Kallus), kam. (Abb. 151)

Abb. 149 *Originalverfüllung des später freigelegten über 40 Meter langen Seitenteiles in der „12 Apostel Zeche".*

Wir wussten bereits 2013 von diesem für uns damals unerklärlichen Phänomen, haben dies aber in unserem 2014 erschienenen Buch „Versiegelte Unterwelt", obwohl wir darin den Schädelfund veröffentlichten, noch nicht bekannt gegeben, weil wir noch weitere klärende Untersuchungen durchführen lassen wollten. Und wir sollten recht behalten, denn kaum waren die beiden Fotos von dem Fundplatz publiziert, hieß es von wissenschaftlicher Seite, es wäre unmöglich, dass in einem Keller eines Hauses aus dem Mittelalter ein prähistorischer Höhlenbärenschädel gefunden werden konnte. Ein „Historiker" vermutete sogar, dass ich den Schädel in der Drachenhöhle bei Mixnitz (Steiermark) ausgegraben, nach Klosterneuburg gebracht und dort wieder eingegraben hätte! Solche unqualifizierten Äußerungen verraten aber nur die eigene Unkenntnis vom wahren Sachverhalt und werden in die Welt gesetzt bzw. verbreitet um Tatsachen in Frage zu stellen. Das Interessante war jedoch, dass Jahre später, als die unterirdische Anlage am Stadtplatz Nr. 10 und Nr. 11 offiziell durch Bau-

Abb. 148 (links) *Grundrissplan der „12 Apostel Zeche".*

Abb. 150 *Der Höhlenbärschädel noch „in situ“ an seinem Fundplatz in der „12 Apostel Zeche“.*

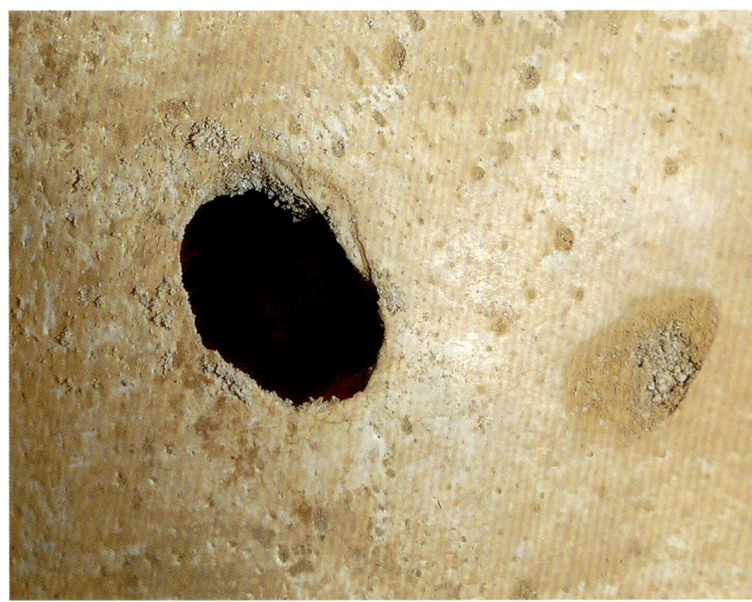

Abh. 151 *Das Einschussloch im Schädel des Höhlenbären. Am Innenrand des Loches ist die Kallusbildung, also neues nachgewachsenes Knochengewebe, erkennbar.*

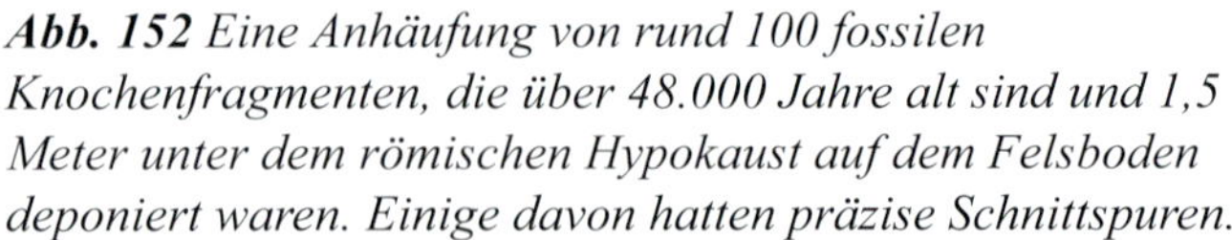

Abb. 152 *Eine Anhäufung von rund 100 fossilen Knochenfragmenten, die über 48.000 Jahre alt sind und 1,5 Meter unter dem römischen Hypokaust auf dem Felsboden deponiert waren. Einige davon hatten präzise Schnittspuren.*

Abb. 153 *Ein fast 70 Zentimeter langes Knochenfragment, das eine künstlich eingetiefte, quadratische Ausnehmung hat. Diese wurde mit uns unbekannten Werkzeugen durchgeführt, weil die Ränder der Schnittspuren verkohlt sind. Der Maßstab unterhalb des Knochens hat eine Länge von 50 Zentimenter.*

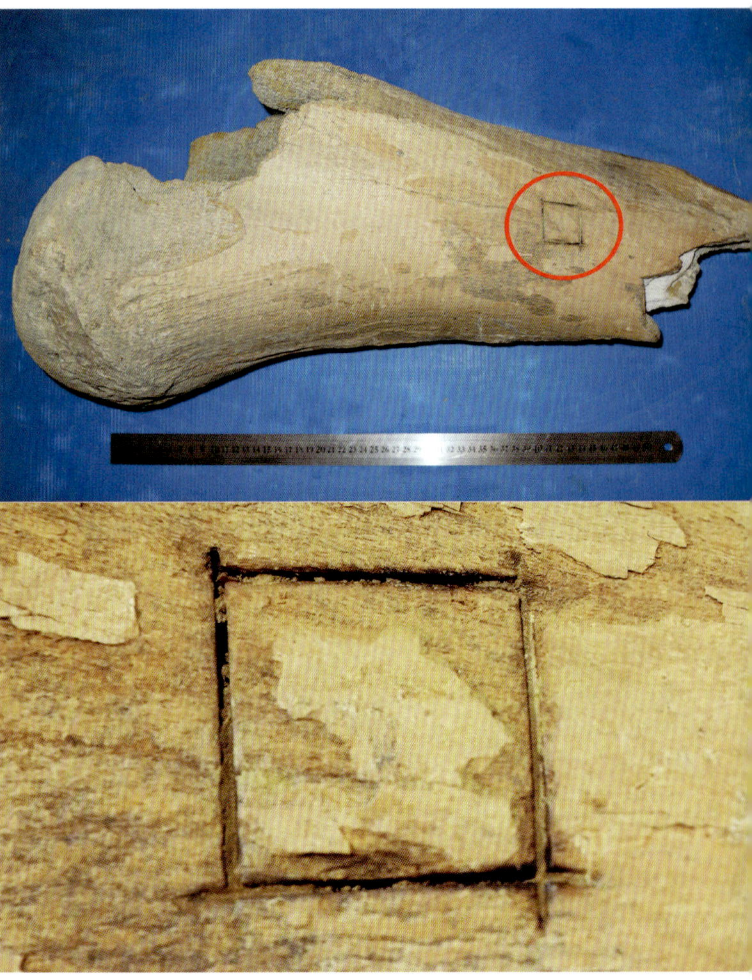

arbeiten zerstört wurde, am 28. März 2017 ein 70 Zentimeter langer „Höhlenbärenknochen" auftauchte, der von den Arbeitern gefunden und vom Bundesdenkmalamt auch als solcher anerkannt wurde. Allein dieser Umstand legt die Annahme nahe, dass auch dort in den heute zerstörten unterirdischen Anlagen Hunderte, wenn nicht sogar Tausende archäologische Funde von Bedeutung vorhanden gewesen sein mussten!

In den Räumen der „12 Apostel Zeche" wurden bei den Freilegungsarbeiten über 200 fossile Knochenfragmente von prähistorischen Tierarten, wie Mammut, Steppenwisent, Hirsch, Rind und Höhlenbär u. a. geborgen. An einer Stelle konnte eine Anhäufung von rund 100 fossilen Knochen, die 1,4 Meter tief unterhalb des römischen Hypokaust auf dem Original-Felsboden des Ganges sekundär deponiert worden waren, geborgen werden. (Abb. 152) Darunter befand sich auch ein 1,07 Meter langer, vermutlicher Oberschenkelknochen, der auch menschliche DNA aufwies. Eine Radiocarbondatierung erbrachte ein Ergebnis von rund 48.000 Jahren vor heute. Wir wollten diese Knochenfunde durch Paläontologen an den Universitäten in München, Wien und Graz bestimmen lassen, es erklärte sich aber niemand dafür zuständig. Nicht weil man nicht wollte, sondern weil sich die für Großsäuger zuständigen Paläontologen nur auf bestimmte Tierarten spezialisiert hatten. So mussten andere Wege von uns beschritten werden, denn Bearbeitungsspuren auf den fossilen Knochen und Steinen wiesen in einigen Fällen auf uns unbekannte Werkzeuge hin, die es angeblich in dieser Zeit, aus der die Fundstücke stammten, nicht geben konnte. (Abb. 153 bis 155)

In der ersten Aprilwoche 2017 bekam der Besitzer der unterirdischen Anlage von dem Wissenschaftler Univ.-Doz. Dr. Alexander A. Kutyrew ein Schreiben über die Auswertung einer Untersuchung am Institut für Paläontologie (dieses Institut wurde 2021 geschlossen) der Naturwissenschaftlichen

Abb. 154 *Nicht erklärbare Frässpuren auf einem Stein.*

Abb. 155 *Ein Beinkamm aus den paläolithischen Schichten.*

Abb. 156 *Rinderschädelfragment, auf dem Pollen eines Milchorangenbaumes gefunden wurden.*

Abb. 157 *Das kleine Gefäß, dessen Inhalt aus feinstem schwarzen Eisenpulver bestand und dessen Standfuß eine Tierdarstellung zeigte, die laut Laborbefund mit Cadmiumgelb angemalt war.*

Abb. 158 *Untersuchung der Batteriegefäße an der Technischen Universität in Graz.*

Abb. 159 *Weibliche Figurine aus dem paläolithischen Zeitraum. Obwohl sie wie eine Figur der Vinča-Kultur aussieht, gehört sie einer älteren Kulturphase an.*

__Abb. 160__ Eine kreisförmig angelegte Fundgrube, in der die Gegenstände ringsum in gleichmäßigem Abstand angeordnet waren und in dessen Mitte sich (hier noch nicht sichtbar) ein großer fossiler Knochen mit einem gravierten rechteckigen Stein befand.

Fakultät an der Kazan-Universität in der Republik Tatarstan in Russland. Mit dem Ergebnis, dass anhand der Pollenanalyse in den Sedimenten um den fossilierten Schädel des Steppenrindes, welches in der prähistorischen Kulturschicht freigelegt worden war, traubige Stände der Art„*Maclura Pomifera*" aus der Gattung „Maclura" in der Familie der „Moreae" (= Woll- bzw. Milchorangenbaum, auch als Osagedorn bezeichnet), nachgewiesen werden konnten. (Abb. 156) Ursprünglich war diese Baumart in einem kleinen Gebietsabschnitt im Süden von Nordamerika beheimatet. Ähnliche Pollen haben aber russische Wissenschaftler auch bei Mammutresten gefunden, die in Sibirien entdeckt worden waren. Dies bedeutet, dass es auch im mitteleuropäischen Raum in einem uns unbekannten vorglazialen Abschnitt vor mehr als 60.000 Jahren Milchorangenbäume gegeben hat, die die letzte Eiszeit nicht überdauerten. Offiziell wurde dieser Baum erst im 19. Jahrhundert von Amerika nach Europa gebracht. Eine Alternative wäre, dass der Rinderschädel aus einem anderen Gebiet, wie beispielsweise Sibirien oder von Nordamerika stammt, wo auch diese Bäume nachgewiesen werden konnten. Wenn dies zutreffen würde, stellt sich die Frage: Wie und auf welche uns noch unbekannte Weise wurde der Schädel mit den Pollen in die „12 Apostel Zeche" transportiert?

Solche und ähnliche Fragestellungen haben sich nach Zwischenresultaten immer wieder ergeben, sodass wir nach jeder Antwort, die wir bekamen, auf einmal noch mehr Fragen hatten. Egal, welche Art von Funden es betraf, ob es prähistorische Gegenstände mit Aluminiumlegierungen oder Bearbeitungsspuren, die nur von technisch hochentwickelten Werkzeugen stammen konnten, waren. Oder um ein weiteres Beispiel anzuführen: 2016 wurde rund 1 Meter unter dem römischen Horizont ein kleines Gefäß gefunden, das als Standfläche eine gelb angemalte Tierfigur besaß. Welches Tier hier dargestellt wurde, ist nicht eindeutig zu identifizieren, hier kann sich jeder seine eigene Meinung bilden. (Abb. 157) Das Mysteriöse daran ist allerdings die Farbe, deren chemische Untersuchung „Cadmium-Gelb" ergab. Nun werden sich einige Leser fragen, was ist daran ungewöhnlich?

Abb. 161 Ein über 20 Zentimeter hohes Keramikgefäß, das vier vollplastisch gestaltete Tierköpfe aufweist. Auf dem Deckel sind zwei weitere Tierköpfe vorhanden.

Abb. 162 Detailausschnitt, der einen schön ausgeformten Tierkopf zeigt.

Abb. 163 *Ein neolithisches Keramikgefäß mit einer kleinen Tonfigur im Inneren.*

Abb. 164 *Zwei polychrome bemalte Statuetten, linker Hand ein männliches Wesen, stehend und rechts davon eine junge Frauengestalt auf einer Bank sitzend.*

***Abb. 165** Eine neolithische Keramikstatuette, hier dominiert die einfache Ausführung einer weiblichen Figur.*

Abb. 166 *Eine Figur „in situ", die auf dem Rücken ein besonderes Mineral trägt, einen Realgar. Die dargestellte Situation könnte aussagen, dass diese Wesen an Mineralien interessiert waren und diese auch abgebaut haben.*

Abb. 167 *Dieses Bild zeigt ein zerbrochenes Gefäß, das ein Ockerpulver enthält.*

Abb. 168 *Eine Tonfigur, die ein prähistorisches Wisent zeigt, in dessen Maul und Nüstern ein über 49.000 Jahre (^{14}C-Resultat 2021) altes Holzstück hineingesteckt worden war.*

Abb. 169 Eines von mehreren untersuchten Schneckengehäusen, die in Keramikgefäßen deponiert waren und vielleicht Hinweise auf die Nahrung der Wesen sein könnten.

Die Antwort lautet, um diese Farbe herstellen zu können, benötigt man 15 Tonnen an Grundmaterial, um gerade einmal ein Gramm dieser Farbe zu gewinnen! Sie wird heute u. a. in Brasilien mit hohem technischen Aufwand produziert. Also wer hat diesen prähistorischen Gegenstand mit dieser Farbe bemalt und vor allem, wie wurde diese in der Steinzeit erzeugt? Bei all diesen Fundstücken mussten wir, ob wir wollten oder nicht, umdenken lernen. Denn es passte leider nur selten etwas in das geläufige, uns bekannte, wissenschaftlich etablierte Geschichtsbild! Interessant war die Reaktion von Wissenschaftlern im In- und Ausland, die wir eingeweiht hatten und die keineswegs ablehnend, sondern sehr positiv reagierten. Sie verschafften uns Zugang zu modernsten Untersuchungsmöglichkeiten, die unsere anfänglichen Vermutungen teilweise bestätigen konnten. In jahrelanger Zusammenarbeit konnten wir auf diese Weise viele positive Resultate erzielen. (Abb. 158) Die Zeit und die Unterstützung von vielen Forscherinnen und Forschern und interessierten Wirtschaftstreibenden war unser wichtigster Faktor in der Klärung so mancher Fragen. Dies war auch wichtig, weil uns die interdisziplinäre wissenschaftliche Diskussion mit Fachleuten und Experten aus unterschiedlichen Berufssparten in der Forschung und der Beurteilung der Artefakte und deren Fundsituationen weiterhalf.

Dass die geborgenen Gegenstände aus den künstlich angelegten kreisförmigen und langgezogenen Gruben im Deckensturz der unterirdischen Anlage aus dem Neolithikum stammen könnten, glaubten wir vorerst durch den typologischen Vergleich der Funde feststellen zu können. (Abb. 159 und 160) Wir teilten sie zuerst der jungsteinzeitlichen Lengyel-Kultur zu. Aber wir irrten uns und mussten zur Kenntnis nehmen, dass dem nicht so war, als wir die Resultate der Kohlenstoffdatierungen von achtzehn Holz- und drei Knochenresten, die bei verschiedenen Fundplätzen geborgen wurden, aus mehreren AMS-Laboren in Europa im Laufe der Jahre übermittelt bekamen. Ohne diese Resultate hätten wir den gesamten prähistorischen Fundkomplex aus-

Abb. 171 Der 25 Zentimeter lange Mammutzahn, auf dessen Oberfläche Ocker gestreut war.

schließlich der jungsteinzeitlichen Vinča-Kultur, die vorwiegend in Südosteuropa angesiedelt war, zugewiesen. Denn die Tongefäße sind handgefertigt und keine Drehscheibenarbeit. Viele waren recht einfach gearbeitet, andere Keramiken dagegen künstlerisch hochwertig ausgeformt worden. (Abb. 161 bis163) Dies war ein krasser Widerspruch, den wir uns vorerst nicht erklären konnten, es sei denn, es gab zwei getrennte kulturelle Zeitphasen, in denen die Gefäße und Figuren entstanden waren. (Abb. 164 und 165) Zu diesem Umstand kommt, dass in vielen der Gefäße Gegenstände deponiert waren, die für die Angehörigen dieser Kultur offensichtlich von Bedeutung gewesen sein mussten. Es scheint so, dass sie durch die Deponierungen der Gegenstände Informationen an die Nachwelt weiterreichen wollten. Die Palette reichte von Steinen (z. B. Quarzkristalle, Realgar usw.) über Farbpigmente (z. B. Ocker, Zinnober, Eisenoxid usw.), Nahrungsresten (z. B. Gehäuse von der Genabelten Strauchschnecke *Fruticicola fruticum* (O. F. MÜLLER, 1774)) und über 55.000 Jahren altes Holz bis hin zu Blei- und Kupferrohlingen sowie hochwertig reinem schwarzen Eisenpulver. (Abb. 166 bis 169)
All diese Tatsachen verwirrten uns und die damit konfrontierten Wissenschaftler. Obwohl wir zu diesem Zeitpunkt bereits wussten, dass der bearbeitete Fundhorizont paläolithischen (= altsteinzeitlichen) Ursprungs, allerdings „Unbestimmter Zeitstellung" war, passten die Fundstücke einfach nicht in diese Epoche. Es gab einige Widersprüche bei der Interpretation der Funde selbst und auch in der Fundsituation. Des Rätsels Lösung offenbarte sich Jahre später in den zehn gravierten Steinplatten, die ab 2018 bis 2021 wiederentdeckt werden konnten. Hier bekamen wir die direkten Antworten über die Herkunft dieser Wesen und ihrer Kultur (siehe Kapitel 5) und mögliche Erklärungen für manche Fragestellungen.
Der anfängliche Versuch, den Herstellungszeitraum der Keramik mittels der Thermolumineszens-Methode (= TL) zu ermitteln scheiterte, weil, wie wir heute wissen, die im Reduktionsbrand hergestellten Keramikgegenstände (Figuren und Gefäße) zu alt waren. Dies wussten wir zu diesem Zeitpunkt der Beprobung aber noch nicht! Jedoch bei der Bearbeitung jener dreieckigen Grube, die wie ein im festen Boden eingelassener, genau nach Nord ausgerichteter Pfeil aussah, fanden wir einen großen, mit Ockerpulver bedeckten Mammutzahn, mehrere Gefäße, Figuren und Lochbeile. (Abb. 170) Der Mammutzahn war offensichtlich ein Hinweis auf die Zeit, in der diese Wesen gelebt hatten, so haben wir es anfangs vermutet. (Abb. 171) Also bestünde die Möglichkeit, dass auch die anderen Gegenstände aus demselben Zeitraum stammen könnten.

Abb. 170 (links) *Eine Fundgrube, deren Spitze genau nach Nord ausgerichtet gewesen ist und die vor über 56.500 Jahren angelegt worden ist. Dies belegen 5 Hölzer aus der verschlossenen Keramik im linken oberen Eck und der Mammutzahn. Diese Grube hatte noch einen zweiten tiefer liegenden Fundhorizont.*

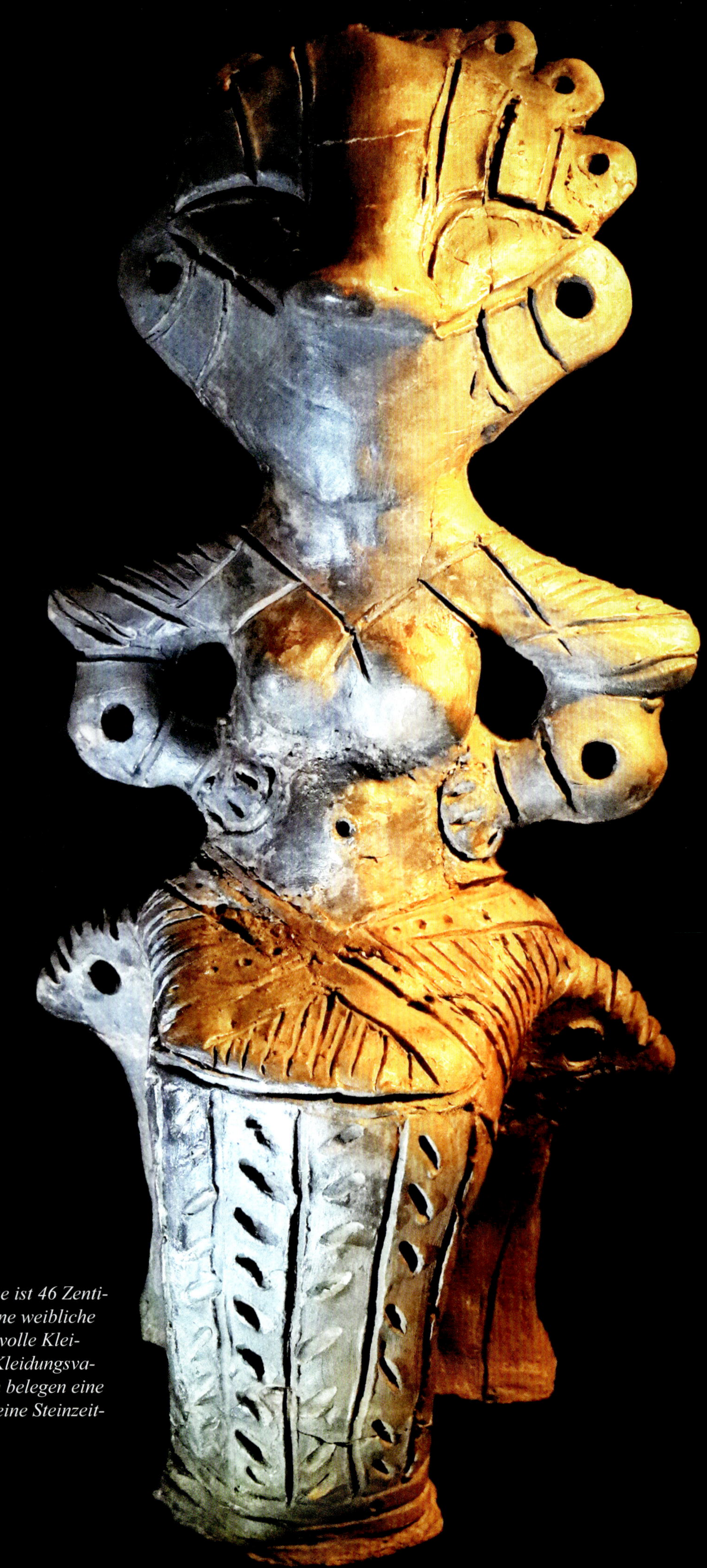

Abb. 172 *Diese Figurine ist 46 Zentimeter hoch und zeigt eine weibliche Gestalt, die eine prachtvolle Kleidung trägt. Die vielen Kleidungsvariationen der Statuetten belegen eine hohe Zivilisation und keine Steinzeitkultur!*

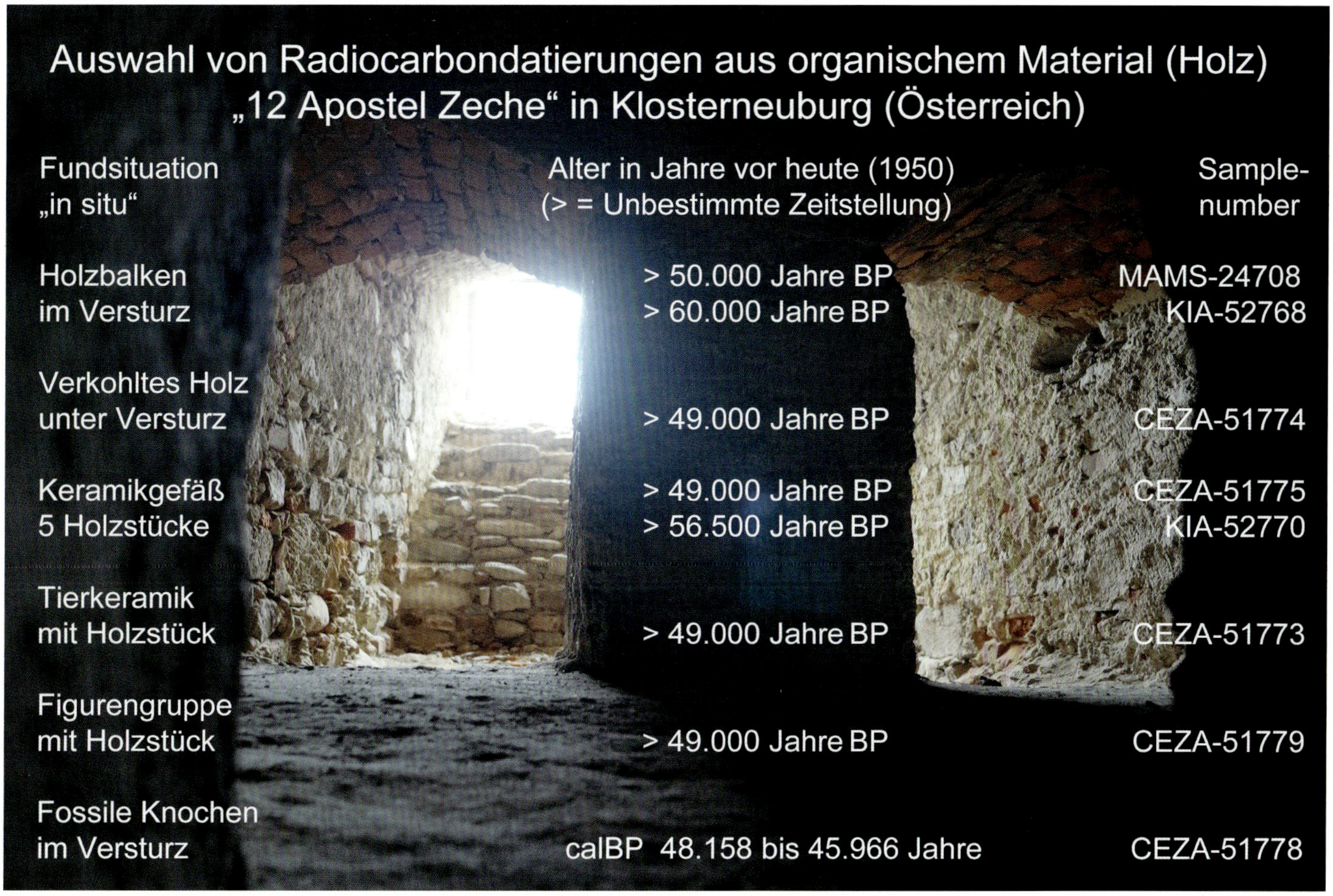

Auswahl von Radiocarbondatierungen aus organischem Material (Holz)
„12 Apostel Zeche“ in Klosterneuburg (Österreich)
Fundsituation „in situ“
Alter in Jahre vor heute (1950) (> = Unbestimmte Zeitstellung)
Sample-number
Holzbalken im Versturz
> 50.000 Jahre BP
> 60.000 Jahre BP
MAMS-24708
KIA-52768
Verkohltes Holz unter Versturz
> 49.000 Jahre BP
CEZA-51774
Keramikgefäß 5 Holzstücke
> 49.000 Jahre BP
> 56.500 Jahre BP
CEZA-51775
KIA-52770
Tierkeramik mit Holzstück
> 49.000 Jahre BP
CEZA-51773
Figurengruppe mit Holzstück
> 49.000 Jahre BP
CEZA-51779
Fossile Knochen im Versturz
calBP 48.158 bis 45.966 Jahre
CEZA-51778

OxCal v4.4.2 Bronk Ramsey (2020); r:5; Atmospheric data from Reimer et al (2020)
51778 R_Date(44669,510)
68.3% probability
47531 (68.3%) 46280calBP
95.4% probability
48158 (95.4%) 45966calBP
Radiocarbon determination (BP)
50000
48000
46000
44000
42000
40000
52000
50000
48000
46000
44000
Calibrated date (calBP)

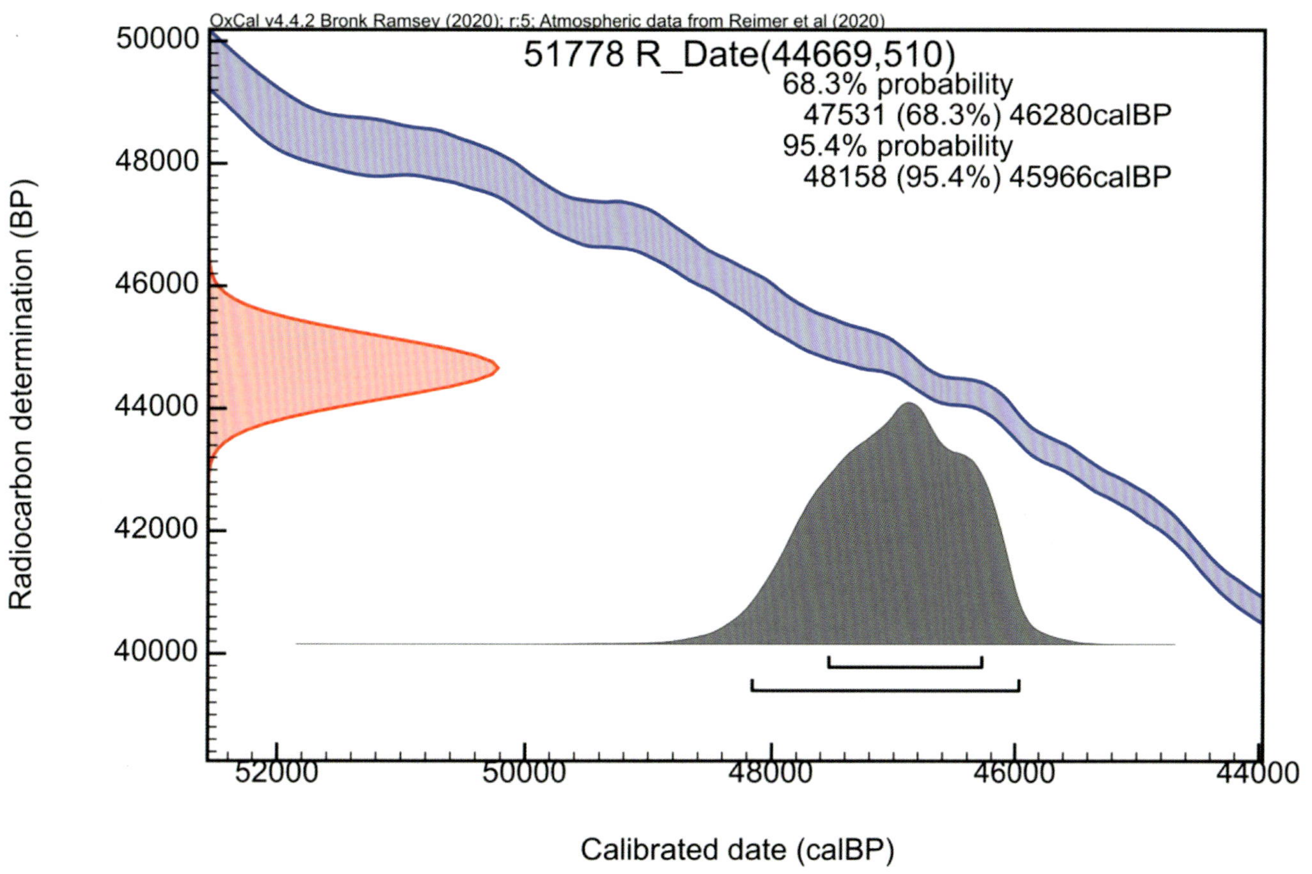

Abb. 173 *Aufstellung einer Übersicht der Radiocarbondatierungen aus der „12 Apostel Zeche“. Darunter ist die Analyse von datiertem Knochenmaterial zu sehen (Quelle CEZA)*

Abb. 174 *Eine kleine Ton-Statue, deren Rock ein eigenes, uns heute gut bekanntes Muster hat. Auffallend sind die bodenlangen Kleider, nur in wenigen Fällen sind die Fußstümpfe der dargestellten Wesen zu erkennen.*

Abb. 176 *Eines von nur drei Menschengesichtern, die im gesamten untersuchten Abschnitt gefunden werden konnten.*

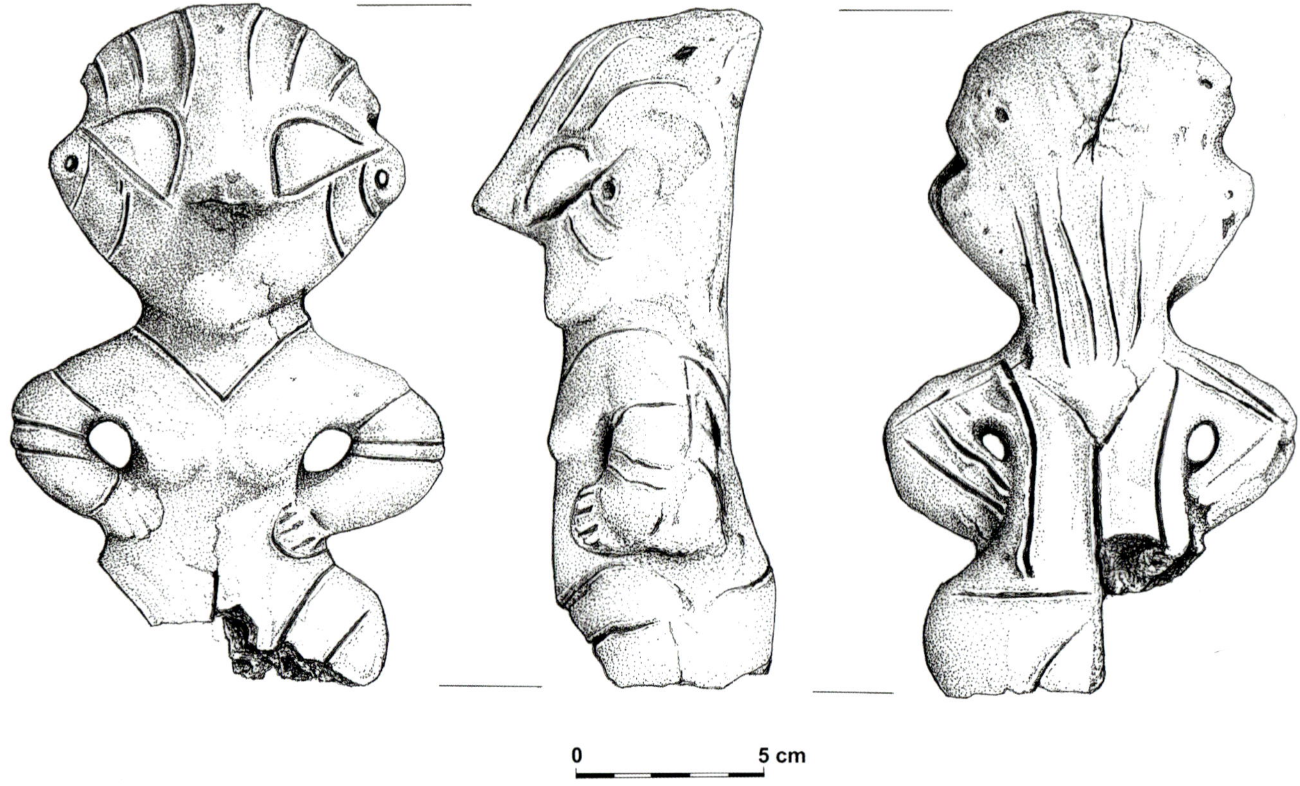

Abb. 175 *Zeichnung eines Figurfragmentes aus der „12 Apostel Zeche".*

Abb. 177 (rechts) *Das Gesicht dieser Statue unterscheidet sich von den anderen Figurinen, die Augen sind höher angesetzt und sie hält ein Gefäß vor ihrem Bauch.*

Abb. 178 *Eine weibliche Statuette, die schwanger sein könnte und die einen ausgefallenen Kopfschmuck besitzt.*

In der Südostecke des Feldes stand ein Figurengefäß, dessen Deckel mit einer dünnen milchigtrüben Masse versiegelt war. Der Inhalt dieser Keramik war erstaunlich. Er bestand aus fünf kleinen Holzstücken, die wir mittels der Kohlenstoffmethode datieren lassen konnten, siehe dazu auch Kapitel 5. Die Resultate erbrachten Alter von mehr als 49.000 und 56.500 Jahren vor heute. Und ein Holzstück davon war sehr stark radioaktiv kontaminiert! Man bezeichnet Datierungsergebnisse von mit Radioaktivität verstrahlten Fundstücken heute als Bomben-^{14}C. Je nach Konzentration der Kontaminierung kann das Resultat einer Holzprobe auf diese Weise theoretisch Jahrtausende in der Zukunft liegen. Infolgedessen musste das Keramikgefäß, in dem sich die Hölzer befanden, auch über 56.500 Jahre alt sein. Denn kein Holz übersteht eine Lagerung an der Luft über 56.000 Jahre, es würde zu Staub zerfallen! Dies war für uns anfangs einfach nicht zu verstehen, denn die ältesten heute bekannten Keramiken (Muttergottheiten) stammen aus dem Jungpaläolithikum und sind etwa 30.000 Jahre alt. Und des Weiteren würde es bedeuten, dass alle anderen in dieser Fundgrube vorgefundenen Artefakte, wie die keramischen Figuren, Gefäße und geschliffenen Lochbeile, ebenfalls aus diesem Zeitraum stammen müssen! (Abb. 172)
Mit ähnlichen Situationen wurden wir noch bei fünf weiteren Fundstellen konfrontiert, wo alte Holzfragmente im Zusammenhang mit archäologischen Objekten geborgen werden konnten. Sie alle hatten das annähernd gleiche Mindestalter wie die fünf Hölzer aus dem Keramikgefäß und datierten dadurch, natürlich nur die davon betroffenen Fundgegenstände und nicht den gesamten Fundkomplex, in eine unbestimmte Zeitstellung des Paläolithikums. Die Radiocarbondatierungen der Hölzer erbrachten Alter vor mehr als 49.000, 55.000, 56.500 und 60.000 Jahren vor heute! (Abb. 173)
Viele der geborgenen Statuetten besitzen einen humanoiden (= menschlichen) Körper. Nur der Kopf, der Hals, die Hände und Füße dieser Figurinen fallen etwas aus dem Rahmen. Es wäre bei prähistorischen Kulturen natürlich möglich und ganz normal, dass es Abweichungen in der Darstellungsart von Tonfigurinen gibt. Doch wenn man sich das Fundinventar von den unterschiedlichsten Fundorten in Südost- und Osteuropa einmal ansieht, so fällt einem auf, dass manche dieser Figuren in ihrer Ausgestaltung ähnlich aussehen. Dies wäre ja nichts Besonderes, denn bei allen nachfolgenden Hochkulturen unserer Erde wurden über Jahrtausende hinweg Menschen und Tiere meist naturalistisch dargestellt. Dies heißt im Klartext, dass man die Gegenstände so formte, wie sie auch wirklich aussahen! Die einzige Ausnahme waren Götterdarstellungen, die sowohl menschlich aussehen, aber oft auch eine Vielfalt an zoomorphen (Tierkörper mit Menschenschädel) oder anthropomorphen (Menschenkörper mit Tierschädel) Merkmalen aufweisen können. Hier waren der menschlichen Phantasie in der Ausformung der

Abb. 179 *Eine weibliche Figurine, sitzend, in typischer Pose mit den Händen an der Hüfte abgestützt .*

***Abb. 180** Sitzend dargestellte Frauenfigur mit einem Kind im Arm. Wir sehen, dass nicht nur die Frau eine Kleidung trägt, sondern auch das Kind in einem Gewand steckt, das der früheren Kinderkleidung der Chinesen oder bei unseren Bauern ähnelt.*

Gottheiten und der ihnen zugewiesenen Charakteristik keine Schranken gesetzt. Denken wir hier nur an den amerikanischen, ägyptischen, mesopotamischen, indischen und chinesischen Kulturraum oder an jenen der indigenen Völkergruppen auf unserer Erde. Wir finden in diesem Zusammenhang eine Vielzahl an Darstellungsformen, die sich aber letztlich wiederum nur auf einige wenige Tierarten reduzieren. Wie beispielsweise, um nur die bedeutendsten zu nennen, den Vogel, die Schlange, den Drachen oder den Stier.

Sehen wir uns nun die geborgenen Figuren, die aussehen, als ob sie der Vinča-Kultur zuzuweisen wären, einmal genauer an. Die größten (zwischen 20 und 46 Zentimeter hoch) scheinen die ältesten zu sein und waren sehr detailreich angefertigt. (Abb. 174) Die kleineren, vermutlich jüngeren Abbilder zeichnen sich durch eine einfachere Gestaltungsweise aus, wie sie einst bei Idolfigurinen üblich gewesen ist. (Abb. 175)

Auffallend bei unserem Fundkomplex war, dass es bei den Hunderten Keramiken nur drei Menschengesichter gab, die offensichtlich ein männliches Gesicht, das von langen Haaren und einen Bart umrahmt worden ist, zeigt. (176) Vielleicht sind diese Gesichter Abbilder von „Neandertalern", die damals auf der Erde lebten? Eine weitere ähnliche menschliche Portraitdarstellung findet sich auch auf Steintafel I (siehe Kapitel 5), gemeinsam mit einem Langschädel. Offensichtlich waren die Menschen für diese Wesen von geringer Bedeutung. Und man wollte auf der Graphik darstellen, dass Kontakt mit ihnen aufgenommen worden ist. Während es auch bei dieser Spezies selbst nur selten Figuren mit männlichen Attributen gab, nahmen offenbar die weiblichen Darstellungen möglicherweise in ihrer Gesellschaft eine Sonderstellung ein, was Rückschlüsse auf ein Matriarchat zulassen könnte.

Abb. 181 *Ein Fruchtbarkeitsamulett.*

Bei den im Reduktionsbrand aus Ton gefertigten und teilweise polychrom bemalten Figuren handelt es sich entweder um stehende oder sitzende Frauendarstellungen. (Abb. 177 bis 179) Manche davon schwanger und meist auf einer schmalen Bank sitzende weibliche Wesen, die entweder mit bodenlangen Beinkleidern (Hosen?) bzw. verzierten Röcken oder eng anliegenden Trikots bekleidet sind. Allein dieses Äussere weist auf eine weit fortentwickelte Kultur im Paläolithikum hin! Einige der sitzenden Figurinen halten Kinder in den Armen, was nach der gängigen Lehrmeinung auf einen Fruchtbarkeitskult hinweisen könnte. (Abb. 180)

Diese in vielen Fällen gerne angewandte wissenschaftliche Deutung ist umstritten und kann in einigen Fällen, wo sie als Interpretation angeführt wurde, eher als Spekulation deklariert werden. Jedoch glauben wir, dass die gerade erwähnte Auslegung für diese Art von Figurengruppen in unserem speziellen Fall teilweise ausgeklammert werden kann! Denn nur allzu oft hat man die kultischen Varianten als Erklärungen herangezogen, wo man keine Antworten auf aufgetauchte Fragen wusste! Die Mutter-Kind-Darstellung ist in unserem Kulturkreis normal und weltweit verbreitet bekannt. Denken wir nur an die Millionen religiös motivierten Mariendarstellungen mit dem Kind im Arm, deren Ursprünge sogar im prähistorischen Zeitraum zu finden sind. Wir denken, dass man die in der „12 Apostel Zeche" geborgenen Mutter-Kind-Variationen dieser Wesen eher als eine Dokumentation von Zeitgeschehen interpretieren kann,

***Abb. 182** Eine weitere 34 Zentimeter hohe Figur, die viele Sternsymbole aufweist und ebenfalls wie die Figur bei Abb. 183 einen trikotartigen Anzug trägt.*

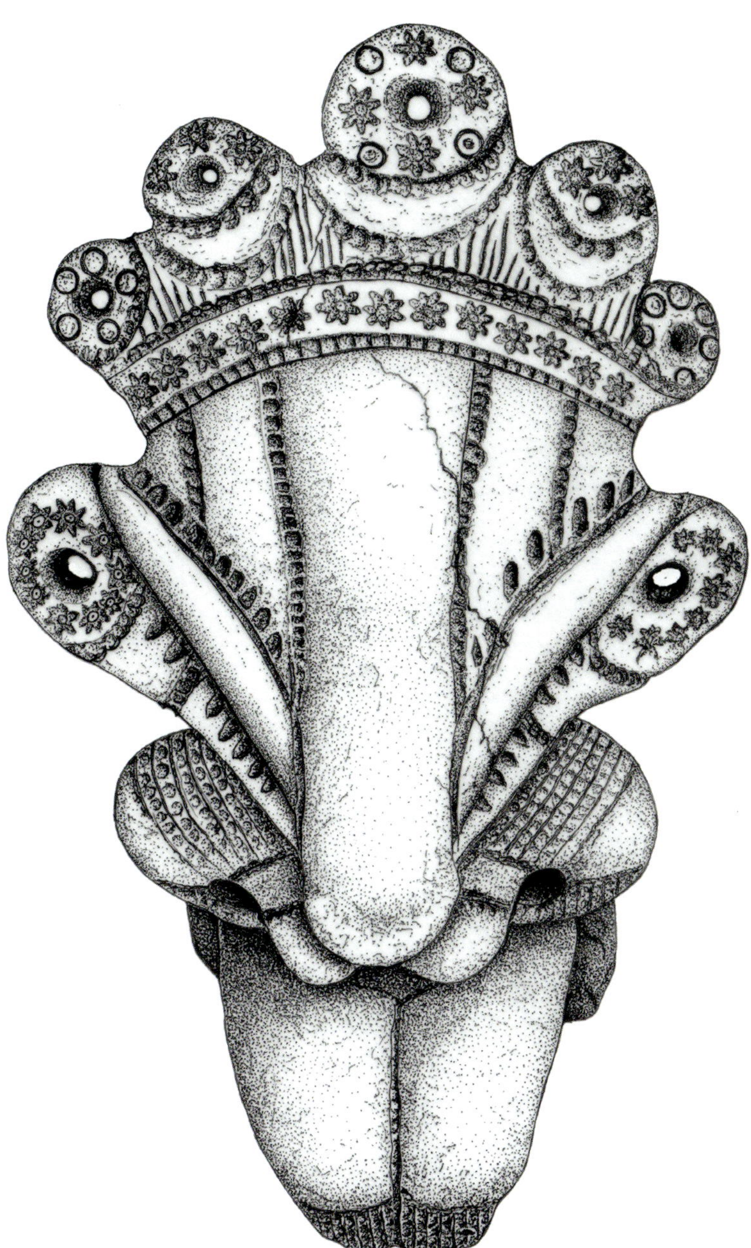

***Abb. 183** Zeichnung des Kopfes einer vermutlichen Pilotin, unmittelbar hinter dieser über 30 Zentimeter hohen Figur lag eine Stein-Tafel mit Darstellungen von Flugobjekten.*

***Abb 184** Eine weitere polychrom bemalte Frauenfigur mit einem Kind auf dem Schoß.*

***Abb. 185** Der Kopf des Kindes im Detail.*

wo vielleicht der Überlebenskampf einer Spezies aufgezeigt worden ist. Diese Vermutung würden auch die zahlreichen schwangeren Frauenfigurinen im Fundkomplex erklären. Dass hier die Fruchtbarkeit eine dominante Rolle spielte, geht klar aus der Darstellungsart der Figuren und zwei Amuletten hervor. (Abb. 181) Dennoch vermeiden wir hier absichtlich den Begriff Kult, weil wir glauben, dass es sich hier um eine pragmatisch fundamentierte Darstellungsform von Lebewesen handelt, die in einem uns unbekannten Zeitraum auf unserem Planeten überleben mussten.

Da die zusätzlich im gesamten alten Fundkomplex ebenso aufgetauchten, rund 50.000 Jahre (!) jüngeren neolithischen Objekte im Zusammenhang gesehen werden müssen, scheint die kultische Variante in den nachfolgenden Epochen mutmaßlich nur eine untergeordnete Rolle zu spielen. Den in der Jungsteinzeit lebenden Menschen fehlte das Wissen um hochtechnische Errungenschaften und sie mussten tagtäglich ums Überleben kämpfen. Warum hat man also dann die Figurinen genau so gestaltet? Die einfachste Antwort wäre, es wurden hier Abbilder von Gottheiten geschaffen, die von den Menschen verehrt worden sind. Eine im vorigen Jahrhundert oftmals vertretene Annahme von Archäologen. Vergleiche dazu liefert die in Litauen geborene, amerikanische Wissenschaftlerin Marija Gimbutas (1921-1994), die in ihren umfassenden Werken über die Vinča-Kultur von neolithischen Muttergottheiten schrieb. (Gimbutas 1995/1996) Hier könnte ihre Hypothese doch zum Tragen kommen, dass diese Wesen oder deren Nachkommen in der Jungsteinzeit von der Bevölkerung als Muttergottheiten verehrt worden sind. Dies trifft vielleicht auf spätere Zeiträume, wie dem Neolithikum zu, wo diese Wesen vielleicht nicht mehr auf der Erde waren oder sich in den Untergrund zurückgezogen haben.

Denn für diese Annahme gibt es einen einzigen archäologischen Fund nahe Priština im Kosovo, der dies stützt. Es handelt sich um eine 17,5 Zentimeter hohe Tonmaske mit der typischen dreieckigen Kopfform dieser Wesen, bei der allerdings eine andere Variante des Kopfes mit den kleineren hochgestellten mandelförmigen Augen deutlich erkennbar ist. Wir vermuten, dass die Originalwesen gleich aussahen wie die uns vorliegenden Statuen mit den überdimensionierten großen Kopfformen und Augen bzw. dem extrem starken Halsansatz. Dieser Hals war ja von der Anatomie her notwendig, um den übergroßen Kopf tragen zu können. Die unzähligen Details in den Ausführungen der Keramikfiguren stellten uns vor noch mehr Fragen, für die wir aber noch keine Antworten bereit haben. Zwei große Figurinen, die in unmittelbarer Nähe von Steintafeln mit Flugscheibendarstellungen geborgen wurden, fallen hier komplett aus dem Rahmen. Die weiblichen Körper sind mit einem enganliegenden Anzug bekleidet und auf dem Kopf sind eingeprägte kleine Sterne in verschiedenen Anordnungen zu erkennen. (Abb. 182 und 183)

Man sollte sich zum besseren Verständnis in der Folge auch die Gesichter der dargestellten Kinder bei diesen Figurengruppen einmal genauer ansehen. Die Köpfe der Kleinkinder sehen gleich aus wie die Kopfformen der Mütter, was ja nur normal ist, wäre da nicht jener Faktor des noch nicht voll entwickelten Schädels, der viele Fragen aufwirft. (Abb. 184 und 185) Auffallend sind die großen überdimensionierten, oft dunkelrot oder schwarz gefärbten mandelförmigen Augen, die sich vom unteren Nasenansatz weg bis zum vermeintlichen Ohrenbereich auf dem dreieckig anmutenden Schädel erstrecken. Die von der Stirne über das Gesicht beidseitig nach links und rechts auslaufenden, eingeritzten Linien, begrenzen möglicherweise Knochen- oder Hornplatten am Schädel. Diese verlaufen dann unterhalb der Augen schräg nach rechts oder links zur Seite hin weiter und sind auf einigen Figuren rot bzw. schwarz, seltener grün bemalt. Die Begrenzungslinien bei den Statuen und den Gefäßen sind mit einer eingebrannten weißen Kalk- bzw. Kreidepaste hervorgehoben oder fachlich ausgedrückt „inkrustiert“. Die Schädelformen der großen Figurinen sind überdimensioniert und erreichen, wie schon erwähnt, im Verhältnis zu deren humanoiden Körper eine Größe, die ungewöhnlich ist. Der

***Abb. 186** Eine schön bemalte und über 20 Zentimeter hohe, sitzend dargestellte Frauenstatuette.*

***Abb. 187** Ein Fremdwesen mit langem Hals und zwei Hörnern.*

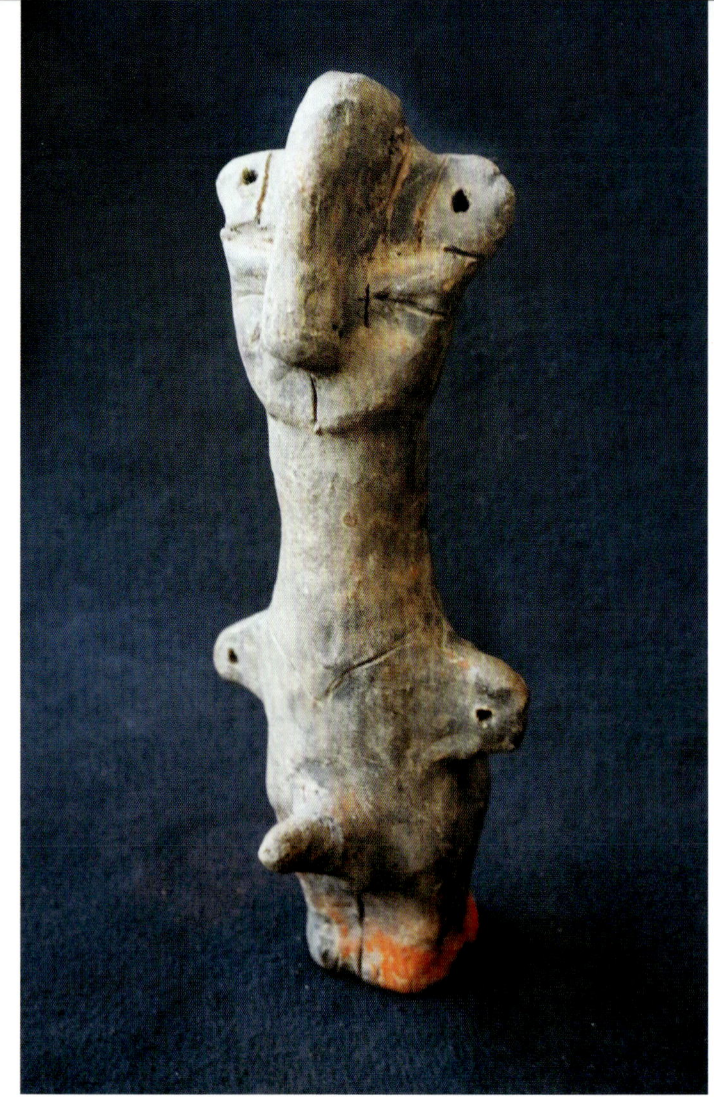

***Abb. 188** Ein weiteres männliches Wesen mit erigiertem Glied, langem Hals und einer fremdartigen Kopfform.*

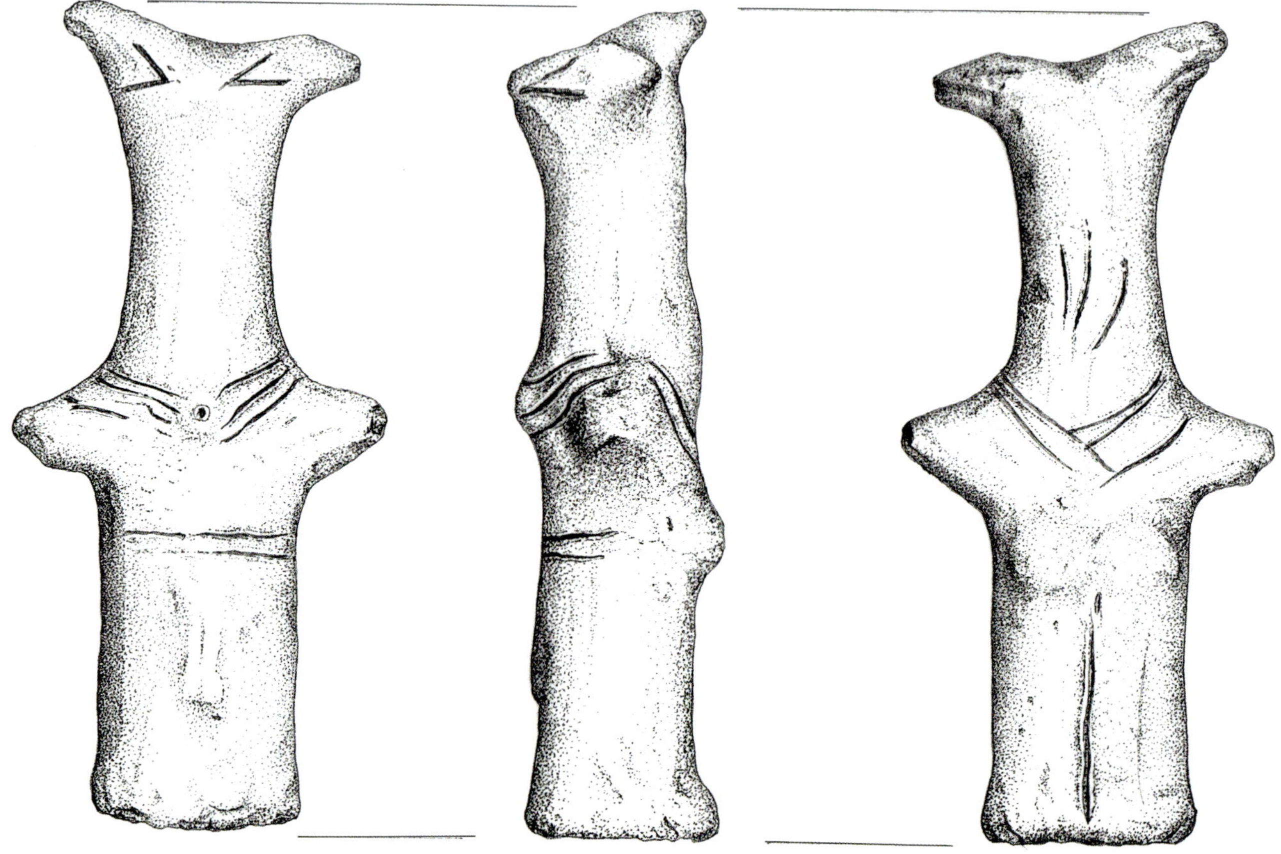

***Abb. 189** Zeichnung eines langhalsigen Wesens.*

Abb. 190 *Mutter-Kind Figurine, die ein langhalsiges Wesen mit Hörnern zeigt. Mutter und Kind sehen ident aus.*

Abb. 191 *Männliche Figur, die einen Mantel und eine Krone trägt.*

Kopf ist oft gleich lang wie beinahe der gesamte restliche Körper ohne die Beine! Der kurze Hals, auf dem der Kopf aufsitzt, ist sehr breit und kräftig ausgebildet und lässt vermuten, dass die Schädel der Wesen sehr schwer waren. (Abb. 186) Beim heute lebenden Menschen kann der Kopf bis zu 10 Kilogramm wiegen, erreicht aber bei weitem nicht diese Dimensionen, wie sie bei den Tonfiguren vorkommen. Es gibt aber auch Darstellungen von Statuetten, die einen langen kräftigen Hals und einen kleineren Kopf besitzen. (Abb. 187 bis 189) Manche davon haben Hörner, andere wieder nicht. Dann gibt es Wesen, die einen kleineren Kopf, aber einen überlangen Hals haben. Diese Darstellungsform könnte durch den Künstler frei interpretiert worden sein, ist aber eher unwahrscheinlich, weil auch bei Mutterfiguren die Kinder mit kurzen Hörnern und anatomisch gleich ausgebildeten Körperformen in dieser Figurengruppe vorkommen. (Abb. 190) Gegen eine Fantasievariante sprechen die vielen Details der Körper und der Gewänder unserer Figurinen, die eher auf eine höhere Zivilisation Rückschlüsse zulassen. (Abb. 191)

Bei den Gravuren auf den Steinplatten wurden die dort abgebildeten Wesen mit einer bodenlangen Kleidung und den übergroßen Köpfen sehr einfach dargestellt. Fremdartig erscheinen uns die Darstellungen von doppelköpfigen und vierbeinigen Wesen, also Hybriden. (Abb. 192 und 193) Dass bei den Figuren auch eine Statuette mit vier Beinen, also mit einem Tierkörper und dem Oberteil der fremden Spezies vorhanden ist, überraschte uns nicht. Denn auf zwei der Steintafeln sind insge-

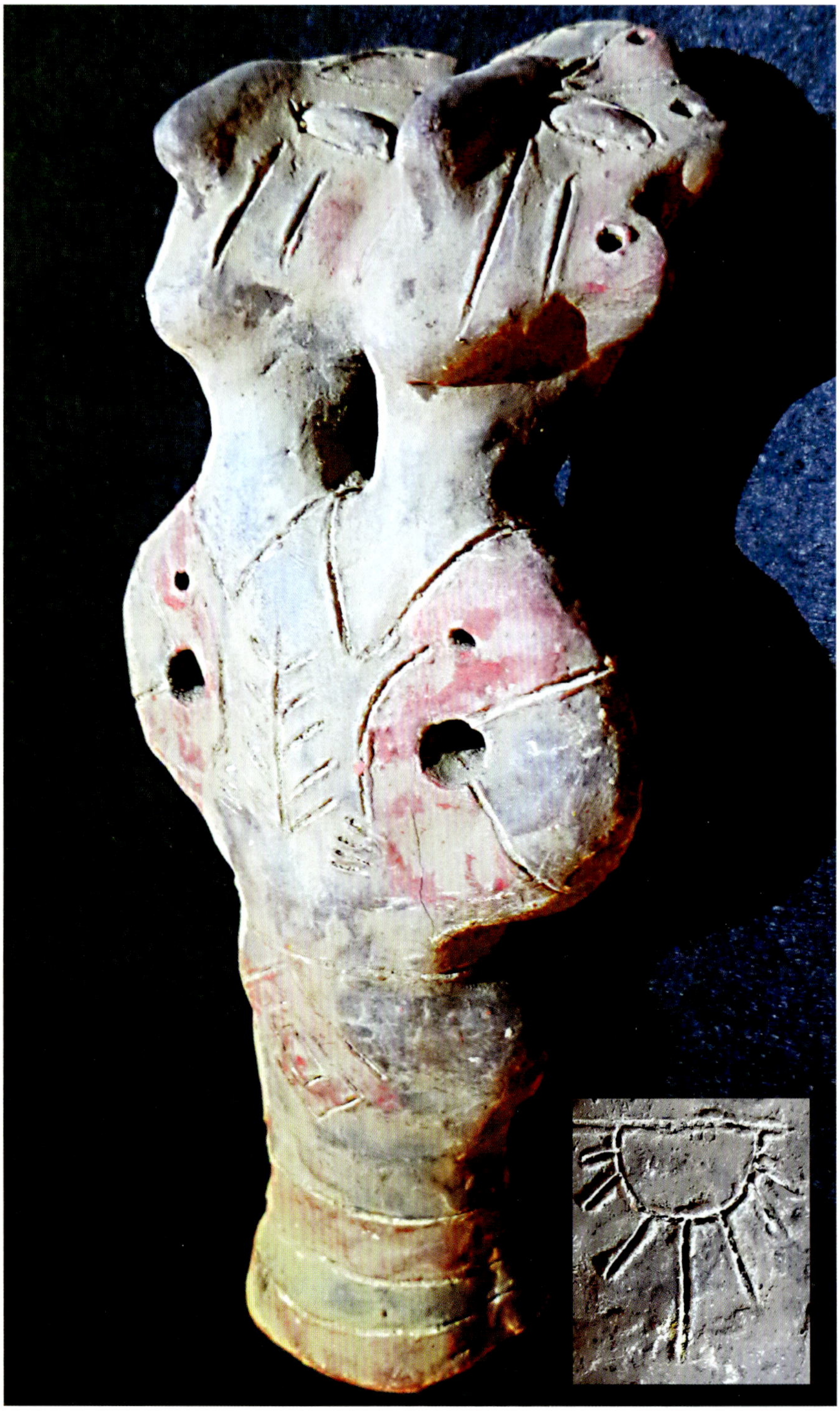

Abb. 192 *Diese Tonfigur zeigt ein doppelköpfiges Wesen, das gegen den Himmel blickt. Auf dem Rücken der Figur ist ein Sonnensymbol eingraviert.*

samt drei solcher mystischen Gestalten gut erkennbar eingraviert, die als Kentaur bezeichnet werden können, aber nicht mit jener zuvor beschriebenen Figurine vergleichbar ist. Ein Kentaur ist ein Fabelwesen aus der griechischen Mythologie, das einen Pferdekörper mit einem humanoiden Oberkörper hat. Durch die gravierten Darstellungen können wir annehmen, dass diese Lebensformen vielleicht einst auf unserem Planeten existierten. Bei Menschen und bei Tieren gibt es tatsächlich solche seltenen Anomalien, was zwei Köpfe auf einem Körper betrifft! Solche Beispiele können Sie sich, Werte Leser, im Pathologisch-Anatomischen Bundesmuseum im Narrenturm des Allgemeinen Krankenhauses in Wien ansehen. Jeder Skeptiker wird angesichts der dort ausgestellten Exponate verstummen, weil die Realität alles übertrifft was wir uns vorstellen können. (Hausner 1998) Wir hatten auf der Insel Bali (Indonesien) auch eine Begegnung der besonderen Art, als uns im Hochland vor dem Vulkan Gunung Batur ein doppelköpfiger Hund genau vor unser Auto lief. Wir brachten den Wagen zum Stehen und fünf Meter vor uns stand der Hund, der nicht wusste wohin er laufen sollte. Seine beiden Köpfe sahen in verschiedene Richtungen und blockierten so sein Fluchtverhalten. Erst nach einigen Minuten setzte sich das Tier wieder in Bewegung und verließ die Straße.

Wie einige Figurengruppen zeigen, war damals in den vorgeschichtlichen Epochen auch schon das Rad bzw. Speichenrad bekannt. (Abb. 194)

Abb. 193 *Diese Statuette besitzt vier kurze Beine, ist aber nicht als Kentaur anzusprechen. Es könnte sich um einen Hybriden handeln. Die Begleitfunde dieser Figur konnten auf ein Alter von über 49.000 Jahren datiert werden.*

***Abb. 194** Einer von vier „Kultwägen“. Diese Fahrzeuge stehen im Zusammenhang mit vogelartigen Wesen, die gemeinsam mit den Wagen aus den Fundgruben geborgen werden konnten.*

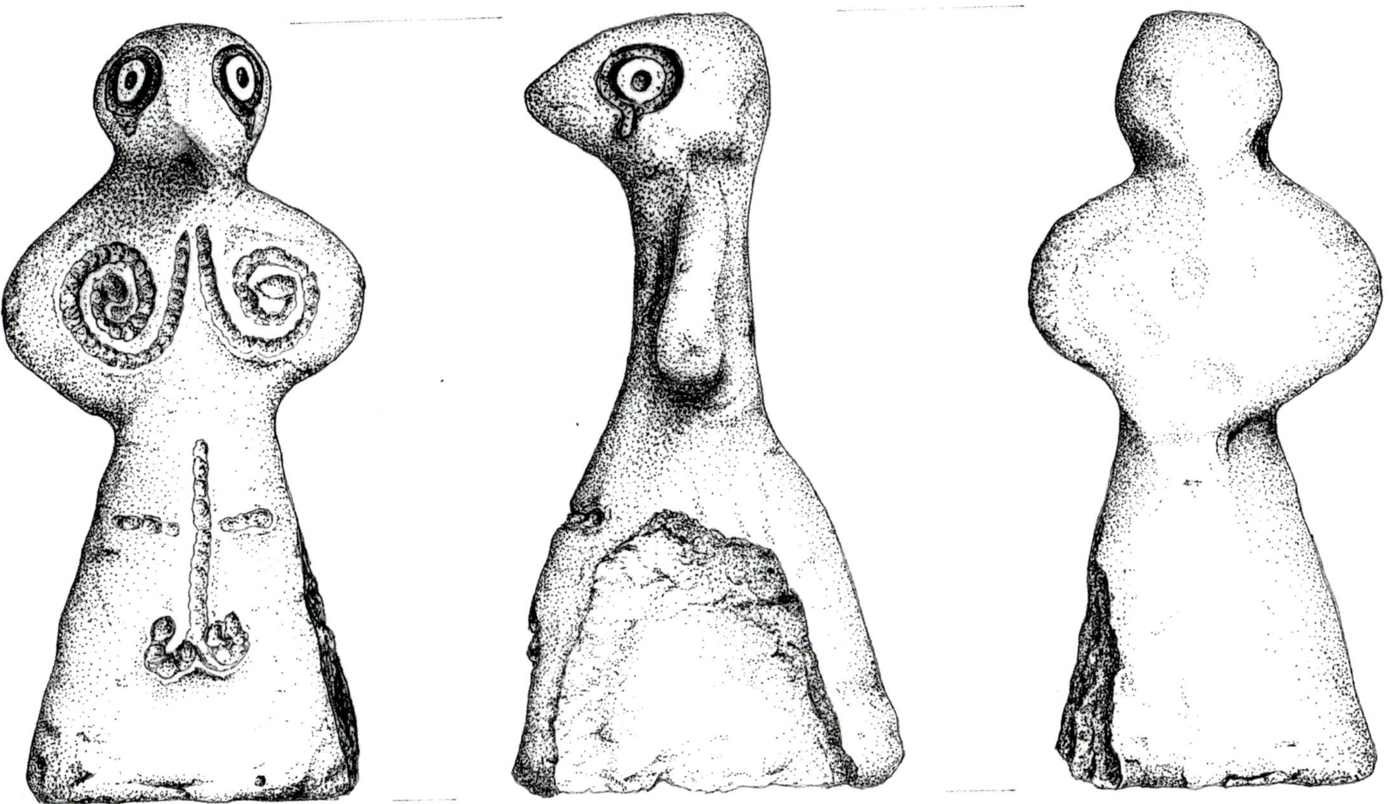

__Abb. 195__ Zeichnung einer Vogelfigur. (Zeichnung: Monika Messner)

__Abb. 196__ Oberteil einer Vogelfigurine. Diese Wesen tragen bodenlange Gewänder und ein rundes Amulett vor der Brust.

Abb. 197 Bei dieser Statuette kann man die stummelartigen Füße der Wesen erkennen. Sie sind rund wie Elefantenfüße, werden sie deshalb kaum dargestellt?

Alle vier geborgenen Kultwagen sind mit drei Rädern ausgestattet und werden immer im Zusammenhang mit vogelartigen Wesen gezeigt, deren Gesichter nach vorne spitz zulaufen und große, runde Augen besitzen. Diese kleinen Keramikfiguren sind ebenfalls mit bodenlangen verzierten Röcken bekleidet und haben in einigen Fällen, gleich wie die anderen Figuren, beide Hände an der Hüfte abgestützt. Die Hände besitzen meist drei oder vier Finger und um den Hals tragen die Wesen oft ein Medaillon. Diese kleinen Figuren haben für uns ein fremdartiges Aussehen. (Abb. 195 und 196) Wir halten uns hier aber mit einer Bewertung dieser Wesen zurück, weil sich jeder seine eigenen Gedanken darüber machen kann.
Nun zurück zu den großen Figuren: Dort, wo sich bei uns die Haare auf dem Kopf befinden, erkennt man bei einigen Figurinen vermutlich einen aufgesetzten und uns unbekannten Kopfschmuck. Es könnte sich dabei auch um natürlich gewachsene Schädelformen oder um Kopfbedeckungen handeln, die Zunft-, Erkennungs- bzw. Zugehörigkeitsmerkmale der Fremdwesen oder Alters- bzw. Rangunterscheidungen darstellen. An den Stellen, wo in einigen Fällen Bohrungen bzw. Löcher vorhanden sind, waren diese vermutlich mit Applikationen oder

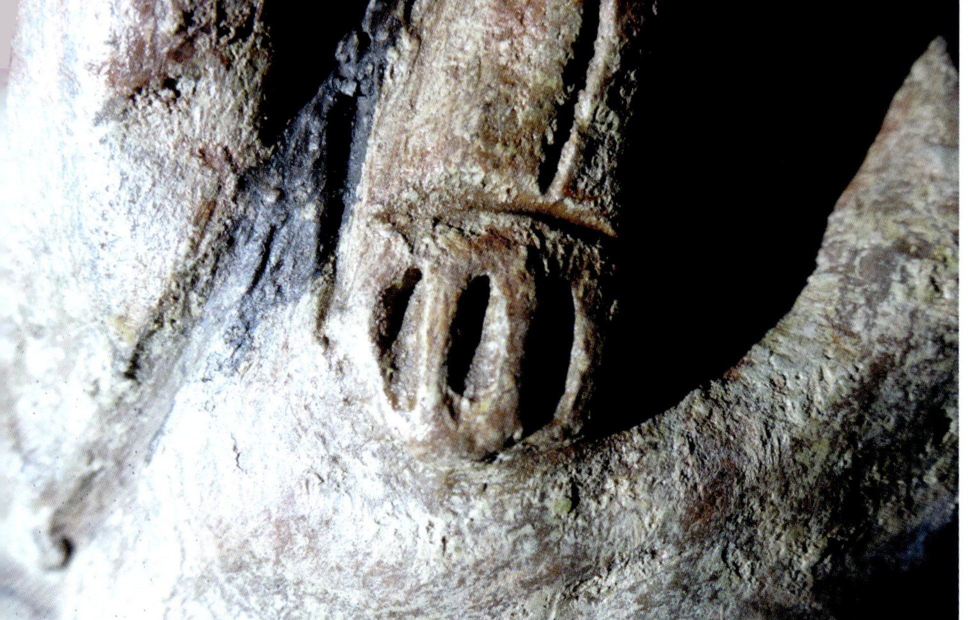

***Abb. 198** Fuß einer Statue, es scheint sich hier nicht um vier Zehen zu handeln, sondern eine uns unbekannte Fußform.*

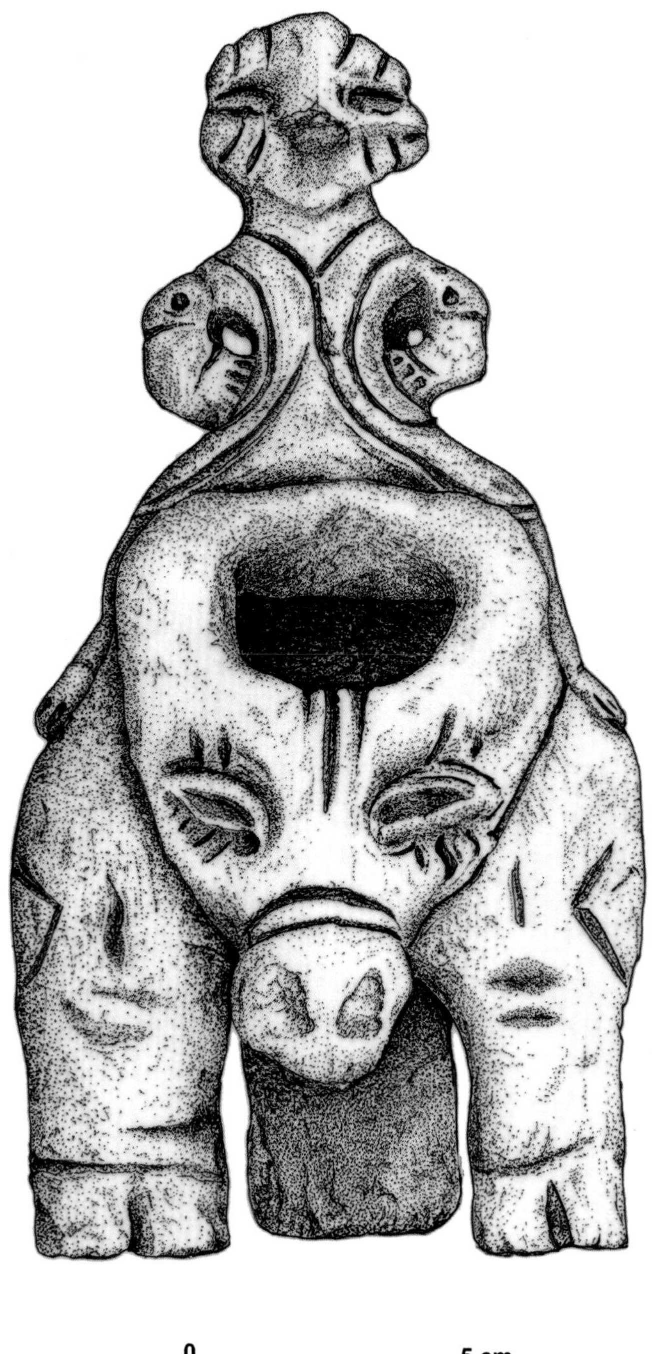

Abb. 199 *Zeichnung eines Keramik-Gefäßes, die ein Wesen auf einem Steppenwisent reitend zeigt. (Zeichnung: Monika Messner)*

anderen vergänglichen Materialien verziert. Auf der Rückseite des Schädels können wir auch angedeutete, in den Ton eingeritzte lange Haare erkennen, die über den Rücken oft bis zur Hüfte hinabreichen. Wir können darauf nicht näher eingehen, denn dazu liegen uns noch zu wenige Informationen vor.

Es handelt sich bei diesen Wesen wahrscheinlich um eine eigene Spezies, also um menschenähnliche Lebensformen, die durch die Gravuren auf den alten steinernen Schriftdokumenten gestützt, nicht von dieser Welt stammen! Bei den überwiegend weiblichen Figuren sind offensichtlich je nach Alter Unterschiede in der Darstellung durch angedeutete Wimpern am Ober- und Unterlied der Augenränder zu erkennen. Bei der Betrachtung dieser Details drängt sich gleich wiederum die Frage auf, nämlich hat es in der Vergangenheit Wesen mit einem solchen Aussehen auf unserem Planeten tatsächlich gegeben? Warum wurden die Augen so groß dargestellt? Das erinnert uns schon sehr an die Tierwelt, wo nachtaktive Tiere meist überdimensionierte Augen haben, weil sie Restlicht aufnehmen müssen. Andere Figuren aus dieser Gruppe dürften auf eine zeitlich jüngere Spezies hinweisen, weil dort die kleineren mandelförmigen Augen sich in der gleichen Position befinden wie bei unserem menschlichen Kopf, nur

Abb. 200 Hornfragment (Länge 70 cm) eines Steppenwisents aus der prähistorischen Epoche.

dass dieser kleiner ist! Diese Veränderung der Physiognomie könnte durch eine spätere Vermischung der menschlichen Rasse mit diesen Wesen erfolgt sein. Was zu einer Ausbildung von Mischwesen, also Hybriden geführt haben könnte. Inwieweit diese Überlegungen der Realität entsprechen, ist nach dem derzeitigen Forschungsstand nicht zu verifizieren.
Aus dem Rahmen fallen auch die Hände und Füße. Bei den Händen sind bei allen Figuren nur maximal vier Finger erkennbar, offensichtlich fehlt der Daumen oder er ist in den drei oder vier Finger-Darstellungen enthalten. Bei den Füßen wird es schwieriger, denn die Kleidung, egal ob Hosen oder lange Kleider, verhüllt die Beine bis knapp über den Boden. (Abb. 197) Bei sitzenden Figurinen sind Teile der gedrungenen Füße erkennbar, die eher zoomorphen Charakter haben. Einige besitzen drei, manche vier Zehen, wenn man diese als Zehen bezeichnen möchte. Es gibt keine Fußschaufel, sondern nur einen runden Stumpf, an dessen Vorderseite Einkerbungen zu sehen sind, die entweder Pfoten, Hufe oder etwas Zehenähnliches andeuten. (Abb. 198) Dies erinnert uns an unsere Volkssagen, Hausgeschichten und Märchen, in denen ähnliche Wesen beschrieben werden. Die bei uns in Europa bekannteste Gestalt ist zweifelsohne der „Teufel" mit seinem Pferdefuß.
Was nun die tatsächliche Körpergröße dieser Spezies betrifft, gibt es nur wenig Hinweise, die Rückschlüsse zulassen. Wir können vorsichtig annehmen, dass sie etwas größer waren, als wir es heute sind. Dies kann man von den ursprünglichen Raumstrukturen der künstlich geschaffenen unterirdischen Anlagen ableiten, weil die meisten Gänge und Räume vier bis sechs Meter hoch sind. Natürlich stammen die Trockenmauereinbauten aus verschiedenen späteren Zeiträumen, vom Neolithikum bis zum Mittelalter. Jedoch dienten diese ausschließlich der besseren Nutzung der ursprünglich vorhandenen Hohlräume, die mit quadratischen Blöcken vor den Felswänden ausgekleidet waren. Zusätzlich existiert ein Keramikgefäß, das vermutlich einen Hinweis auf die tatsächliche Größe dieser Lebewesen geben kann. Es stellt ein Steppen-Wisent dar, auf dessen Rücken ein solches Wesen in reitender Pose sitzt. (Abb. 199) Oberhalb vom Maul des Tieres ist ein Zaumzeug erkennbar, wie wir es heute bei Reitpferden oder Zugtieren verwenden. Nehmen wir an, es handelt sich bei der Tierkeramik um ein prähistorisches Steppenwisent, so können wir zwar nicht die Körpergröße des dargestellten Tieres ermitteln, jedoch erreichten die eiszeitlichen Exemplare Schulterhöhen bis zu 3 Meter. Die Dimension des Hörnerpaares auf dem Kopf dieses Tieres musste gewaltig gewesen sein. Ein fossiles Fragment eines solchen Hornes konnte aus den prähistorischen Schichten geborgen werden. (Abb. 200) Es hatte eine Länge von rund 70 Zentimetern, dies heißt, dass das gesamte gebogene Horn des Tieres ursprünglich etwa 1,5 Meter lang gewesen ist. Und dies auf beiden Seiten des Tier-

Abb. 201 *Ein mit weißem Pulver bestreutes Menschengesicht aus Ton, das mit einer Steinplatte, auf die zwei Zeichen eingraviert waren, bedeckt war.*

Abb. 202 *Dieses Bild zeigt jene beiden auf der Steinplatte I eingravierten Gesichter der vermutlich damals auf der Erde lebenden Spezies, einen menschlichen Kopf mit gekraustem Haar und Bart, sowie ein Wesen mit Langschädel. Es gibt weltweit Hunderte solcher Langschädelfunde aus unterschiedlichen Zeiträumen.*

schädels. Vergleichen wir die Größe des Wisents mit dem darauf reitenden Wesen, so erreicht dessen Körperhöhe ohne Weiteres die Dimension des Tieres.

Auffallend in diesem Zusammenhang ist, dass Menschendarstellungen bei dem Fundkomplex der „12 Apostel Zeche“, sieht man von drei bärtigen und von Haaren umgrenzten Gesichtern ab, vollkommen fehlen! (Abb. 201) Der Mensch hatte offenbar keine Bedeutung für diese Wesen, mit einer Ausnahme einer Gravur auf der Steintafel II, wo vermutlich ein Mensch in Strichform mit einem Pflug beim Ackeranbau dargestellt wurde, der auf Anweisung der Wesen handelt. Dies wurde durch einen Pfeil deutlich gekennzeichnet. Auf der Stein-Tafel I sind im Mittelteil zwei Köpfe zu erkennen, links ein menschlicher mit gekrausten Haaren und Bart, rechts ein Langschädel. (Abb. 202) Ein solcher Schädel wurde auch in jüngster Zeit im oberen Stadtbereich von Klosterneuburg unter einem Felsüberhang entdeckt. Der Finder meldete den außergewöhnlichen Fund dem Bundesdenkmalamt und wurde dort weggeschickt. Danach ging er zum Besitzer der „12 Apostel Zeche“ und zeigte ihm den Langschädel mit der Bitte, dass er jemanden finden möge, der diesen untersuchen könnte. Er nahm aber den Schädel wieder mit nach Hause. Am nächsten Tag versuchte der Besitzer den Finder zu erreichen, um ihm mitzuteilen, dass wir diesen Schädel an der Karl-Franzens-Universität Graz untersuchen lassen wollen. Er erreichte ihn nicht mehr, weil dieser mittlerweile unansprechbar auf der Intensivstation im Krankenhaus lag, wo die Ärzte sehr lange um sein Leben kämpften. In der Nacht der Einlieferung in das Spital wurde unterdessen in seine Wohnung eingebrochen und angeblich der Schädel gestohlen.

Durch die Resultate der archäologischen Funde und auf Grund der im Labor bestätigten Datierungen vertreten wir die Meinung, dass vermutlich ein Überlebenskampf einer unbekannten Spezies auf diesem Planeten, also unserer Erde, dokumentiert worden sein könnte. Diese Annahme lassen wir hier nicht unbegründet im Raum stehen, sondern belegen dies im Kapitel 5 mit weiteren Laboruntersuchungen, Datierungen, Beweisen und Fakten. Nach jahrelangen wissenschaftlichen Untersuchungen weist vieles darauf hin, dass wir es hier mit einer uns fremdartigen, hochentwickelten und sehr alten Kultur im Donauraum zu tun haben, deren Ursprung uns noch unbekannt ist. Wir denken, dass im Klosterneuburger Raum und bei anderen Fundkomplexen in Südost-Europa noch viel ungenutztes Potential vorhanden ist, um weitere

Abb. 203 *Eine der im Versturz eingetieften Fundgruben, deren Artefakte bis zu 30 Zentimeter hoch mit der weißen Schicht auf zwei Meter Länge verfüllt war.*

vergleichende Untersuchungen einleiten zu können. Man kann auch annehmen, dass in der Vergangenheit unerklärliche Funde nicht veröffentlicht oder im schlechtesten Fall durch Unwissenheit der Bearbeiter verloren gegangen sind.

Eigentlich erwiesen sich die durch die Kirche veranlassten Verfüllungen der Räumlichkeiten in den Jahren 1580 bis 1590, die der Vernichtung dienen sollten, als Glücksfall für die archäologischen Notbergungen im Rahmen der Freilegungsarbeiten. Denn dadurch sind diese sensationellen Funde der Nachwelt über einen Zeitraum von mehr als 440 Jahren fast unbeschadet

erhalten geblieben! Nur der Umsicht und des selbstlosen Einsatzes des Eigentümers der beiden Häuser ist es heute zu verdanken, dass diese Fundstücke teilweise fachgemäß geborgen und der Nachwelt erhalten werden konnten. Wir können heute nur vermuten, dass es am Stadtplatz in Klosterneuburg in den noch verfüllten Kellerräumen der noch erhaltenen alten Häuser der Unter- und Oberstadt viele weitere solcher Fundplätze bzw. Depots mit Tausenden archäologischen Fundgegenständen gibt. Vor mehr als 20 Jahren fand der Wiener Prähistoriker Univ.-Prof. Dr. Wolfgang Neugebauer, wie schon erwähnt, ähnliche Fundstücke der Donaukultur bei seinen Untersuchungen in anderen freigelegten Kellern von Abrisshäusern und bei weiteren Plätzen. Wir wissen aber nicht, wohin diese Fundstücke nach seinem Tod gebracht worden sind und wer sie beiseite geschafft hat?
Bei unseren archäologischen Notbergungen fiel uns auf, dass sich der prähistorische Horizont niveaumäßig ziemlich konstant rund 30-40 Zentimeter unterhalb der römischen Fußbodenheizung befand. Allerdings reichten die einst ausgehobenen Gruben im Deckensturz, der den ursprünglichen Felsboden bedeckte und in denen die Artefakte eingelagert waren, noch einmal bis über einen Meter weit unter das römische Niveau! In einigen Fundgruben waren die Objekte mit dünnen Schichten von Rötel oder Ocker bedeckt und in feinsandigen Sedimenten eingelagert. Dies erklärt auch den in einigen Fällen sehr guten Erhaltungszustand der Artefakte. Sie waren über Jahrtausende hinweg luftdicht abgeschlossen in Sand und feuchtem Lehm eingepackt. Zusätzlich waren die Fundstücke, vor allem dort wo Holz vorgefunden wurde, mit einer weißen bis zu 30 Zentimeter starken Pulverschichte bedeckt, für die wir anfangs keine Erklärung hatten. Die Labor-Analyse (Dr. Scherer-Ottenfels) der weißen Auffüllung (möglicherweise ein natürlich geriebenes Gemisch?) mit der die prähistorischen Fundstücke in drei Gruben bedeckt waren, erbrachte nachstehendes Ergebnis:

60% Gips als monokliner Gipsspat
(= Calciumsulfat-Dihydrat) $CaSO^4$. 2 H^2O
2% Bassanit $CaSO^4$. ½ H^2O
6% Halit NaCl . $xMgC^{l2}$
32% „Kreide“, entsprechend Calcit ($CaCO^3$)
mit Aragonit $CaCO^3$ + Ba, Mn, Zn

Wie wir aus diesem Resultat ersehen können, sind die beiden Hauptbestandteile Gips und Kreide. Sie könnten gemeinsam mit Bassanit und Halit zu dem Erhalt der alten Hölzer beigetragen haben! Diese Vermutung ist keineswegs bewiesen, es besteht aber die Möglichkeit, dass die Deponierung der Funde in diesem Material aus konservatorischen Gründen bewusst erfolgte. (Abb. 203) Dies setzt allerdings eine zukunftsorientierte Denkweise derjenigen voraus, die diese Fundgruben für die Nachwelt angelegt haben. Wir vermuten, dass dies vielleicht jene Wesen oder deren Nachkommen waren, die uns einen Teil ihrer Geschichte mitteilen wollten. Doch erfolgte dies offensichtlich unter einem Zeitzwang, was auf Grund der Anordnung der Artefakte und auf die Fundumstände rückgeschlossen werden kann. Dies würde auch erklären, warum nicht alle Fundgruben sorgfältig mit losen feinen Sedimenten aufgefüllt worden waren. Es scheint plötzlich ein Ereignis eingetreten zu sein, das einer Bedrohung glich, wir denken hier an das radioaktive Holz oder auch an ein anderes weltumfassendes Ereignis! In diesem Zusammenhang ist es uns allerdings unmöglich, klare Aussagen zu tätigen, weil noch Jahre für die weitere wissenschaftliche Aufarbeitung der vorliegenden Funde, Daten und Fakten benötigt werden.

KAPITEL 5

BOTSCHAFTEN AUS DER ALTSTEINZEIT

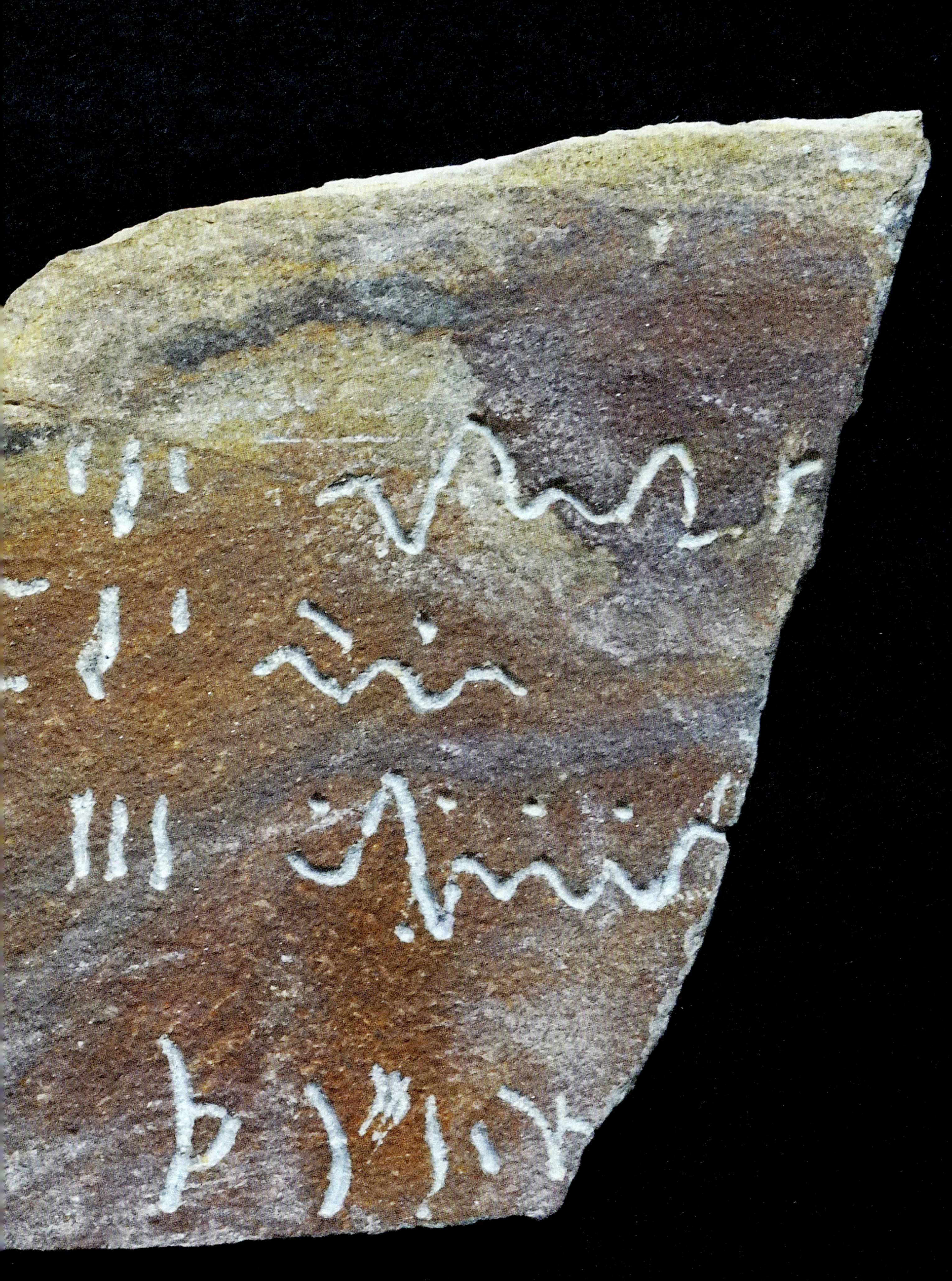

Steintafel V aus der „12 Apostel Zeche“.

***Abb. 204** Diese Aufnahme zeigt den 40 Meter langen Gangabschnitt, der in den letzten acht Jahren vom Eigentümer freigelegt wurde.*

Eine der vielen Fragen die sich grundsätzlich für uns gestellt hat, ist, wann diese unterirdischen Räumlichkeiten, in denen sich heute die „12 Apostel Zeche" befindet, geschaffen worden sind? Und wie hat diese Anlage früher ausgesehen? Tatsache ist, dass sich die bisher freigelegten Gänge und Hallen komplett in einem kompakten Gesteinskörper befinden und nach unseren heutigen Erkenntnissen vor mehr als 60.000 Jahren aus dem umgebenden Felsgestein mit uns unbekannten Werkzeugen herausgearbeitet wurden. Das Grundgestein ist Flysch (mit Einlagerungen von Ölschiefer), der aus der Kreidezeit stammt und in dem von Natur aus, sieht man von Schicht- bzw. Kluftspalten ab, normalerweise keine natürlichen großen Hohlräume entstehen. Wer diese großen unterirdischen Räume und Gangpassagen wann und wie gemacht hat, wissen wir nicht! (Abb. 204)

Die oben zitierte Mindestaltersangabe des untersuchten Abschnittes ist durch ^{14}C-Datierungen von organischen Materialien (Holz und Knochen), die uns die Erbauer oder vielleicht auch späteren Nutzer der Anlage vor vielen Tausenden Jahren hinterlassen haben, belegt. Die ursprünglichen und ab dem 16. Jahrhundert zur Gänze verfüllten Hohlräume erstrecken sich jedoch viele Hunderte Meter weit unter der heutigen Unter-Stadt von Klosterneuburg. Dies geht alleine schon aus einer alten, aus dem 16. Jahrhundert stammenden Planskizze der Kirche hervor, die die Grund- und Fundamentallinien des Raumes in und um Klosterneuburg zeigt. (Kusch & Kusch 2014) Unterbrochen wurde die ausgedehnte Anlage bei den beiden Häusern am Stadtplatz Nr. 10 und 11, wo die alten Räumlichkeiten im Jahre 2017 durch den

Bau einer Tiefgarage für einen Neubau weichen mussten und komplett zerstört wurden. (Abb. 205) Die Hohlräume waren ursprünglich bereits vor den später darüber errichteten Häusern vorhanden und stellten keine nachträglich hinzugefügten Kelleranlagen dar, wie man heute meinen könnte. Sie befinden sich, durch eine über 3 bis 5 Meter starke und sehr kompakte Felsdecke geschützt, unter dem heutigen Straßenniveau und den Häusern der Altstadt. (Abb. 206) Auf den ursprünglich an der Oberfläche ausbeißenden Felsflächen wurden zuerst die römischen und später dann die mittelalterlichen Häuser über den alten unterirdischen Hohlräumen errichtet.

Die Trockenmauern in den unterirdischen Gewölben stammen aus unterschiedlichen Zeitepochen, ab dem Neolithikum über die Römerzeit bis ins Mittelalter. Wie ist es möglich, dass wir die unterirdischen Räume der „12 Apostel Zeche" einem Mindestalter von über 60.000 Jahren zuordnen können? Dies lässt sich ganz einfach erklären: Bei den Freilegungsarbeiten der Gänge konnte 30 bis 40 Zentimeter unterhalb eines römischen Hypokaust (= Fußbodenheizung) in der 1,5 Meter starken prähistorischen Schicht ein rechteckig zugeschnittener, rund 70 Zentimeter langer Holzbalken gefunden werden, der senkrecht im Versturzmaterial eines sehr alten Deckenbruches steckte. (Abb. 207) Dieser Holzbalken wurde mittels Radiocarbonmethode mehrfach überprüft und auf ein Alter von über 50.000 bzw. 60.000 Jahre vor heute datiert. Dass der Balken zwischen den Versturzblöcken im Boden verkeilt und durch Lehmeinlagerungen luftdicht abgeschlossen war, weist ebenso darauf hin, dass vor diesem oben genannten Zeitraum der Deckensturz in diesem Hohlraumabschnitt bereits vorhanden gewesen sein muss! Die Ursache für das Herunterbrechen von Teilen der Decke zu jener Zeit kennen wir nicht, es könnte aber ein Erdbeben oder ein anderes Elementarereignis dafür verantwortlich gewesen sein. Eine weitere Fundstelle befand sich 1 Meter unter dem Versturz am Felsboden in der großen Halle. Es handelte sich um eine alte Feuerstelle, deren verkohlte Holzreste durch ^{14}C-Datierung ein Mindestalter von

Abb. 205 *Ansicht einer Großbaustelle in Klosterneuburg, wo der Platz für eine Tiefgarage hergerichtet wurde. Die ehemalige unterirdische Anlage ist hier nicht mehr vorhanden und die angeschnittenen Hohlräume wurden mit Planen verhüllt.*
Darunter ein noch vorhandener, aber verfüllter Gangabschnitt, vermutlich der „12 Apostel Zeche", der beim Bauprojekt der Häuser am Stadtplatz 10 und 11 angeschnitten wurde.

Abb. 206 *Der Stadtplatz in Klosterneuburg, unter allen Häusern befinden sich heute noch die teilweise verfüllten unterirdischen Anlagen.*

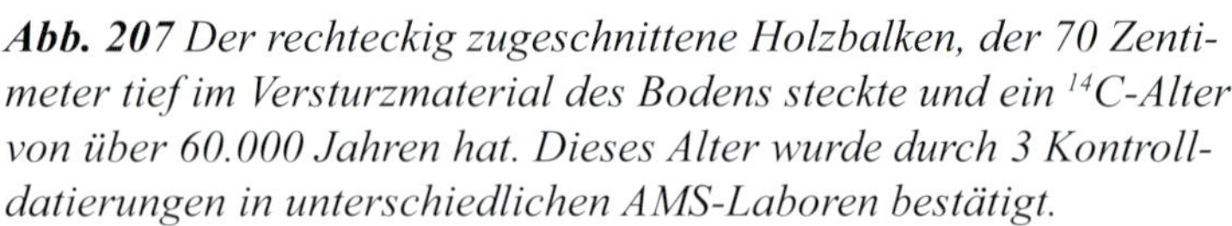

Abb. 207 *Der rechteckig zugeschnittene Holzbalken, der 70 Zentimeter tief im Versturzmaterial des Bodens steckte und ein ^{14}C-Alter von über 60.000 Jahren hat. Dieses Alter wurde durch 3 Kontrolldatierungen in unterschiedlichen AMS-Laboren bestätigt.*

Abb. 208 *Auf diesem Bild sind unter den Felstrümmern des Versturzes deutlich die Kohlereste einer Feuerstelle zu erkennen.*

über 49.000 Jahren vor heute erbrachte. (Abb. 208) Dies ist kein Zufall und belegt ebenso, dass der Boden der Halle seit diesen Zeiträumen von einem Deckensturz bedeckt war.

Diese Auswertungen belegen auch, dass wir es im Falle der „12 Apostel Zeche“ mit künstlich geschaffenen unterirdischen Hohlräumen zu tun haben, deren wahres Entstehungsalter wir bis heute noch nicht kennen. Dieser muss älter sein als der oben genannte Zeitraum und wir können diesen vorläufig nur mit dem Terminus „Unbestimmte Zeitstellung“ bezeichnen!

Dass diese Holzstücke nicht bereits vermodert waren, ist günstigen Umständen zu verdanken und zwar durch den luftdichten Abschluss mit einer Ummantelung von sehr feuchtem Lehm und dem späteren rund 30 Zentimeter darüber errichteten Überbau eines römischen Hypokaust. Diese Tatsache sorgte dafür, dass dieser Abschnitt im Mittelalter nicht geöffnet worden ist, weil der Boden bereits seit der Römerzeit mit Ziegelsteinen verfliest gewesen war. (Abb. 209) Zusätzlich ist es aber einer Anweisung der Katholischen Kirche zu verdanken, dass seit 1580 kein Mensch mehr Zutritt zu diesen unterirdischen Räumen bekommen hat und auf diese Weise das Kulturgut seit Jahrtausenden unberührt geblieben ist. Die Kirche verschloss damals gezielt die „Zugänge zur Unterwelt bzw. Erde“ in der „12 Apostel Zeche“ und anderen Kellern der Unter- und Oberstadt von Klosterneuburg. (Abb. 210)

Die nächste Aufgabe, die wir zu klären hatten, war das Alter der sekundär eingebauten Trockenmauern in das ursprünglich bereits vorhandene, alte Felsgewölbe. Die jüngeren

Abb. 209 *Ein freigelegter Teilabschnitt des römischen Hypokaust. Unter dieser einstigen Fußbodenheizung befindet sich die prähistorische Schicht mit einer Stärke von bis zu 1,5 Metern.*

[illegible]

Ausbesserungen in den mit Trockenmauern ausgekleideten Gangpassagen stammen aus dem Mittelalter und die etwas älteren Ziegelgewölbe aus der Römerzeit. (Abb. 211) Die Datierungsergebnisse von Mörtelproben, die aus diesen Deckenbereichen entnommen und von Univ.-Prof. Dr. Samuel Gross (†) vom Technischen Institut in Mainz (BRD) durchgeführt worden sind, haben ein Alter von über 1.700 Jahren und stammen somit aus dem dritten nachchristlichen Jahrhundert. Bei den untersuchten Stellen handelt es sich um Deckengewölbe aus Ziegelsteinen, die einst auf den bereits vorhandenen prähistorischen Trockenmauern der Wandpartien aufgesetzt worden waren. (Abb. 212) Infolgedessen existierten die Trockenmauern bereits in dieser Zeitepoche!

Dass diese im Mittelalter stellenweise umgebaut und auch ergänzt worden sind, ist durch wenige architektonische Zubauten und Elemente erkennbar. Jedoch geht es uns nicht um das Mittelalter, sondern um den Ursprung dieser Einbauten. Also wann wurden sie das erste Mal in den künstlich geschaffenen Hohlräumen zu Auskleidungszwecken errichtet? An zwei Stellen befinden sich hinter den Trockenmauern fast 1 mal 1 Meter große und 0,5 Meter starke megalithische Blöcke, die nicht aus Felsgestein bestehen, sondern aus einem sehr festen konglomeratartigen Material gefertigt worden sind, das mit seinen Einschlüssen wie eine Betonmasse wirkt. (Abb. 213 und 214) Es dürfte sich hier um einen sehr alten ursprünglichen Ausbau der unterirdischen Räume handeln, vor den später dann die Trockenmauern

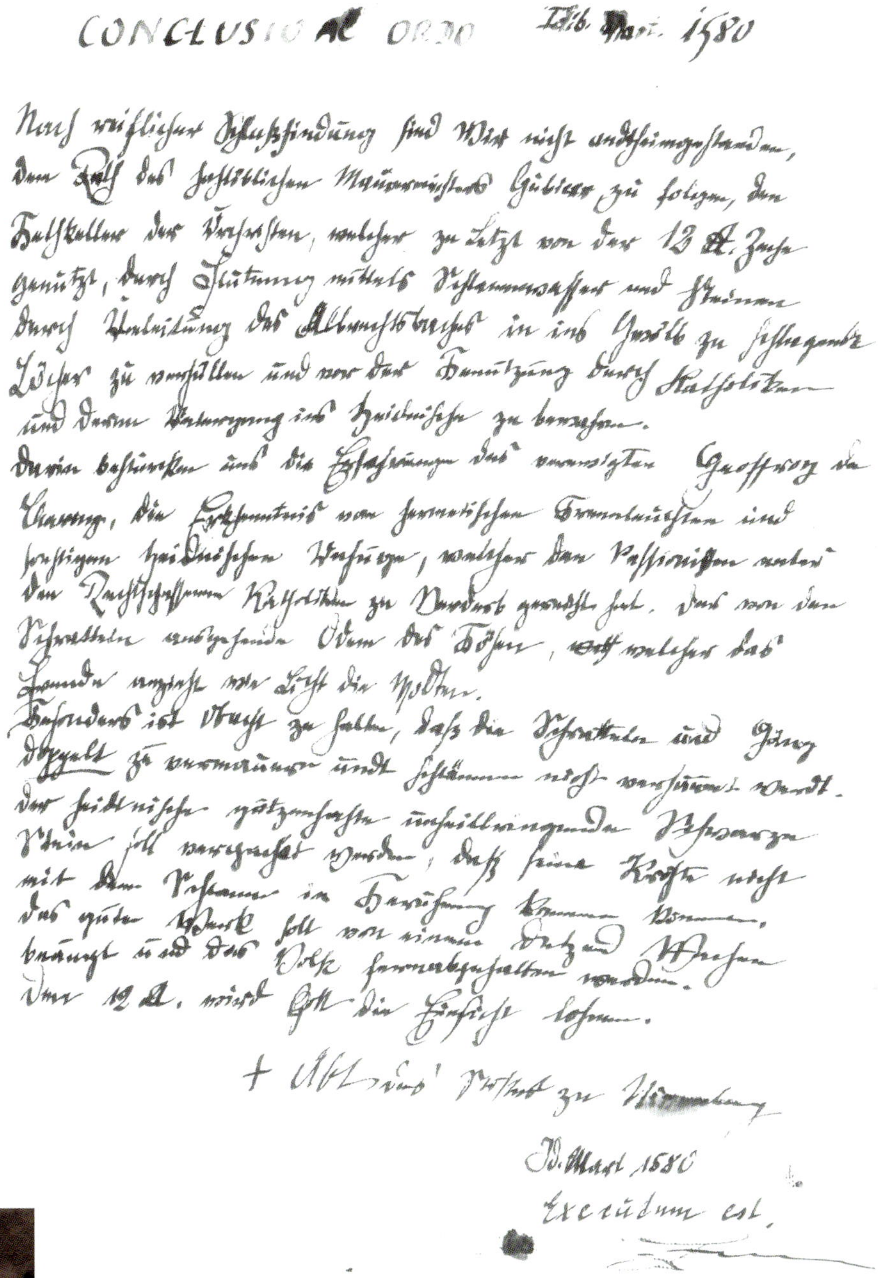

Abb. 210 (oben) *Eine Kopie der Handschrift aus dem 16. Jahrhundert, in der das Zuschütten der „12 Apostel Zeche" in Klosterneuburg von der Kirche angeordnet wird. (Transkription in Kusch & Kusch 2014)*

Abb. 211 *Eine mittelalterliche Steinsäule, deren Kapitel mit den drei Gesichtern Baphomets verziert wurde.*

Abb. 212 *Einer der Hauptgänge in der „12 Apostel Zeche", an der rechten Wand werden die Ziegeln der römischen Fußbodenheizung gelagert.*

Abb. 213 *Die großen einen Meter hohen megalithischen künstlich hergestellten Blöcke hinter der Trockenmauer.*

Abb. 214 *Ein freigelegter Abschnitt mit den künstlich hergestellten Blöcken hinter den Trockenmauerwänden.*

mit den Krag-, Spitz- und Halbrundbogengewölben errichtet worden sind. Zumindest für die Errichtungszeit dieser Trockenmauern haben wir drei Richtwerte für ein Mindestalter, das wir in den letzten Jahren erst durch gezielt durchgeführte Datierungen einengen konnten.

Im Dezember 2013 ließ der Eigentümer bei zwei von drei an der Erdoberfläche befindlichen Einstiegsringen zu den Schachtzugängen durch Wissenschaftler der Lomonosov-Universität in Moskau, Russland, mittels TCN-Datierung (= Terrestrische Cosmogene Nuklide) eine Altersbestimmung durchführen. (Abb. 215) Das Resultat erbrachte für beide Steinringe ein etwa gleiches Alter von über 8.500 Jahren. Diese Richtwerte entsprechen dem Zeitraum der Jungsteinzeit (= Neolithikum). (Kusch & Kusch 2014) Also vermuteten wir, dass die in der Tiefe verbauten Trockenmauern aus dieser Epoche stammen oder auch älter sein könnten. Dies wurde noch zusätzlich durch einen Holzkeil bestätigt, der zur Festigung des Kraggewölbes der Steinsäule eingesetzt worden war, bei dem ein calibriertes ^{14}C-Alter von 4.223–3.971 Jahren BC (= vor Chr.) festgestellt werden konnte. (Abb. 216) Dies heißt, dass Teilabschnitte der Trockenmauern vor mindestens 6.200 Jahren in der „12 Apostel Zeche" bereits vorhanden waren. Folglich sind diese Steineinbauten noch älter! Es ist somit die älteste, derzeit bekannte unterirdische Anlage in Klosterneuburg (Niederösterreich).

Im Rahmen der Freilegungsarbeiten durch den Besitzer wurde auch das römische Hypokaust vorsichtig entfernt, dabei stießen wir, wie schon berichtet, etwa 30 bis 40 Zentimeter darunter auf eine prähistorische Kulturschichte. (Abb. 217 und 218) Diese reichte stellenweise bis über 1 Meter tief in das Blockwerk des frühen Deckensturzes, der sich über eine Länge von rund 40 Metern in diesem Abschnitt der unterirdischen Anlage erstreckt. Warum wir dies wissen ist einfach erklärt, denn die Versturzblöcke liegen auf der natürlichen Felssohle der vor vielen Jahrtausenden künstlich geschaffenen Hohlräume senkrecht auf. Die flach einfallenden Gesteinsschichten des umgebenden Muttergesteins verlaufen konträr zu jenen der Auffüllung des Deckensturzes. Aber auch die Kirche hat vieles zerstört, wie es in der historischen Abschrift aus dem Jahre 1580 erwähnt wird. So hat man dort, wo

Abb. 215 *Ein weiterer Einstiegsring in einen Schacht, dessen Alter vermutlich über 8.500 Jahre alt, wie bei den anderen TCN datierten Einfassungen, sein kann.*

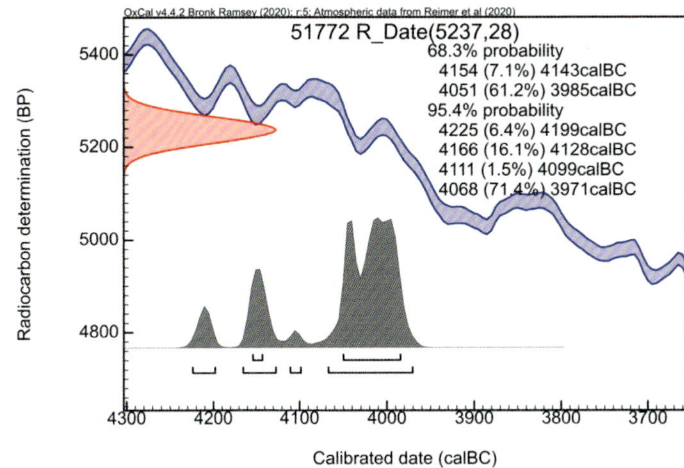

Abb. 216 *Diese ^{14}C-Auswertung stammt von dem Holzkeil, der in das Kraggewölbe der Schachtsäule eingelassen war.*

Abb. 217 *Freilegungsarbeiten im vierten, über 4 Meter hohen Hauptgang, der zur Gänze seit 1580 mit Material verfüllt war.*

***Abb. 218** Ansicht einer römischen Fussbodenheizung. Darunter ist genau erkennbar, dass das Niveau der römischen Fußbodenheizung sich rund 40 Zentimeter über dem prähistorischen Horizont befindet. Dies heißt aber, dass die Trockenmauer an der linken Wandseite bereits lange davor da war.*

***Abb. 219** Wie stark die Verfüllungen der unterirdischen Räume sind, ist auf diesem Foto eindeutig erkennbar.*

es an der Oberfläche möglich war, die Felsdecke der unterirdischen Räume händisch durchschlagen und 1 Meter starke und bis zu 5 Meter lange Deckenteile in die Räume stürzen lassen, um über diese Löcher dann mit Hunderten oder besser gesagt Tausenden Tonnen an Erdmaterial und Steinen alles systematisch verfüllen zu können. (Abb. 219) An den Stellen, wo die tonnenschweren Deckenteile in die Räume stürzten, wurden sehr viele alte Funddepots, die im 16. Jahrhundert noch unversehrt in den Sedimenten dieser Räume eingebettet waren, zerstört!

Anders war die Situation bei den unberührten Fundstellen in diesem Abschnitt der Anlage. In den großen Fundgruben waren die Gegenstände präzise ausgerichtet, als wollten sie uns eine Geschichte erzählen. (Abb. 220 und 221) Manche Gruben waren nach der Himmelsrichtung Nord ausgerichtet, andere nicht. Erfolgte dies mit Absicht oder war es Zufall? Dann stellt sich gleich die nächste Frage, wie hat man die Nordrichtung unter der Erde gemessen?

In den Keramikgefäßen befanden sich Gegenstände, wie Farbpulver, Steine, Nahrungsreste, Hölzer und Metalle, die für diese Wesen offensichtlich von Bedeutung gewesen sein mussten! Wiederholt hatten wir den Eindruck, dass uns hier eine unbekannte Fremdkultur ihr Wissen über deren Lebensablauf auf unserem Planeten mitteilen wollte. (Abb. 222 und 223)

Gestützt durch unsere Jahrzehnte lange archäologische Forschungstätigkeit kamen wir im Laufe der Untersuchungen zu der Erkenntnis, dass die Art der Deponierung der Funde nicht über einen langen Zeitraum hinweg, sondern kurzfristig notgedrungen erfolgt sein musste, um kulturell wichtige Gegenstände und Informationen für die Nachwelt wie in einer Zeitkapsel zu sichern. Dazu hat man in den Deckensturz bis zu 70 Zentimeter tiefe Gruben aus dem Felsgestein geschlagen und darin die Artefakte in feinen Sedimenten eingebettet. (Abb. 224) Zweifelsohne handelt es sich hier um das Erbe einer sehr alten Hochkultur, die vermutlich vor rund 9.000 Jahren sekundär in eine bäuerlich orientierte Gesellschaft einfloss. Deren Überreste wurden bereits vor mehr als einem Jahrhundert bei neolithischen Freilandfundplätzen in Südost-Europa wiederentdeckt, die heute als „Donaukultur" bekannt ist.

***Abb. 220 (rechts)** Eine nach Nord ausgerichtete Fundstelle, die knapp einen Meter lang, 40 Zentimeter breit und einen halben Meter tief ist, mit den freigelegten Funden. Das umgebende Material ist Felsgestein.*

Abb. 222 *Bergung einer großen Figur aus dem Quadranten 86/90. Davor liegen noch vier Lochbeile an ihren ursprünglichen Plätzen*

Wieso wusste der ehemalige Stiftsarchivar DDr. Floridus Röhrig von diesem archäologischen Eldorado und den Hinterlassenschaften einer prähistorischen Hochkultur, ohne dass diese Fundplätze schon entdeckt worden waren? Wir wissen heute nur, dass noch in einigen Kellern am Stadtplatz und auch in der Oberstadt solche Fundplätze vorhanden sein könnten, zumal Hunderte Meter lange unterirdische Gänge zum Stift führen. Aber heute noch werden die Zugänge vom Stift und der Gemeinde sofort nach dem Bekanntwerden zugeschüttet und mit Beton bzw. Fließestrich versiegelt! (Abb. 225) Da fragt sich jeder vernünftig denkende Mensch, warum? Was ist hier so wichtig, dass es im Verborgenen bleiben muss und der Mantel des Vergessens bzw. Schweigens von Kirche und Staat darüber ausgebreitet wird?
Einige der Fundgegenstände waren nachweisbar schon im zerbrochenen Zustand in die Gruben gelegt worden. Dies könnte, so scheint es, unter einem bereits erwähnten großen Zeitdruck erfolgt sein und ein paar davon hatte man sogar, bevor sie vergraben worden sind, mit Naturklebern wieder zusammengefügt. (Abb. 226) Es wurden Steingegenstände und Keramiken fast perfekt geklebt und diese Klebstellen halten heute noch. Dies setzt eine hohe Kenntnis und ein großes Wissen um chemische Prozesse voraus! (Abb. 227) Zum einen wurden hier Tannen- und Fichtenharze verwendet, bei einer anderen Keramikklebstelle konnte laut einer Laboranalyse von einem renommierten Biochemiker folgendes inhomogenes Gemisch aus drei Komponenten ermittelt werden:

Abb. 221 (links) *Zwei offene Quadranten, die sehr schön erkennen lassen, dass die linke Seite nur aus Felsmaterial des Deckensturzes besteht, während der rechte Teil in der Vergangenheit fast einen halben Meter tief ausgehoben wurde, um dort die Gegenstände sicher zu verwahren. Der vordere Quadrant wurde bereits bearbeitet und ist deshalb ohne Fundmaterial.*

86-2
86-8
86-5
86-7
86-6

Komponente A (ca. 40 Vol.-%): Diese fungiert als Matrix. Inhaltsstoffe: Neben Fructose und Glucose, beide fraktal altersdegeneriert: D-Mannit (= 40 Massen%, bezogen auf Gesamtmasse Komponente A); 4 Massen% Mannotriose; 8 Massen% Mannotetrose, Fraxin, Stoffe der Cumarinreihe.
Komponente B (ca. 30 Vol-%): Diese als eingelagerte Kügelchen vorhanden. Inhaltsstoffe: Pinosylvin und Dihydropinosylvin, beide auch teilweise methylverethert, die ganze Gruppe macht ca. 50 Massen%, bezogen auf die Gesamtmasse der Komponente B aus; Pinobanksin; Pinostrobin; Chrysin; Tetrochrysin; Pinocembrin, letzteres ca. 5 Massen%. Aufgrund des hohen Degenerierungsgrades sind hier die Prozentangaben unsicher und betreffend mancher Teilstoffe nicht feststellbar.
Komponente C: (ca.30 Vol-%): Quarzsand mit max. 0,7 mm Korngröße.
Komponente A ist möglicherweise als oxidierter Saft der Mannaesche oder zumindest eines Baumes der Eschenreihe (Vergleichsdaten fehlen !!!); Komponente B stammt aus dem Harz der Pinienreihe, oder eher der Zirbe. (Vergleichsdaten fehlen!!!)

Abb. 224 Das Bild zeigt eine leere gereinigte 2 Meter lange aus dem Fels geschlagene Grube, mit einer Gesamttiefe von 70 Zentimetern. In solche Gruben wurden die Gegenstände sorgsam in Fremdsedimenten eingebettet.

Wie wir aus diesem Resultat ersehen, konnten jene Lebewesen, die die Gegenstände zusammenfügten, Klebstoffe herstellen, die viele Jahrtausende überdauerten. (Abb. 228) Folglich mussten diese reparierten Fundstücke wichtig gewesen sein.
Das Problem der Trockenlegung hatten wir bei fast allen Keramiken und Holzresten, die in der „12 Apostel Zeche" geborgen werden konnten. Solange sie unter Luftabschluss und 100 % Feuchtigkeit im Sediment eingelagert waren, war der Erhaltungszustand sehr gut. Hat man aber eine Figur kurz nach der Bergung in einen trockenen Raum verlegt, so bekam sie innerhalb von wenigen Stunden Trockenrisse und zerfiel in Einzelteile. Deshalb mussten die Funde monatelang in speziellen Räumen zwischengelagert werden, bis die Feuchtigkeit aus dem Ton langsam entwichen war. Dennoch war es erfor-

Abb. 223 (links) In diesem Quadranten waren zwei Lagen von Fundgegenständen vorhanden, wobei die erste Lage bereits geborgen wurde.

Abb. 225 Von der Kirche veranlasste Kernbohrung in Klosterneuburg bis zu einem Hohlraum in 45 Metern Tiefe, der im Jahre 2015 mit Fließestrich verfüllt wurde. Die Verfüllung dauerte tagelang an. Danach fragte der ehemalige Propst des Klosters den Besitzer, ob in der „12 Apostel Zeche" der Flüssigbeton ausgetreten war.

Abb. 226 *Ein mit Baumharz geklebtes Tongefäß.*

Abb. 227 *Eine fast perfekt geklebte Steinspitze.*

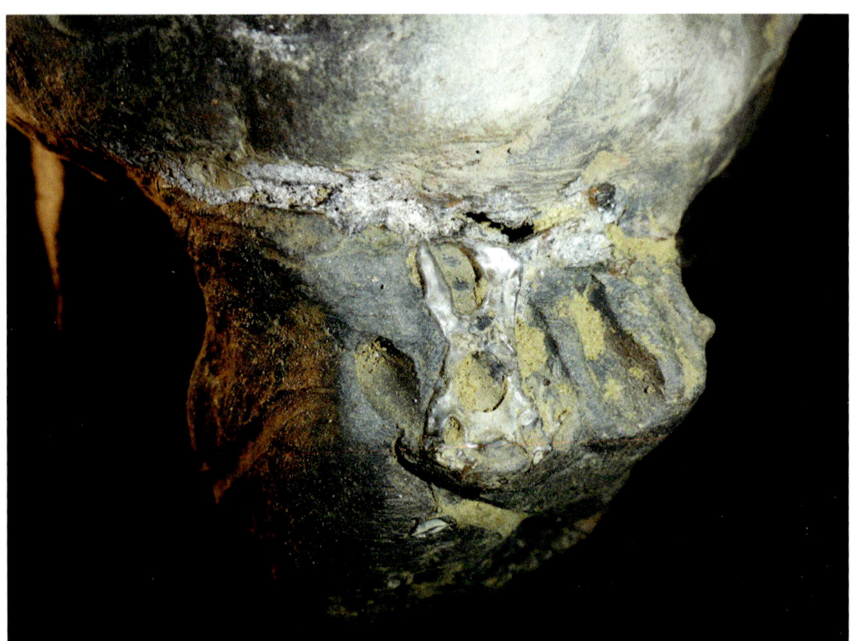

Abb. 228 *Klebestelle am Sockel einer Keramikfigur.*

Abb. 229 *Die Restaurateurin bei der Reinigung eines Fundstückes.*

derlich, einige Figurinen und Tongefäße, die Sprünge bekamen, von einer Museumsexpertin restaurieren zu lassen. (Abb. 229 und 230)

Wir beschäftigen uns in diesem Abschnitt des Kapitels u. a. auch mit Metallgegenständen, die unerwartet im prähistorischen Fundhorizont auftauchten. Der erste Gegenstand wurde unterhalb einer Steinplatte in einem kleinen Hohlraum entdeckt. Er war sonderbar wie eine Pistole geformt und stark korrodiert. Wir konnten uns nicht erklären, wie dieser Gegenstand rund einen halben Meter unter das römische Hypokaust hineinkam. (Abb. 231) Anfangs nahmen wir an, dass es ein Relikt aus den ersten vorchristlichen Jahrhunderten, also aus der Keltenzeit, wäre, weil in diesem Zeitabschnitt die Verwendung von Eisen bei uns in Europa schon bekannt war. In Ägypten war Eisen schon seit dem 2. vorchristlichen Jahrtausend und vielleicht sogar schon früher bekannt. Es galt jetzt zu klären, was für ein Gegenstand es war und welche Funktion er einst erfüllte? Auch ein weiterer wichtiger Aspekt war: Aus welchem Material bestand das Artefakt? In einem Labor der Steiermärkischen Landesregierung in Graz konnte die Spezialistin mit einem Bruker RFA S1 Titan (Röntgen-Handspektrometer) an drei

Abb. 230 *Die Restaurateurin mit den Fundstücken aus der „12 Apostel Zeche".*

Abb. 231 *Der stark korrodierte Metallgegenstand aus dem prähistorischen Horizont.*

gereinigten Stellen Oberflächenuntersuchungen durchführen und so die Zusammensetzung der Metalllegierung herausfiltern. (Abb. 232) Das Resultat war überraschend, denn das aus einer Eisenlegierung gefertigte Artefakt wies stellenweise einen Anteil von mehr als 13 bis 17 Prozent Aluminium auf! Dazu muss man wissen, dass Aluminium erst in der ersten Hälfte des 19. Jahrhunderts wiederentdeckt worden ist und Legierungen mit Eisen und anderen Metallen, wie Kupfer und Zink (= Messing), erst in jüngeren Zeitabschnitten erstmals experimentell durchgeführt werden konnten. Dazu kommt noch, dass man zur Aluminiumproduktion sehr hohe Temperaturen und eine Schmelzelektrolyse benötigt. Solche Verfahren kannten die Menschen offiziell weder im römischen noch im prähistorischen Zeitraum! Aber wie kam dann ein solcher Gegenstand in die prähistorischen Schichtfolgen der „12 Apostel Zeche"? Diese Frage konnten wir damals noch nicht beantworten, denn für uns war die ursprüngliche Funktion dieses Gegenstandes unbekannt. Da bis zur Bergung des Fundgegenstandes im Jahre 2016 die unterirdische Anlage seit 1580 zur Gänze mit Tausenden Tonnen an Erd- und Steinmaterial verfüllt und das aus der Römerzeit stammende Hypokaust unversehrt war, stand für uns fest, dass dieser Gegenstand aus dem prähistorischen Zeitraum stammen musste!

Um Skeptikern gleich den Wind aus den Segeln zu nehmen, möchten wir feststellen, dass auch Jahre später im

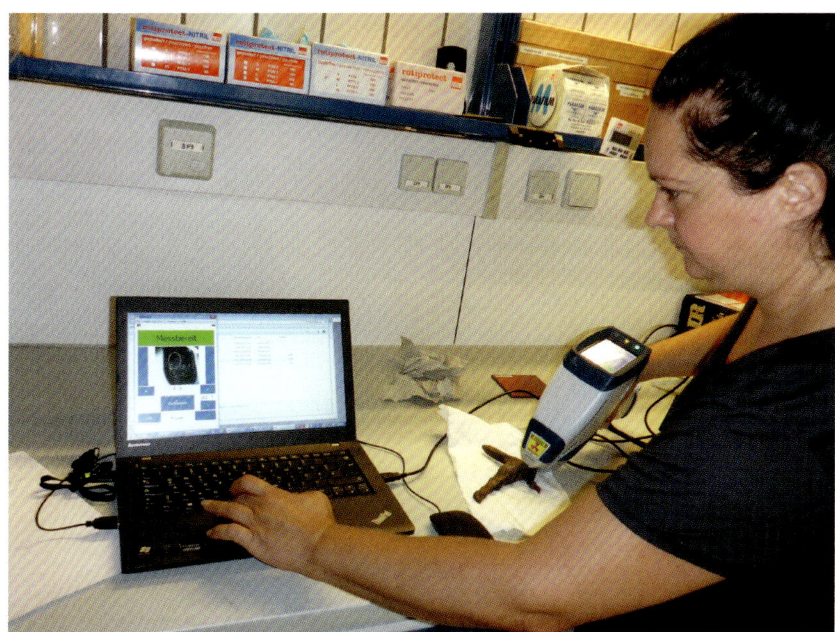

Abb. 232 *Oberflächenanalyse des Metallgegenstandes mittels eines Bruker RFA S1 Titan Röntgen-Handspektrometers im Labor der Steiermärkischen Landesregierung, Graz.*

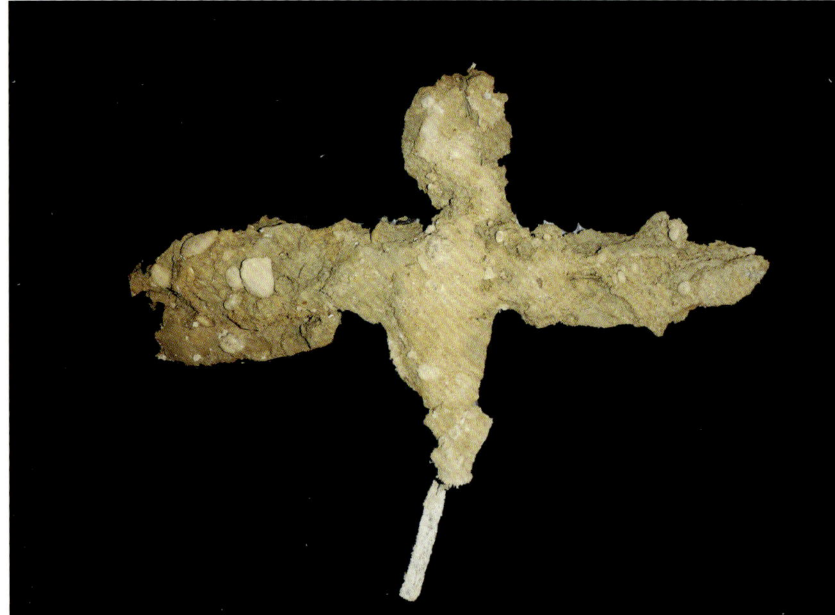

Abb. 233 *Ein versinterter und mit Sediment ummantelter Metallgegenstand aus dem prähistorischen Horizont.*

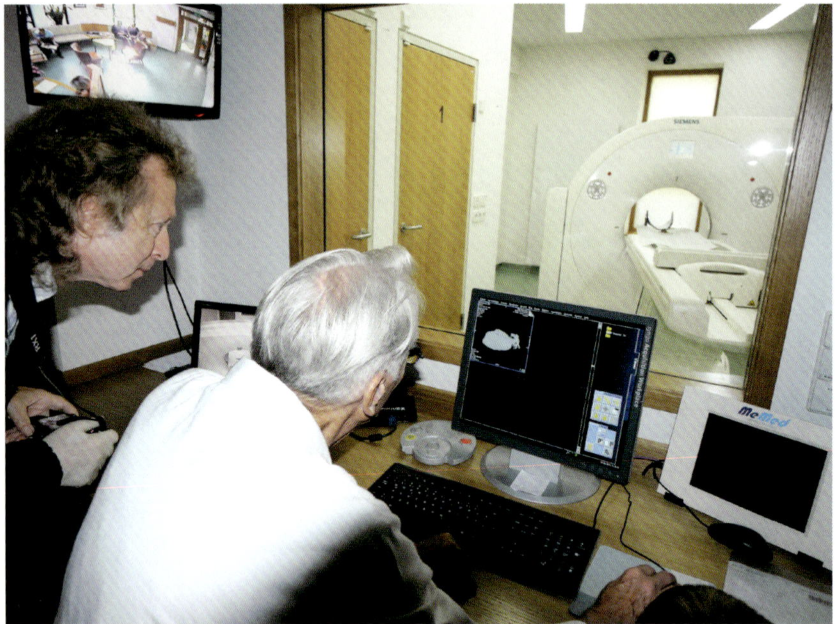

Abb. 234 *Untersuchung eines Metallgegenstandes mit einem Magnetresonanz-Tomograph (MRT).*

Rahmen der Freilegungsarbeiten die weiteren geborgenen Metallgegenstände nicht von uns nachträglich vergraben worden sein können. Denn kein normal denkender Mensch der heutigen Zeit hätte einen solchen Aufwand finanziert, um nicht identifizierbare Gegenstände in verschiedenen Legierungen herzustellen zu lassen! Dazu kommen noch die natürlichen Korrosions- und Alterungsprozesse bzw. der teilweisen Übersinterungen der Metallgegenstände, die an der Oberfläche eine Patina hinterlassen, die man nicht fälschen kann! (Abb. 233) Die verschiedenen Metalllegierungen der geborgenen Artefakte wiesen alle einen unterschiedlich hohen Aluminiumanteil zwischen 3 und 42 Prozent auf. Zu beachten ist, dass die Aluminiumpatina an der Metalloberfläche eines Gegenstandes unmittelbar nach der Fertigstellung, wenn er der Luft ausgesetzt wird, diese sofort versiegelt! Sekundäre Korrosionserscheinungen der in der Legierung vorhandenen anderen Metallanteile unterhalb dieser primär vorhandenen Aluminiumpatina-Schicht, die aus einem harten Oxid namens Korund besteht, werden dadurch manchmal verhindert, was auch zur Ausbildung der unterschiedlichen Farbnuancen im Aussehen der Metallgegenstände geführt hat. Dort, wo die geborgenen Gegenstände in einigen Fällen fast zur Gänze übersintert worden waren, wies jedoch die Metallpatina an der Oberfläche erstaunlicherweise kaum starke Korrosionsspuren auf. Dies irritierte uns, weil wir bei anderen Höhlengrabungen in den letzten Jahrzehnten viele Metallgegenstände der Kupfer-, Bronze-, Römerzeit und des Mittelalters gefunden haben, die wesentlich stärker korrodiert und dadurch oft nicht mehr in ihrer ursprünglichen Form zu erkennen waren. In der Folge haben uns engagierte Wissenschaftler und Firmen unterstützt. Mittels Computertomographie wurden die Gegenstände in einzelne Schnittflächen zerlegt, um zu sehen, was sich in ihrem Innern verbirgt. (Abb. 234) Jedoch waren zwei dieser Geräte für unsere Anforderungen unzureichend und wir konnten nur erahnen, was sich unter der Oberfläche darin verbergen würde. Erst der Einsatz eines sehr starken Computertomographen bei der Montanuniversität Leoben ermöglichte es, einige Details genauer zu erkennen. (Abb. 235 bis 237) In den darauffolgenden Jahren gelang es, in den prähistorischen Schichtfolgen weitere Metallgegenstände sicherzustellen, und bis auf zwei Ausnahmen bestanden alle entweder aus einer Messing-Aluminium-

Abb. 237 (rechts) *Ansicht einer Schnittebene von den Scans des Metallgegenstandes.*

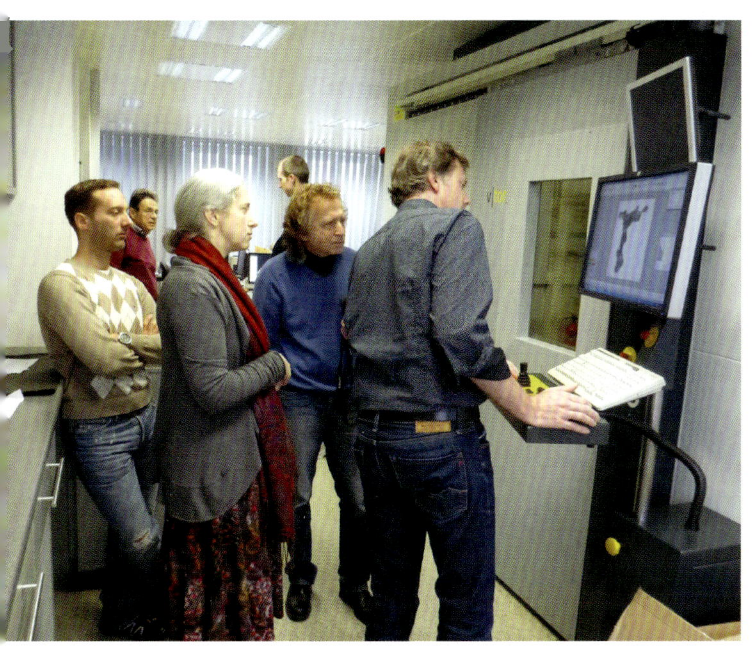

***Abb. 235** Spezielle Untersuchung der Metallgegenstände beim Österreichischen Gießerei-Institut in Leoben.*

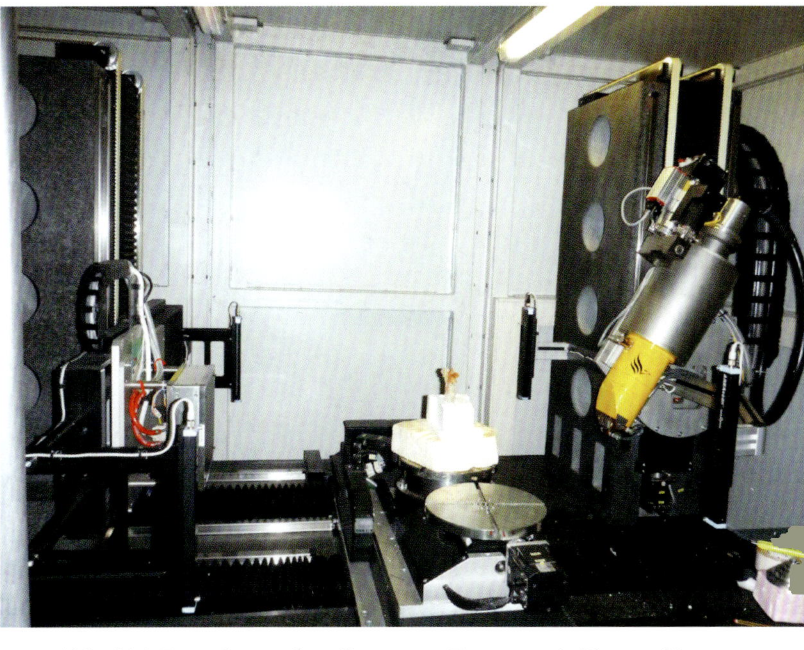

***Abb. 236** Ein sehr starker Computer-Tomograph Phönix X-Ray wurde hier zum Scan der Metallobjekte eingesetzt.*

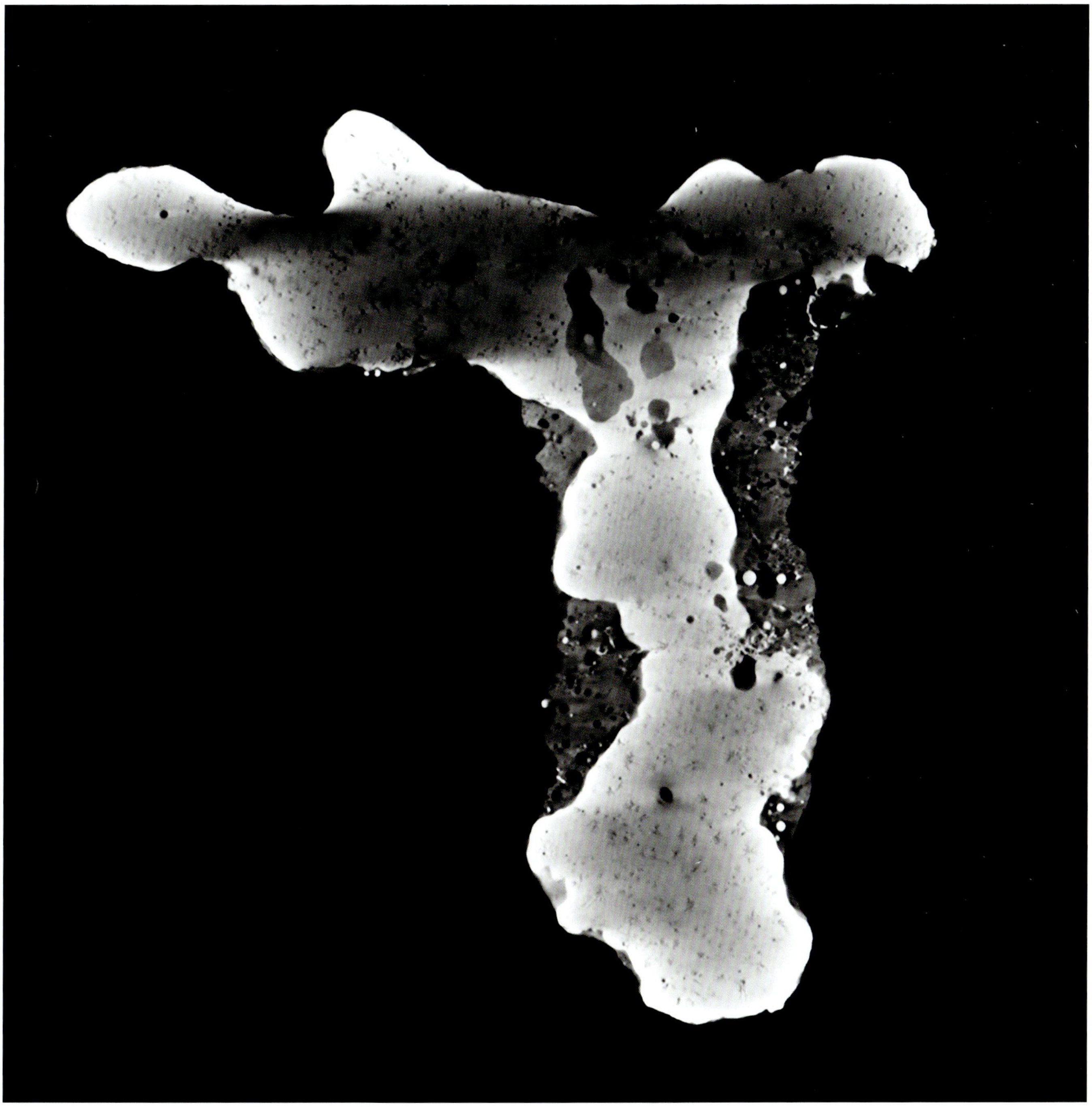

Abb. 238 *Ein weiterer Metallgegenstand mit zwei dünnen Bohrungen an der Spitze, dessen ursprüngliche Funktion derzeit noch ungeklärt ist.*

Abb. 239 *Fibel aus dem prähistorischen Fundhorizont, die aus einer Messing-Aluminium Legierung gefertigt worden ist.*

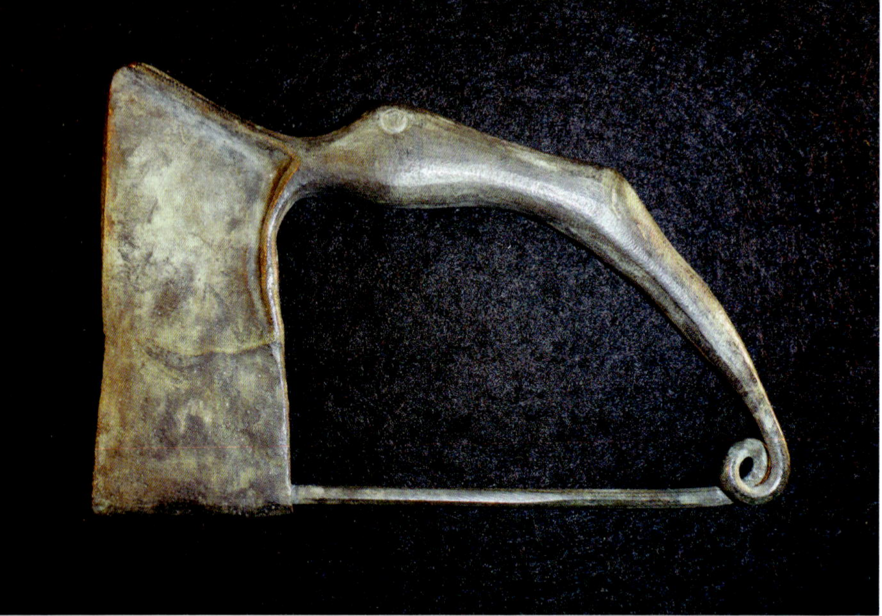

Abb. 240 *Eine weitere Fibel, ebenfalls aus einer Messing-Aluminium Legierung hergestellt.*

oder Stahl- bzw. Eisen-Aluminium-Legierung. Der Anteil von Aluminium lag bei diesen Artefakten zwischen 3 und 42 Prozent und war bei einigen Stücken derart hoch, dass eine natürliche Kontaminierung der Metalloberflächen durch Erdreich auszuschließen ist. Laut dem emeritierten Wiener Geologen Univ.-Prof. Dr. Kurt Decker (Universität Wien) beträgt der natürliche Aluminiumanteil im Boden von Klosterneuburg nur 0,5 bis 1,6 Prozent. In den Sedimentablagerungen bei den Fundstellen der „12 Apostel Zeche“ selbst konnten außerdem im Lehm keine Einlagerungen von Aluminium festgestellt werden!

Nachdem weder aus der Kupfer-, Bronze- noch Eisenzeit offiziell solche Metall-Legierungen in Europa bekannt sind, kann es sich nur um noch ältere Gegenstände handeln, die von einer uns unbekannten Zivilisation stammen, die vielleicht technisch noch höher entwickelt war, als wir es heute sind. (Abb. 238) So wie es sich durch unsere nachfolgenden Untersuchungen der geborgenen Funde

Abb. 241 *Bronzezeitliche Spiralscheibenfibeln in der „12 Apostel Zeche“.*

Abb. 242 (rechts) *Ein 10 cm langes Schmuckstück mit Nadel in Form einer Vogeldarstellung aus einer Messing-Aluminium-Gold Legierung mit Halbedelsteinen und einer Perle besetzt (restauriert).*

Abb. 243 *Kleiner 4,2 cm langer Schmuckgegenstand mit Nadel, Metallzusammensetzung wie Abb. 242.*

Abb. 244 *Feindurchsicht (Schlämmen) der prähistorischen Sedimente.*

Abb. 245 *Zwei Nadeln und ein Zirkel aus einer Messing-Aluminium-Eisen Legierung mit einem sehr hohen Anteil an Aluminium von über 35 Prozent.*

Abb. 246 *Dieser Fundgegenstand könnte vermutlich ein technischer Teil einer Strömungsturbine sein.*

ergeben hat, scheinen die Metallfunde mit erhöhtem Aluminiumanteil vermutlich nicht auf unserer Erde produziert worden zu sein. Dazu müssten wir das Isotopen-Signaturverhältnis der chemischen Elemente überprüfen. Wir sind uns bewusst, dass diese Schlussfolgerung utopisch und unglaubwürdig klingt, aber sie beruht auf wahren Gegebenheiten.

Zu diesen Erkenntnissen kommt noch, dass die geborgenen Schmuckstücke, die stratigraphisch aus dem prähistorischen Fundhorizont stammen, nicht aus einer Bronzelegierung gefertigt waren, wie es durch ihr Aussehen zu erwarten gewesen wäre, sondern aus einer uns unbekannten Messinglegierung, die aus Kupfer, Zink und Aluminium zusammengesetzt ist. (Abb. 239 und 240) Nun werden sich viele Leser fragen, was daran so ungewöhnlich ist? Wie bereits zuvor erklärt, war Aluminium zu dieser Zeit noch nicht bekannt und ebenso ist Zink für Metalllegierungen nicht ohne technisch hohen Aufwand herzustellen! Denn zur Produktion dieses Metalls benötigt man heute zwei spezielle Techniken mit Temperaturen von 1.300 Grad beim trockenen Verfahren und über 3.000 Grad Celsius beim nassen Verfahren! Dazu sollte

Abb. 247 (rechts) *Eine der Auswertungen von rund 40 Röntgen-Spektrometeranalysen, deren Ergebnisse nicht in den prähistorischen Zeitraum passen.*

man wissen, dass Messing erst ab dem 14. Jahrhundert in Indien und ab dem 17. Jahrhundert in Europa hergestellt worden ist. Wir erinnern daran, dass die „12 Apostel Zeche“ bereits im 16. Jahrhundert von der Kirche verfüllt wurde und danach für keinen Menschen mehr bis zum Zeitpunkt der Bergung der Artefakte im 21. Jahrhundert zugänglich gewesen ist!

Von welcher Art von Schmuckstücken sprechen wir hier eigentlich? Da wären zwei Fibeln (= Gewandspangen), die jeder Archäologe sofort der römischen Epoche zuordnen würde, wäre da nicht ein modernes zeitloses Design in der Ausgestaltung, das zumindest uns aus der Römerzeit durch Vergleiche mit musealen und publizierten Funden nicht bekannt ist. Dazu kommen auch noch die Resultate der metallurgischen Oberflächenanalysen! Bei einer der beiden Fibeln erbrachte die Untersuchung eine Zusammensetzung von 68,275 Prozent Kupfer, 22,154 Prozent Zink, 3,590 Prozent Aluminium, 2,802 Prozent Blei, 2,091 Prozent Zinn und 0,473 Prozent Eisen. Die zweite Messingfibel hatte eine annähernd ähnliche Legierung, und zwar 61,402 Prozent Kupfer, 33,207 Prozent Zink, 3,092 Prozent Aluminium, 0,786 Prozent Blei und 0,615 Prozent Selen. Diese Ergebnisse belegen, dass es sich bei den beiden Schmuckstücken jeweils um Messinglegierungen mit Aluminiumanteil handelt und nicht um Bronzefibeln, wie sie beispielsweise in der Bronze- und Römerzeit gebräuchlich waren (Abb. 241) Viele Fibeln aus den letztgenannten beiden Zeiträumen konnten in den oberen Kulturschichten der „12 Apostel Zeche“ gefunden werden, aber diese lassen sich auch von der Fundsituation her nicht mit diesen beiden prähistorischen Fibeln vergleichen! Die Bronzefibeln aus den römischen Zeiträumen waren ziemlich stark korrodiert.

Zwei weitere Schmuckstücke, die vom Besitzer im prähistorischen Horizont geborgen wurden, hatten einen ähnlichen metallurgischen Befund mit Messing- und Aluminiumanteilen, nur dass in diesem noch zusätzlich geringe Anteile an Gold enthalten waren. Das größere

Amt der Steiermärkischen Landesregierung
Abteilung 15
Landhausgasse 7
A-8010 Graz

S1 Report

Counts/(s eV)

Energie [keV]

Cr Fe Ca La · Ca Ka · Cr Ka · Fe Ka · Cu Ka · Zn Ka

Probe		Datum	Zeit	kV	µA	Live Time [s]	True Time[s]
ANALYZE_FP-056.	■	23.07.2018	10:38:27	50	18	26,113	27,230
ANALYZE_FP-056.	■	23.07.2018	10:38:27	15	32	26,236	28,499

23.07.2018 S1 Data Tool, (C) by ROFA Laboratory & Process Analyzers Seite 1 von 3

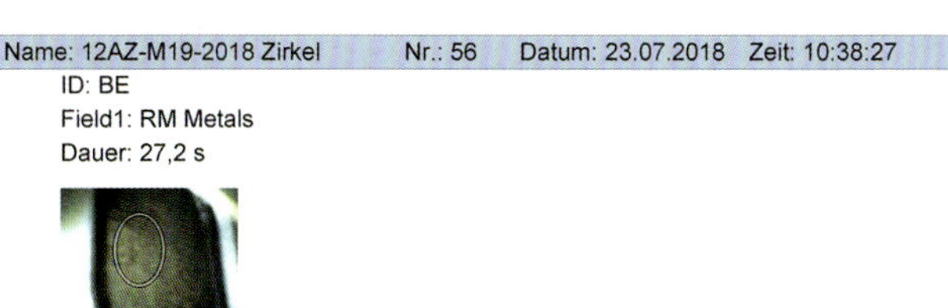

Name: 12AZ-M19-2018 Zirkel Nr.: 56 Datum: 23.07.2018 Zeit: 10:38:27
ID: BE
Field1: RM Metals
Dauer: 27,2 s

0123456789

Element		Min [%]	Konz. [%]	Max [%]	Stdabw. [%]
Aluminium	Al		35,75		0,62
Silicium	Si		20,79		0,67
Eisen	Fe		17,77		0,28
Chrom	Cr		9,28		0,07
Blei	Pb		7,37		0,15
Titan	Ti		4,44		0,07
Kupfer	Cu		2,20		0,07
Zink	Zn		0,86		0,04
Nickel	Ni		0,38		0,05
Palladium	Pd		0,29		0,02
Rhodium	Rh		0,26		0,01
Zirconium	Zr		0,24		0,01
Silber	Ag		0,20		0,02
Antimon	Sb		0,13		0,03
Brom	Br		0,02		0,01
Niobium	Nb		0,01		0,01
Vanadium	V		< LOD		0,03
Molybdän	Mo		0,01		0,01
Wolfram	W		< LOD		0,04
Tantal	Ta		< LOD		0,04
Zinn	Sn		< LOD		0,08
Selen	Se		< LOD		0,01
Mangan	Mn		< LOD		0,12
Quecksilber	Hg		< LOD		0,01
Cobalt	Co		< LOD		0,07
Cadmium	Cd		< LOD		0,01
Bismut	Bi		< LOD		0,02
Arsen	As		< LOD		0,03

23.07.2018 S1 Data Tool, (C) by ROFA Laboratory & Process Analyzers Seite 2 von 3

***Abb. 248** Polychrom bemaltes, becherförmiges Keramikgefäß, das von einem Wesen getragen wird.*

Stück sieht wie ein militärisches Abzeichen aus, denn der nach rechts blickende Vogelkopf und die Flügelhaltung könnte einen Adler stilisieren und diese Darstellungsart wurde in geschichtlichen Zeiträumen, im Zweiten Weltkrieg und wird auch heute noch bei Militäreinheiten (US Luftwaffe) modernisiert als Logo verwendet. (Abb. 242) Dafür gibt es einige Beispiele, die zeitlich auch weiter zurückreichen können. Das kleinere Abzeichen mit dem Stern und der länglichen rechteckigen Vertiefung könnte auch von Bedeutung gewesen sein. (Abb. 243) Jedoch fehlen hier die einst eingebetteten Schmucksteine, die beim größeren oben beschriebenen Fundstück im Sediment sichergestellt werden konnten. (Abb. 244) Wir wissen, dass seit der Bronzezeit die Herstellung von Bronze (= Kupfer-Zinn-Legierung) in Europa bekannt war, jedoch kennen wir bis heute aus der prähistorischen Epoche keine Messinglegierung (= Kupfer-Zink-Legierung) mit einem so hohen Anteil an Aluminium!

Ganz aus dem Rahmen fielen drei Gegenstände, die sich ebenfalls nebeneinanderliegend in der prähistorischen Fundschichte befanden. Es handelt sich um einen 12 Zentimeter langen Zirkel und zwei 13 und 14 Zentimeter lange stärkere Nadeln, deren ursprüngliche Funktion noch nicht bekannt ist. (Abb. 245) Es könnte sich hierbei um Messgeräte oder etwas anderes handeln. Erstaunlich bei diesen Fundstücken ist ebenso der hohe Aluminiumanteil von über 35–40 Prozent in der Legierung! Die Metallzusammensetzung des Zirkel wies an der Oberfläche 35,75 Prozent Aluminium, 20,79 Prozent Silicium, 17,77 Prozent Eisen, 9,28 Prozent Chrom, 7,37 Prozent Blei, 4,44 Prozent Titan und 2,20 Prozent Kupfer auf.

Als besonders interessant erwies sich ein Metallfund (Abb. 246), der im ersten Moment wie ein Streitkolben (= Schlagwaffe) aussah, aber keiner ist. Diese Waffenart war früher von Mesopotamien über Nordafrika bis in den europäischen Raum weit verbreitet und wurde bei uns bis ins Mittelalter hinein verwendet. Der Grund, warum wir bei diesem Metallstück auch auf die Möglichkeit eines anderen Verwendungszweckes hinweisen wollen, liegt in der Beurteilung eines Technikers, der, als er diesen Gegenstand sah uns mitteilte, dass dies ein Teil einer Strömungsturbine sein könnte. Diese Feststellung erhärtete sich bei der genauen Untersuchung des Metallgegenstandes. Der 7,15 Zentimeter lange Körper hat im oberen Teil sechs Schaufelblätter mit einem Außendurchmesser von 6,16 Zentimetern, die jeweils eine Länge von 3,56 Zentimetern besitzen. Zwischen den einzelnen Schaufeln befinden sich stromlinienförmige Erhebungen. Der Kugelkopf, auf dem

***Abb. 249** Gefäß mit einem zweireihig umlaufenden Zeichenband der Vinča-Schrift.*

Abb. 250 *Keramikstatuette einer Schwangeren (noch nicht gereinigt) mit einem über den Bauch verlaufenden, doppelreihigem Schriftband.*

sich die Schaufeln befinden, hat einen Durchmesser von 4,35 Zentimetern. Durch den ganzen Metallteil verläuft eine konische Öffnung, deren Durchmesser an den Enden 1,86 Zentimeter und 2,62 Zentimeter sind. Die Wandstärke des innen hohlen Metallkörpers beträgt durchgehend 4,3 Millimeter. Das Stück dürfte in der verlorenen Form gegossen worden sein, weil nirgends Gussnähte zu erkennen sind und der Verlauf der Innenwand der Kugel an die Außenseite angeglichen ist. Auch hier haben wir es wieder mit einer Messinglegierung zu tun. Die Oberflächenmessung ergab: 64,082 Prozent Kupfer, 27,371 Prozent Zink, 5,089 Prozent Aluminium, 2,172 Prozent Blei, 0,411 Prozent Chrom und 0,240 Prozent Nickel. (Abb. 247)

Fragt sich nur, WER hat WANN, WIE und WO diese Gegenstände in einem uns derzeit noch „Unbekannten Zeitraum" hergestellt? Alle oben angesprochenen Verfahren zur Herstellung von Metallen kannte man laut den Vorgaben der etablierten Wissenschaft vor über 60.000 Jahren noch nicht, denn da tummelten sich ja nach der offiziellen Geschichtsschreibung unsere Vorfahren, die „Neandertaler", in den Wäldern Europas herum! Dies ist Fakt, aber was könnte hier in unserer Menschheitsgeschichte nicht stimmen oder falsch interpretiert worden sein? Eigentlich gar nichts, denn jeder aktuelle Forschungsstand setzt immer ein allumfassendes interdisziplinäres Grundwissen voraus und dieses war noch bis vor wenigen Jahrzehnten sehr begrenzt. Wieso kommt es heute immer noch zu solchen krassen Widersprüchen in der Urgeschichtsforschung? Werden nur jene Funde anerkannt, die in das vorgegebene typologisch vergleichbare Geschichtsschema passen? Oder gibt es für dieses Verhalten andere Gründe, die - mit welcher Absicht auch immer - für die breite Öffentlichkeit nicht erwünscht sind? Wir denken, es gibt sie!

Wenn wir uns die im Kapitel 4 gezeigten Fundstücke einmal genauer ansehen, so werden Fachleute die charakteristische Form sofort einigen bekannten Figurinen der Vinča- oder Donaukultur zuweisen, die laut Archäologen über mehrere Jahrtausende im Zeitraum des Neolithikums entlang der Donau im südosteuropäischen bis in

Abb. 251 *Zwei Schriftzeichen auf einer Steinplatte, die eines der wenigen menschlichen Gesichts-Abbildungen aus Ton bedeckte (siehe Abb. 201). Diese beiden Zeichen könnten für den Begriff „Mensch" stehen.*

den deutschen Raum angesiedelt war. (Abb. 248) So steht es zumindest in der archäologischen Fachliteratur und in vielen seriösen Grabungsberichten. Das Besondere an dieser Kultur, die sich vorläufig durch Datierungen von organischen Materialien diverser neolithischer Fundstellen in Südosteuropa in einem Zeitrahmen von 9.000 bis 5.000 Jahren BP (= vor heute) bewegt, ist jedoch, dass sich in ihrem Einflussbereich eigene Schriftzeichen entwickelt haben. Diese können laut den international bekannten Wissenschaftlern Dr. Shan Winn (USA) und Dr. Harald Haarmann (BRD) heute als die ältesten derzeit bekannten Schriftsymbole auf unserem Planeten gelten. (Haarmann 2010) Und damit haben beide und auch weitere renommierte Kollegen aus Südost-Europa sicherlich Recht! Jedoch kennen wir aus den vorangegangenen Abschnitten des Paläolithikums ähnliche Zeichen, die vorwiegend bei oder nahe von prähistorischen Höhlenmalereien in Bulgarien, Deutschland, Frankreich, Italien und Spanien vorgefunden wurden.

Diese Zeichen, wie Striche und Punkte, aber auch noch andere Symbole, sind nach jüngsten wissenschaftlichen Untersuchungen zwischen 10.000 und 65.000 bzw. 115.000 Jahre alt, also reichen bis in den Zeitraum des „Neandertalers". Das Alter der Donauschrift wird heute mit mehr als 7.000 Jahren angegeben und sie hat einen derzeit bekannten Zeichensatz von über 700 Symbolen. Jedoch entwickelt sich keine Schrift aus einem kulturhistorischen Vakuum oder einfacher gesagt aus dem Nichts! Es könnte ikonographische Quellen als Ursprung geben oder die Schrift wurde ganz einfach importiert. Wie und woher ist derzeit noch unbekannt. Es handelt sich ja nicht um eine Schrift, der ein Alphabet zugrunde liegt, sondern die Zeichen bzw. Symbole setzen sich vermutlich aus einzelnen Silben- oder Wort-Begriffen zusammen, deren Ursprung wie bei den Hieroglyphen bzw. der Keilschrift oder den chinesischen Schriftzeichen eine erweiterte Entwicklung einer frühen Bilderschrift sein könnte.

Die Donauschrift und die damit verbundene Vinča-Kultur wurden im wissenschaftlichen Bereich über Jahrzehnte hinweg totgeschwiegen. Denn wer sich damit beschäftigte, der wurde stigmatisiert und die Hunderten bekannten Zeichen auf den geborgenen Fundstücken wurden in diesem Zeitraum offiziell nicht als Schrift anerkannt. Dies geht auch aus einer Textstelle in Haarmanns Buch „Das Rätsel der Donauzivilisation" (3. Auflage, 2017) auf Seite 209 hervor, wo folgendes nachzulesen ist:

„Lange Zeit waren die alteuropäischen Schriftzeugnisse nur in Auswahl zugänglich. Dies hing in erster Linie damit zusammen, dass die These eines Schriftgebrauchs in Alteuropa tabuisiert wurde. Shan Winn, der die erste Dissertation über die Zeichen im neolithischen Alteuropa schrieb, kategorisierte den Zeichengebrauch als „pre-writing", als Vorstufe von Schrift (Winn 1981). Im Text seiner Studie stolpert man allerdings über Äußerungen, die dem widersprechen. Winn war offensichtlich überzeugt, dass dies Schrift ist. Warum also der irreführende Titel? Die erste internationale Konferenz von

Abb. 252 *Das Marien-Gnadenbild die „Schwarze Madonna" aus dem 14. Jahrhundert.*

Abb. 253 Auszug der Schriftzeichen, die sich auf der Rückseite des Gnadenbildes befinden, diese zeigen idente Zeichen der Vinča-Schrift auf.

Novi Sad (2004) über die Donauschrift, an der auch Winn teilnahm, brachte eine erstaunliche Enthüllung. Winn gab zu, dass er von Anfang an vom Schriftcharakter überzeugt war, dass aber das akademische Klima in den 70er Jahren in den USA einen Bruch mit der traditionellen Lehrmeinung vom Primat Mesopotamiens als Wiege der Zivilisation nicht zugelassen hätte. Um sicherzugehen, dass seine Dissertation angenommen würde, musste er sich auf den Kompromiss einlassen und seine Hauptthese entsprechend abschwächen (Winn 2009). Aber auch heute noch vertreten einige Wissenschaftler die These, dass es diese Schrift nicht gibt, obwohl Hunderte Schriftdokumente auf Bein, Keramiken und Stein bei Ausgrabungen in den letzten Jahrzehnten gefunden worden sind."
(Haarmann 2017)

Bisher wurden bei Freilandausgrabungen auf Statuen und Keramiken Einzelzeichen

Abb. 254 *Eine der drei in Latein abgefassten Inschriften auf der Pestsäule am Stadtplatz von Klosterneuburg.*

Abb. 256 Hier wurde ein stehendes Wesen mit einem langen Rock und Amulett um den Hals dargestellt. Typisch ist die Körperhaltung mit den beiden an der Hüfte abgestützten Armen.

und kurze Abfolgen von Zeichen gefunden, die nicht gedeutet werden konnten. (Abb. 249 und 250) Doch belegen die drei Steintafeln, die 2018 in der „12 Apostel Zeche" entdeckt wurden, dass wir es mit einer Textschrift zu tun haben, deren Transkription derzeit noch aussteht. Die einzelnen Zeichen oder Zeichenbänder auf den Keramiken oder Steinen der Altgrabungen in Südosteuropa können Hinweise auf bzw. Erklärungen für die entsprechenden Gegenstände oder deren Nutzung sein. Ein solches Beispiel entdeckten wir in einer der Fundgruben, wo ein menschliches Gesicht mit Bart und langem Haar aus Ton gefunden wurde, das mit einer Steinplatte zugedeckt war. Auf der nach innen gewölbten, dem Gesicht zugewandten Seite der Steinplatte waren zwei Zeichen eingraviert. Sie könnten für den Begriff „Mensch" oder eine andere Bezeichnung stehen. (Abb. 251) Außerdem wissen wir heute nicht, wie die Zeichen in der Lautsprache einst formuliert worden sind und was sie letztlich wirklich bedeuten sollen. Vergleiche mit später entwickelten Schriften im vorderasiatischen, indischen, süd- und nordamerikanischen Raum erbrachten noch keine konkreten Resultate. Zu hinterfragende Parallelen fanden sich in den Schriftzeichen auf der Osterinsel, auf der Insel Kreta (phönizische Schriftzeichen), der Induskultur und interessanterweise in Schriftfragmenten aus Klöstern des europäischen Mittelalters (z. B. glagolithische Schrift).

Abb. 257 Darstellung einer Gleichstrombatterie mit Lampe. Darunter befindet sich die Darstellung eines bauchigen Objektes.

Aber es gibt auch noch Zufälle, die vielleicht weiterhelfen oder aber auch in eine falsche Richtung führen könnten. Ein solcher ereignete sich im Jahre 2018, als ein Klosterorden ein mittelalterliches Gemälde aus dem 14. Jahrhundert verkaufte, das die „Schwarze Madonna" von Alt-Brünn zeigt. Von diesem Marien-Gnadenbild, das einst im Augustiner Chorherrenstift St. Thomas, welches im Jahre 1950 geschlossen worden war, aufbewahrt worden ist, existiert ein Pare (Duplikat, Kopie), das sich in der Pfarre „Alt-Brünn", heute Kluzov, politische Gemeinde Hanovice in Tschechien, befand. Die früheren Eigentümer des erworbenen Bildes waren die „Gesellschaft der Erben der Katharer", die Pfarre Alt-Brünn und die Nachfolgegemeinschaft des „Signum Secretum Templi". Was ist an diesem Gemälde so interessant, das es hier im Zusammenhang mit der Donauschrift erwähnt wird? Dieses Gemälde musste nach dem Kauf restauriert werden, wie es die Beschädigungen im unteren Bildbereich erkennen lassen, weil es offensichtlich früher einmal anders eingerahmt war. (Abb. 252) Zu diesem Zweck wurde die hölzerne Rückwand entfernt und darunter kamen auf Leinen aufgemalte Schriftzeichen zu Tage, die mit einer stark glänzenden Firnisschicht überstrichen waren. Also muss diese Information sehr wichtig gewesen sein, da man sie hinter einem Heiligenbild versteckte. Es sind einige graphische Darstellungen bzw. Zeichen und zwei Schriftarten erkennbar. Eine war mit roten Schriftzeichen und die andere in

Abb. 258 Darstellung eines schwebenden Flugobjektes.

***Abb. 255 (links)** Die mit inkrustierten Gravuren versehene Vorderseite der Steintafel I.*

Abb. 259 (links) Die abgewitterte Rückseite der Steintafel I mit den Inschriftenresten.

blauer Farbe ausgeführt. (Abb. 253) Für uns waren die in dunkelblauer Farbe ausgeführten Zeichen besonders interessant, da sie im Vergleich fast ident mit jenen sind, die sich auf einer schwangeren Figurine der „12 Apostel Zeche" befinden. Es stellt sich für uns die Frage, war im Mittelalter noch die Kenntnis um diese Schriftzeichen in kirchlichen Kreisen bekannt? Und wenn ja, warum und wie ist dieses Wissen in den letzten 600 Jahren verloren gegangen? Wie im Kapitel 1 nachzulesen ist, gab es im Mittelalter noch Kontakt zu unterirdischen Völkern in Europa. Kannten jene diese Schriftzeichen und haben sie ihre Kenntnis an den Adel oder Vertreter der Kirche (Templer) einst weitergegeben? Könnte die Rückseite des Gemäldes bei der Entschlüsselung der Donau-Schrift helfen? Oder entfernen wir uns mit solchen Gedankengängen komplett von der Realität? Fest steht jedoch, dass die „Tempelritter" ein fundamentales Wissen besaßen und dieses bereits am Übergang vom 13. ins 14. Jahrhundert absicherten und an ausgesuchte Gruppen in ihren Reihen weitergaben. Und was würde sich für schriftliche Hinterlassenschaften besser eignen als die Rückseite eines Gemäldes, das unantastbar öffentlich in einer Kirche oder Kloster von Gläubigen verehrt und dadurch geschützt wurde. Es gäbe natürlich auch noch unzählige andere Verstecke (z.B. Altäre, Grüfte, Inschriften usw.) für Informationen. Um nur zwei Beispiele zu nennen, so gibt es im Augustiner-Chorherren Stift Klosterneuburg einen Altar, der ein Geheimnis verbirgt und die am Stadtplatz befindliche Pestsäule steht nicht nur über einem Eingang in eine unterirdische Anlage. Dieser wurde vor einigen Jahren bei der Restaurierung der Säule in einer Nachtaktion zubetoniert. Es gibt in den Inschriften auf allen drei Seiten der Pestsäule Informationen über weitere Zugänge in die „Unterwelt", allerdings verschlüsselt. In den letzten Jahren hat die Kirche versucht diese Hinweise zu löschen, in dem man die einst rot eingefärbten Buchstaben der lateinischen Inschriften, die den Schlüssel zur Information beinhaltet hatten, farblich neutralisierte. (Abb. 254)

***Abb. 260** Teilweise erhalten gebliebene Schriftzeichen auf der Rückseite der Steintafel I.*

***Abb. 261** Ein weiterer fragmentarisch erhalten gebliebener Inschriftenteil auf der Steintafel I.*

Wenden wir uns nun den drei großen Steinplatten, Tafel I bis III, zu. Hier können wir feststellen, dass uns einiges gut bekannt ist. Gemeint sind hier Menschen- und Tierdarstellungen, auch eine mögliche Anleitung zum Ackerbau, die eine Gestalt mit einem Tier und Pflug zeigt, wie auf Tafel II zu sehen ist.

Jedoch beginnen wir mit der Tafel I, wo eine eingravierte Bildgeschichte auf der vermutlichen Vorderseite der Steinplatte zu erkennen ist. (Abb. 255) Die ganze Platte wurde einst,

***Abb. 262 (S. 200)** Die Vorderseite der Steintafel II mit zahlreichen gravierten Bilddarstellungen.*

***Abb. 263 (S. 201)** Rückseite der Steintafel II mit einem durchgehenden Textteil der Vinča-Schrift.*

Abb. 264 (S. 202) *Vorderseite der Steintafel III die sowohl einen Bild- als auch einen Textteil beinhaltet.*

Abb. 265 (S. 203) *Rückseite der Steintafel III. Hier ist ein in Zeilen angeordneter Schriftverlauf zu erkennen. Dies belegt eindeutig, dass es sich hier um eine echte Schrift und nicht nur um Symbolzeichen handelt.*

Abb. 266 *Eine weitere Darstellung der Wesen.*

wie alle anderen steinernen Schriftdokumente, als sie fertig beschriftet war, stark erhitzt, um damit die weiße Inkrustierung in die gravierten Bereiche einzubrennen. Zu sehen ist dies an den Randverfärbungen der Gesteinsoberfläche. Insgesamt finden wir über 20 Darstellungen bzw. Bildabfolgen, die, so scheint es, eine Geschichte erzählen, die aber für uns schwer zu interpretieren ist, weil in der wissenschaftlichen Forschung keine Spekulationen Vorrang haben. Dennoch konnte bei einigen Abbildungen sofort eine Bedeutung erkannt werden, da durch die Fundumstände ganz klare Bezüge zu den gezeigten Darstellungen und ihrer vermutlichen Aussage bestehen. Nur die genaue Abfolge der Geschichte ist uns bis heute noch unbekannt. In der Tafel I kommt zentral an höchster Stelle jene gezeichneten Figur vor, die zweifelsohne eines jener Wesen zeigt, die in unserem Fundkomplex dominant präsent sind. Die Gestalt trägt einen bodenlangen Rock und ein Amulett um den Hals. Die Hände sind an der Hüfte abgestützt und haben drei Finger pro Hand. Füße sind keine erkennbar, dies war für diese Wesen offenbar wichtig. (Abb. 256) Es scheint eine uns unbekannte Spezies zu sein, die, wie wir durch weitere Bildgeschichten auf den Steintafeln IV bis VI vermuten können, durch einen Unfall (Absturz?) auf der Erde notlanden mussten. Auf der linken Seite leicht unterhalb der Figur ist ein Tetraeder, eine dreiflächige Pyramide erkennbar, aus deren Spitze vier gebogene Strahlen nach oben wegführen. Rechts der Figur befindet sich eine achteckige Pyramide, aus deren Spitze ebenfalls vier Strahlen austreten. Der sternförmige Grundriss hat eine Ähnlichkeit mit jenem der Cheops-Pyramide in Ägypten, die ja auch, was wenig bekannt ist, acht und nicht nur vier Seiten besitzt, weil sie auf jeder Seite eine leicht nach innen versetzte, von der Spitze aus durchgehende Knickstelle hat. Noch weiter rechts davon könnte die Draufsicht einer runden Scheibe zu sehen sein, in deren Mitte sich ein kleinerer Kreis befindet, der durch acht gebogene Linien mit dem äußeren Kreis verbunden ist. Direkt unterhalb der Figur in der Mitte ist ein Stern mit vier Spitzen dargestellt, wo von jedem Knickwinkel ein kurzer Strich wegführt. Links davon ist so etwas wie eine langgestreckte bauchige Röhre erkennbar, die, vergleicht man sie mit der Darstellung auf Tafel V, einen Flugkörper zeigen könnte. Noch weiter links davon ist ein Gefäß mit einem Deckel zu sehen, von dem zwei spiralförmige Linien zu einem Kolben führen, in dem sich vermutlich Glühdrähte befinden. (Abb. 257) Dies scheint die Darstellung eines elektrischen Leuchtkörpers zu sein, der von einer Batterie gespeist wird. Diese Beobachtung bestätigte sich aber erst Monate später, als wir drei solcher Steingefäße (Batterien) und einen Glaskolben fanden. Senkrecht unterhalb des Tetraeders ist noch ein Flugobjekt erkennbar, das, durch kurze hinzugefügte Striche angedeutet, schwebend dargestellt wurde. (Abb. 258) Es sieht so aus, als würde es schwanken. Diese Darstellungsform zeigt, dass man bewusst das Flugverhalten des Objektes festhalten wollte. Wenn wir uns vom Stern in der Mitte nach rechts wenden, so finden wir eine längliche Darstellung, die im oberen Drittel ein Loch hat, aus dem wieder vier gebogene Strahlen herauskommen. Wir können diese gravierte Zeichnung noch nicht zuweisen. Rechts davon befindet sich ein Zeichen aus sechs

***Abb. 267** Steintafel IV mit feinsten Bohrungen und drei gravierten Darstellungen, die ein Wesen, einen Flugkörper und ein Sonnensystem zeigen.*

im Uhrzeigersinn gebogenen Linien und noch weiter rechts möglicherweise ein linsenförmiger Körper mit drei kurzen Stützen. Darunter sind wellenförmige Linien fächerartig angedeutet. Unterhalb des Zentrums befindet sich links und rechts eine Unterteilung, in deren Mitte zwei Gesichter zu erkennen sind. Das linke Gesicht zeigt einen Menschen mit krausem Haar und Vollbart, das rechte Gesicht zeigt eine Spezies mit einem Langschädel. Darunter wurde links und rechts ein Tier dargestellt. Rechts ein Hirsch, auf den ein Pfeil zeigt, und links vermutlich ein Hund oder Wolf. Ganz unten befindet sich eine nicht identifizierbare Darstellung, von der links davon ein langer Pfeil hinauf führt. Und rechts sind Wellenlinien und darüber ein Gegenstand erkennbar, der wie eine Schale oder ein Boot aussieht. Oberhalb könnte ein Lochbeil oder etwas anderes gezeichnet worden sein und links davon sind mehrere senkrechte Striche (Pflanzen?) und ein abgerundeter länglicher Gegenstand zu erkennen. Was die Abbildungen im Detail bedeuten und welche Geschichte sie erzählen, wissen wir noch nicht. Es muss aber für das Individuum, das diese Zeichnungen in den Stein graviert und auch eingebrannt hat, von Bedeutung gewesen sein. Auf der Rückseite der Tafel I finden wir nur drei Textfragmente, denn

***Abb. 268** Steintafel V. Dieses nur fragmentarisch erhalten gebliebene Steindokument zeigt zwei Fluggeräte in Bewegung und ein Flugobjekt, das sich in drei Sektoren aufteilt. Rechts davon sind drei Diagrammfragmente und ein Inschriftenrest zu sehen.*

die beschriftete Steinoberfläche ist stark verwittert oder wurde durch die Freilegung beschädigt und hat sich zu 90 Prozent abgelöst. (Abb. 259) Es sind nur mehr wenige Zeichen unbekannten Inhalts erhalten geblieben. (Abb. 260 und 261)

Die Tafel II ist auf der Bildseite in vier Sektoren eingeteilt. (Abb. 262) In der Mitte ganz oben ist eine Tierdarstellung eingraviert, rechts und links davon zwei Zeichen. Darunter ist eine Strichgestalt schreitend dargestellt, die eine Tätigkeit ausübt. Rechts daneben ist eine fliegende Flugscheibe und danach eine senkrechte Zickzack-Linie erkennbar. Dann folgt ein längliches Fluggerät schwebend dargestellt, mit einer Wellenlinie an der Unterseite. Von dem Fluggerät geht nach unten ein Strich weg, an dessen Ende eine Pfeilspitze auf die größte Figur in dieser Bildergruppe zeigt. Weiter rechts sieht man zwei schreitende Strichgestalten mit großen runden Köpfen und zwei senkrechten Zickzack-Linien dahinter. Ganz außen ein aufgestelltes Quadrat mit einem Kreuz in der Mitte und jeweils einen Punkt in den Leerräumen. In der dritten Ebene befindet sich ganz links außen eine Dreiergruppe von Strichmännchen, die nach links gewendet sitzend dargestellt worden sind. Darüber wieder ein Quadrat kreuzförmig unterteilt. Rechts davon ein Kreis mit einem Dreieck in der Mitte mit dem Spitz nach unten und darüber zwei Wellenlinien. In der Tafelmitte ist eine große Figur in bodenlangem Gewand wieder mit einem Amulett um den Hals zu sehen, die ihre Arme in der Hüfte abstützt. Auf diese Figur zeigt der schon erwähnte kurze Pfeil und ein wesentlich längerer führt rechts vom unteren Teil der Figur abwärts zu einem Szenario, das eine Gestalt mit einem Tier vielleicht beim Pflügen, also

Abb. 269 *Steintafel VI. Auf der Vorderseite wurde die Abfolge eines Geschehens dokumentiert.*

einer landwirtschaftlichen Tätigkeit zeigen könnte. Die vier geraden Linien könnten aber auch etwas anderes als ein Feld bedeuten. Denn unser Verstand kann in vielen Fällen nur das analysieren, was ihm bekannt ist. Rechts dieser Bildgruppe sind noch zwei gekreuzte Linien, einem X gleich erkennbar, wo an allen Enden drei kurze Striche zu sehen sind. Darunter ist ein Kentaur (= eine Gestalt aus der griechischen Sagenwelt) eingraviert und unterhalb sind wie auf der linken Seite zwei Kreise mit einem Punkt in der Mitte zu sehen. Ganz unten befindet sich noch ein unbekanntes Zeichen auf der Steinoberfläche. Auf der Rückseite dieser Steintafel dürfte sich die Beschreibung dieser Bildgravuren befinden. (Abb. 263) Es gibt hier oben und unten eine blütenähnliche kreuzförmige Darstellung und dazwischen neun Textzeilen, die eindeutig den Schriftcharakter der „Donauschrift“ beweisen! Da diese Schrifttafeln auf dem Felsboden des Deckensturzes rund 1,5 Meter unterhalb des römischen Hypokaust gefunden wurden, kann der Ursprung dieser Schrift noch wesentlich älter sein als wir es heute annehmen. Und wir sollten auch vorsichtig in Erwägung ziehen, dass diese Schrift vermutlich nicht von dieser Welt ist, auch wenn sie über weite Teile von Europa und den Mittelmeerraum vor Tausenden von Jahren Verbreitung gefunden hat!

Auf der Tafel III, die schon bei der Bergung in drei Teile zerbrochen ist, finden wir auf der Vorderseite im oberen Bereich wieder eine Bildgeschichte, die durch eine aus 33 kleinen Kreisen bestehende Linie vom darunter liegenden Schriftteil abgegrenzt ist. (Abb. 264) Durch die beiden Teile, nämlich Bild und Text, ist zu erkennen, wie die Schriftzeichen richtig zu lesen wären. Interessant ist, dass die erste oberste Figur wieder einen Kentaur (= Wesen der griechischen Sagenwelt / Pferd-Mensch) darstellt. Es handelt sich hier um eine Strichgestalt, die einen Tierkörper mit vier Beinen und einen menschlich aussehenden Oberkörper hat. Rechts und links davon befinden sich zwei Zeichen. In der nächsten Zeile sind drei weitere Zeichen oder Symbole in den Stein eingraviert. Sie sind schwer deutbar. In der dritten Zeile befindet sich von links nach rechts zuerst ein Tier mit Hörnern, es könnte ein Steinbock sein? Daneben sind drei Spitzen zu erkennen, die vielleicht Berge darstellen könnten. Weiter rechts ist eine Figur zu sehen, die ein Tier (Krebs?) oder ein sitzender Mensch sein könnte. Es kann bei dieser Darstellung aber auch etwas ganz anderes gemeint sein. Danach sind wieder zwei Schriftzeichen zu sehen und die nächste Figur stellt wieder einen Kentaur mit einem langen Stab dar. Den Abschluss bilden noch zwei Wellenlinien. Darunter folgt die oben beschriebene Unterteilung und danach vier Schriftzeilen mit einem Abschlusszeichen in der Mitte. Vier unterschiedliche Zeichen sind zusätzlich noch rund um diese Seite der gravierten Steinplatte angebracht. Auf der Rückseite befinden sich in sieben Reihen unterschiedliche Zeichen eines Textes, derzeit noch unbekannten Inhalts. (Abb. 265)

Als die drei großen Schriftplatten in den unterirdischen Räumen vom Besitzer wiederentdeckt wurden, war für uns die Bedeutung dieser Steinplatten sofort klar erkennbar. Denn drei Vorderseiten zeigen, wie schon beschrieben, eine Bildgeschichte, deren Einzeldarstellungen manchmal durch eingravierte Pfeile Hinweise auf eine mögliche Abfolge aufzeigen. Der gravierte Text auf der Rückseite von Tafel II beschreibt offensichtlich den Bildinhalt auf der Vorderseite! Hier bestünde die Möglichkeit, anhand der gezeigten Motive vielleicht den Inhalt der Schriftzeichen identifizieren zu können. Nur gibt es ein Problem in der Interpretation der Abbildungen, die sehr themenübergreifend erfolgen kann. Auf zwei Seiten der großen Schrifttafeln und einer kleineren Steinplatte dominiert im oberen Abschnitt eine Figur mit einem übergroßen Kopf und einem bodenlagen Gewand, mit in die Hüfte gestützten Armen, um die herum verschiedenartige andere Darstellungen angeordnet zu erkennen sind. (Abb. 266) Einige sind sofort identifizierbar,

***Abb. 270** Detail auf der Steintafel VI. Hier wird ein möglicher Absturz eines Flugkörpers am Ende der Spirale gezeigt.*

Abb. 271 *Auf der Rückseite der Steintafel VI ist ein Flugobjekt im schwebenden Zustand mit je einer Schriftzeile oben und unten dargestellt.*

Abb. 272 *Dreiseitiger Zeichenstein VII. Auf jeder Seite ist eine Zeichenfolge mit weiterführenden Pfeilen versehen.*

Abb. 273 *Dreieckige Steintafel VIII. Das Bild zeigt die Vorderseite mit zahlreichen Symbolgravuren. Auf der Rückseite befindet sich ebenfalls ein graviertes Zeichen.*

andere lassen je nach Grundwissen des Betrachters einen breiten Spielraum für die Fantasie offen. Die große Figur steht stellvertretend in diesen Bildfolgen für eine kulturtragenden Spezies, die in unserer Vergangenheit - will man den Darstellungen auf drei weiteren kleineren Steinplatten glauben - mit zwei Typen von Fluggeräten von einem anderen Sonnensystem auf unsere Erde gekommen sind. (Abb. 267) Dies ist eine mögliche, aber dennoch zu hinterfragende Interpretation. Aber was wurde hier wirklich dargestellt? Nur eines ist sicher, hier wurde eine Geschichte dokumentiert, deren Ursprung weit in unserer Vorzeit lag. Was wurde hier in die Steine hineingraviert?

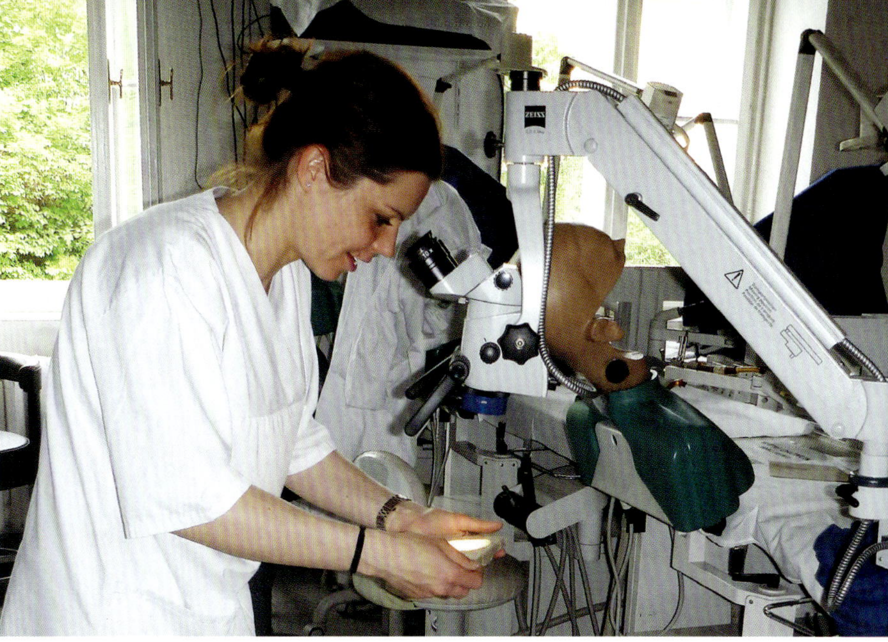

Abb. 274 *Untersuchung der Steinplatte VIII mit einem Spezialmikroskop.*

Abb. 275 *Dieses Bild zeigt einen vergrößerten Ausschnitt eines Schriftzeichens. Gut zu erkennen ist die Verglasung der eingetieften Rillen.*

Wir sehen auf Tafel IV oben wieder die bereits erwähnte Figur, darunter einen Strich mit einem Pfeil, der auf ein schwebendes „Fluggerät“ deutet. Dann folgt wieder ein Strich mit einem Pfeil an der Spitze, der von einer Darstellung von gebohrten Löchern, die mit Strichen verbunden sind, wegführt und nach oben zum Fluggerät zeigt. Wir haben, als wir die Gravur das erste Mal sahen, vermutet, dass es sich bei der Darstellung um ein Sternbild handeln könnte. Denn Astronomen, denen wir diese in die Steinplatte gravierte Formation vorlegten, vermuteten darin den Hauptstern, einen „Roten Riesen“ im Sternbild des Taurus (= Stier), zu erkennen, der unter der Bezeichnung „Aldebaran“ bekannt ist und rund 65 Lichtjahre von unserem Sonnensystem entfernt sein soll. Ein kleiner Kreis markiert die Lage von Aldebaran, vermutlich der Heimatwelt der Fremdwesen. Es gibt sonst keine weitere auffällige Markierung auf der gravierten Steinplatte. Alle anderen Sonnensysteme bzw. Sternhaufen im Sternbild Stier sind nur durch kleinste Bohrungen, die teils durch Striche verbunden sind, gut wahrnehmbar. Diese relativ einfache Darstellung von drei Bildern und zwei Pfeilen hat vermutlich nur eine einzige Aussage, und zwar wurde hier jener Ort dokumentiert, woher und wie diese Spezies einst auf unseren Planeten kam.

Auf der Steintafel V finden wir auf der linken Seite zwei Fluggeräte in Bewegung dargestellt. (Abb. 268) Unten ein zylinderförmig größeres und darüber eine Flugscheibe, die offensichtlich in drei Einzelteile zerlegt werden konnte. Diese Abbildung wurde oben rechts der fliegend dargestellten Flugscheibe in den Stein graviert und die Teilung ist durch Pfeile gekennzeichnet. Die rechte Seite des flachen Tafelfragmentes wird von drei Diagrammen mit feinsten Bohrungen eingenommen, deren Aussage uns derzeit noch unbekannt ist. Unterhalb des ge-

***Abb. 276** Tortenstück ähnlicher Stein, mit Zeichen der Vinča-Schrift auf jeder Seite und einer Anordnung von Grübchen auf der Oberseite.*

teilten Flugobjektes wurde vielleicht eine Sonne in den Stein geritzt? Rechts davon sind noch sechs oder sieben Schriftzeichen auf der Steinplatte erkennbar. Leider fehlen an der rechten Seite und unten Teile der Platte. Der Inhalt dieser Gravuren ist bedauerlicherweise nur mehr fragmentarisch erhalten und setzt vom Betrachter auf alle Fälle ein technisches Grundwissen und viel Fantasie voraus. Aber es kann jeder seine eigene Meinung in die Darstellung hineininterpretieren. Wir können diese Tafel nur in einem Zusammenhang mit den anderen Steintafeln sehen und bewerten. Daraus ergibt sich eine Bildgeschichte, deren Auslegung vielseitig ist. Wir wissen nicht, wer diese Gravuren veranlasst hat und wann sie gemacht worden sind. Der Grund allerdings ist klar ersichtlich, hier wurde ein Geschichtsablauf aus der Vergangenheit, wie auch immer dieser zu erklären ist, dokumentiert.

***Abb. 277** Steintafel IX. Auf diesem Stein wurden nur auf einer Seite Zeichen der Vinča-Schrift eingraviert.*

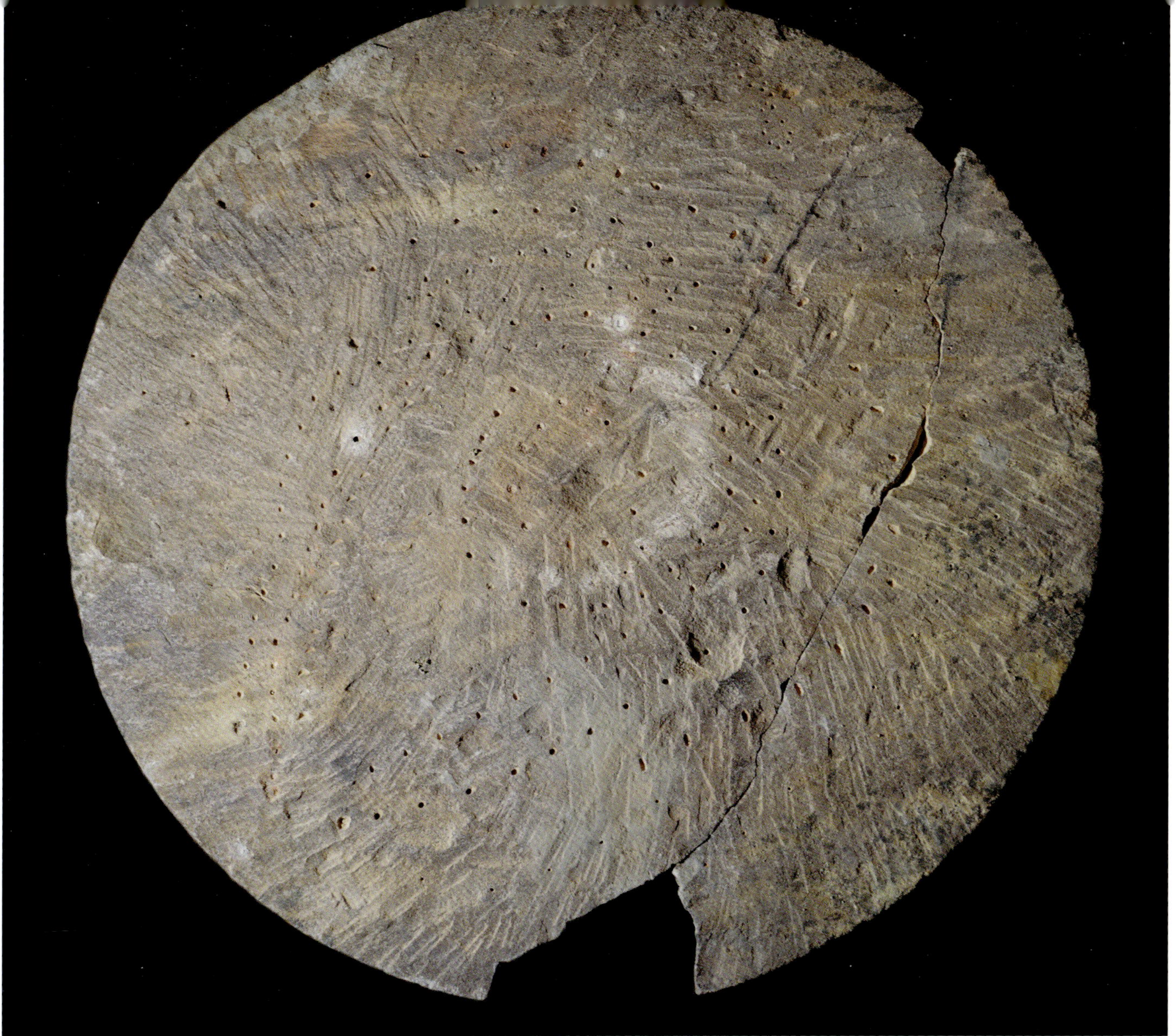

***Abb. 278** Draufsicht der dreifüßigen, rund 60 Zentimeter durchmessenden runden Steinplatte mit 230 spiralförmig angeordneten kleinen Bohrungen und ergänzenden Gravuren.*

Im Verlauf der Freilegungsarbeiten fanden wir neben den Keramiken und Steinwerkzeugen eine kleinere Steintafel VI und einen dreiseitigen Stein VII mit weiteren Informationen. In die Platte VI, die im Quadrant 80 hinter der großen Figur lag, war auf der nach oben liegenden Seite eine große Spirale eingraviert, an deren Außenseite drei Darstellungen von Fluggeräten zu erkennen sind. (Abb. 269) Eines davon ganz oben war im schwebenden, vibrierenden Zustand, das zweite ist mit zwei gekreuzten Linien durchgestrichen und das dritte ist in Schräglage dargestellt. Bei letzterem erkennt man auf der linken Seite einen kurzen Pfeil nach oben und rechts davon einen Pfeil nach unten, was eine Instabilität bedeuten könnte! (Abb. 270) Auf der Rückseite waren mittig wieder ein Fluggerät und auch die Beschreibung dazu eingraviert. (Abb. 271) Nur fünf Zentimeter unter dieser Steinplatte befand sich ein weiterer gravierter Stein VII, der möglicherweise die Lage der Absturzstelle dokumentiert, aber auch noch weitere Gravuren rundum aufweist. Wir können hier mehrere Striche mit Pfeilen und eine Zick-Zack Line erkennen, die vielleicht Berge, Wasser oder Energie bzw. etwas anderes anzeigen. (Abb. 272) Eine kleinere Steintafel VIII weist ebenfalls zahlreiche Schriftzeichen auf, die gerade einmal einen Millimeter breit sind und von uns genauer untersucht werden konnten. (Abb. 273) Diese wurden offensichtlich von einem sehr feinen technischen Gerät eingraviert, das an der Spitze eine so große Hitze entwickelt hat, dass das Innere des gravierten Bereiches verglaste! (Abb. 274 und 275) Dann gibt es Schriftsteine in Torten- und anderen Formen (Steintafel IX), die geritzte Schriftzeichen und Näpfchen in Spiralform aufweisen. (Abb. 276 und 277)

Abb. 279 *Detailausschnitt der runden Steinplatte mit den ein Millimeter durchmessenden Bohrungen, die bis zu zwei Zentimeter tief sein können.*

Ein weiterer Informationsträger aus Stein wurde ebenfalls unter dem römischen Hypokaust im Oktober des Jahres 2015 bei den Freilegungsarbeiten entdeckt. (Abb. 278) Es handelt sich um eine kreisrunde, über 60 Zentimeter durchmessende Steinplatte mit einer durchgehenden Bruchstelle und drei Standfüßen. Die Oberfläche weist Hunderte kleine Bohrungen und einige künstliche Einkerbungen auf. (Abb. 279) Die spiralförmig angeordneten, nur einen Millimeter durchmessenden und teils sehr tiefen Bohrungen waren mit verschiedenen Farben gekennzeichnet. Auf der grob bearbeiteten Oberfläche konnten 230 Löcher gezählt werden, davon reichten einige über zwei Zentimeter tief in den Stein. Dieses Punktesystem muss von Bedeutung gewesen sein, denn sonst hätte man sich nicht die Mühe gemacht, diese große Steinplatte zu erschaffen und auch einzufärben. Eine Interpretation wäre die einer speziellen Sternenkarte. Wir kennen vom Fundort Dolnoslav in Bulgarien einen Anhänger (Tonscheibe), auf dem 229 Punkte in ähnlicher Anordnung eingetieft worden sind. Dieses Fundstück wurde in die Späte Kupferzeit datiert und der Vinča-Kultur zugewiesen. Als Erklärung hat man die Darstellung der Tag- und

Abb. 280 *Steingefäß, die älteste Batterie der Welt.*

Abb. 281 *Das Steingefäß unmittelbar nach der Bergung. Hier ist noch die ursprüngliche Verplombung des Deckels erkennbar.*

Abb. 282 *Geöffnetes Steingefäß samt Inhalt.*

Abb. 283 *Ein zweites zur Gänze erhaltenes Batteriegehäuse.*

Nachtgleichen (Frühjahr/Herbst) sowie die Sonnenwenden (Sommer/Winter) herangezogen. Ob diese theoretische Kalender-Auslegung hier zutreffen kann, wäre erst einmal zu überprüfen.

In der zweiten Dezemberhälfte des Jahres 2017 entdeckte der Besitzer im Rahmen seiner Arbeiten bei zwei Stellen im Versturz des Zuganges zur letzten Halle insgesamt drei Steingefäße, die wir später als die ältesten „Batteriebehälter" der Welt identifizieren konnten. (Abb. 280) Eines hatte keinen Deckel mehr und war leer, die anderen beiden Gefäße waren mit je einem millimetergenau angepassten Deckel, der auf der Oberfläche einen Knauf besaß, verschlossen und versiegelt. (Abb. 281) Im Steinknauf des noch zur Gänze erhaltenen Deckels war eine Eintiefung erkennbar. Das Gestein der Gefäße enthielt laut Laboruntersuchungen „Kalium, Wismut und Blei 214". Der innere Kern, also der Inhalt dieser verschlossenen Gefäße - wir würden sie heute als „Steinbatterien" bezeichnen - bestand aus einer Masse von „Manganoxid und Öl", um diesen war ein Mantel aus einem magnesiumhaltigen Segment gelegt. (Abb. 282) Diese Zusammensetzung erzeugte bei einem Labor-Versuch am 18. Jänner 2018 einen Gleichstrom, der 15 x stärker war als jener einer heutigen Normalbatterie. Durch diese Untersuchung kamen wir zu der Erkenntnis, dass die drei Gefäße in der Vergangenheit nicht nur vermutlich, sondern tatsächlich als Batterien benützt worden sind. (Abb. 283) Dies erinnert uns an die Textstellen in der Abschrift von 1580 über das Verschütten bzw. Verschließen der „12 Apostel Zeche" auf Veranlassung der Kirche, worin u. a. als Grund zu lesen ist:

„... Darin bestärken uns die Erfahrungen des verewigten Geoffroy de Charny, die Erkenntnis von hermetischen Brennleuchten und sonstigen heidnischen Unfuge, welcher den Passionisten unter den rechtschaffenen Katholiken zu Verderb geführt hat. ..."
(Kusch & Kusch 2014)

Abb. 284 *Das bauchige Glasartefakt in Originallage. Da der umgebende Lehm zu kompakt war, wurde dieser aufgeweicht, um eine sichere Bergung zu ermöglichen.*

Im Jahre 2014 rätselten wir noch über den Begriff „Hermetische Brennleuchten“, heute glauben wir zu wissen, was damit gemeint ist. Nämlich jene aus Stein gefertigten Batterien, die im Dezember 2017 im prähistorischen Fundhorizont wiederentdeckt worden sind. Nur dass diese nichts mit dem im Text enthaltenen Brennleuchten zu tun haben können, sondern es sich bei dem ursprünglich verfassten Textinhalt um eine spätere Form derselben Nutzung im Mittelalter handeln könnte. Sollten in der frühen Neuzeit noch solche Techniken in der „12 Apostel Zeche“ zum Einsatz gekommen sein, so sind diese Gegenstände damals von der Kirche sicherlich zum Stift transportiert oder gar zerstört worden.

Da die drei Steingefäße gut 1 Meter unter der römischen Fußbodenheizung gefunden worden sind, stammen sie aus der prähistorischen Epoche. Organisches Material aus diesem Fundhorizont, wie Holz, das im Zusammenhang mit den Keramiken und den Lochbeilen gefunden und auch mit ^{14}C datiert wurde, erbrachte in mehreren Laborbefunden ein Mindestalter von über 49.000 bis 60.000 Jahren vor heute. So gesehen sind diese Batterien die ältesten derzeit bekannten der Welt! Bestärkt wird diese Aussage durch die Darstellung einer Gravur von der Funktion einer solchen Batterie für eine Lampe auf der Steinplatte I. Diese war auf der Rückseite sogar fragmentarisch mit Schriftzeichen der Vinča-Schrift versehen, die einst vielleicht diese Verwendung beschrieben haben, wären alle Schriftteile erhalten geblieben. (siehe Abb. 257)

Am 30. August 2018 konnten wir einen Glaskörper aus dem stark verfestigten Lehm der prähistorischen Schicht bergen, der so fest eingebettet war, dass er nur unter Anwendung von speziellen Mitteln, die den Lehm aufweichten bzw. verflüssigten, freigelegt werden konnte. (Abb. 284) Nur ein paar Zentimeter nördlich des Glaszylinders konnte eine alte Figurine geborgen werden, die sich im gleichen Niveau befand. Der 25,5 Zentimeter lange und bis zu 6,5 Zentimeter durchmessende Glaskörper besteht aus einem dünnen und sehr leichten Glas, das heute unter der Bezeichnung „Waldglas“ bekannt ist und nur wenige Gramm wiegt. (Abb. 285) Durch die Austrocknung der Lehmverfüllung im Inneren des Glaskörpers war es in der Folge dann auch möglich, mit größter Vorsicht den Innenraum vom Inhalt zu befreien. Ob es sich bei diesem auffällig geformten Glaszylinder um einen Lampenbestandteil handelt, kann nur vermutet werden. Jedoch fehlen hierzu noch Teile, welche längst in den letzten Jahrtausenden korrodiert und zu Staub zerfallen sind. Allein die Tatsache, dass dieser Glaskörper unbekannter Funktion, nur im Lehm eingebettet, die Tonnen schwere Verfüllung unbeschadet überdauerte, ist äußerst bemerkenswert.

Waren diese Erkenntnisse für uns schon sensationell, so kamen wir aus dem Staunen nicht heraus, als wir die Steingehäuse der an der Außenseite korrodierten Batteriegefäße genauer untersuchten. Denn diese Gefäße wurden, als sie angefertigt worden sind, mit Maschinen hergestellt! Dies ist heute für jeden Laien sofort erkennbar. Die Gefäße haben durchschnittlich

Abb. 285 *Die eigenartig geformte Glasröhre aus Waldglas, deren Verwendungszweck noch unklar ist.*

Abb. 286 *Der Innenraum des dünnwandigen Batteriegefäßes weist am Boden eindeutig mechanisch-technische Bearbeitungsspuren auf.*

einen Durchmesser von über 9 Zentimetern und eine Höhe von bis zu 7,5 Zentimetern und mit dem Deckel rund 10 Zentimeter. Die Wandstärken betragen nur zwischen 5 bis 9 Millimeter. Fachleute für die Steinbearbeitung sagten uns, dass es mit herkömmlichen Bohrgeräten unmöglich ist, einen so großen Innenraum in ein so dünnwandiges Steingefäß hineinzubohren, wo das Ende der Bohrung am Gefäßboden horizontal abschließt. (Abb. 286) Die dünnen Gefäßwände wären bei den vorliegenden Fundstücken zu schwach, um den großen Druck, der bei einer solchen Bohrung entstehen würde, standhalten zu können! Denn je härter oder poröser das Gestein ist, desto leichter bricht es bei einer Kraft-, Druck- oder Schlageinwirkung. Wir sind keine Spezialisten in der Steinbearbeitung, jedoch glauben wir an den gesunden Menschenverstand, der sofort erkennen kann, dass hier vor Jahrtausenden Steinbearbeitungstechniken eingesetzt wurden, die uns heute in dieser Art unbekannt sind. Und wieder fragen wir uns: Wie wurden diese Batteriegehäuse gefertigt und wer hatte damals das Wissen um die Elektrotechnik, die sich hinter diesen weltweit einzigartigen Fundstücken verbirgt? Die Gleichstromtechnik hat nichts Kompliziertes an sich, dies wird auch in der Gravur auf der Steinplatte sichtbar. Sie erinnert eher an eine effiziente technische Notlösung von auf der Erde gelandeten Wesen, die überleben wollten. Doch ist auch diese Bemerkung nur eine nicht verifizierbare Annahme und nicht mehr! Wir wissen einfach nicht, was damals geschehen ist und wofür diese stromerzeugenden

Abb. 287 *Dieses fast dreieckige Lochbeil hat eine stumpfe Spitze und abgerundete Kanten.*

Abb. 288 *Eine recht ungewöhnliche Form eines geborgenen Steinartefaktes.*

Abb. 289 *Diese Aufnahme zeigt zwei bezüglich der Bohrungen abweichende Lochbeile. Das größere, schwere Steinbeil besitzt im Verhältnis zur Größe ein zu kleines Loch, während das kleinere Steinbeil eine große Bohrung aufweist.*

Batterien, außer zur Beleuchtung der unterirdischen Räume, eingesetzt worden sind. Dass ähnliche Beleuchtungskörper vermutlich noch im Mittelalter zur Erhellung der „12 Apostel Zeche" verwendet wurden, ist, durch das Schriftdokument aus der Neuzeit belegt, als sicher anzunehmen. Denn es gibt auch einige Aufzeichnungen aus der Vergangenheit, die bereits in der Antike von ewig leuchtenden Lampen berichten, die aber im Mittelalter und auch davor vom Menschen zerstört worden sind. Zum Thema der Steinbearbeitung möchten wir eine weitere archäologische Besonderheit aufzeigen. Es betrifft die sogenannten „neolithischen Loch- oder Steinbeile", die wir in vielfacher Ausfertigung in uns bis dahin unbekannten Varianten bei den Fundgruben bergen konnten. Manche dieser Steinbeile muteten in ihrem Aussehen fast exotisch an. (Abb. 287 und 288) Dass sie so gefertigt wurden, hatte offensichtlich einen Grund! Aber welchen? Wie sich bei einigen von unseren Fundstellen herausstellte, war die zeitliche Zuweisung durch die Vorgaben der etablierten Wissenschaft und die heute gültige Typologie bei unseren geborgenen Steinbeilen nicht anwendbar. Noch kurioser erwiesen sich die Bearbeitungs- und Arbeitsspuren bei diesen aus verschiedenen Gesteinsarten gefertigten Geräten! Auch hier waren es mehrere Zufälle, die uns in diesem Zusammenhang schneller weiterbrachten. Als erstes fiel uns auf, dass es unterschiedliche Größen im Durchmesser der Bohrungen bzw. Schaftlöcher in den Lochbeilen gegeben hat. Was ja nur normal wäre, aber auffallend war, dass die über 20 Zentimeter langen Steinbeile im Vergleich zu den kürzeren Exemplaren extrem kleine Löcher aufwiesen, die gerade einmal 1 Zentimeter Durchmesser hatten, also

Abb. 290 Ein besonders schön gefertigtes, poliertes Lochbeil.

Abb. 291 Ein speziell geformtes Lochbeil.

unterdimensioniert waren. Ein schweres Steinbeil auf einem so dünnen Holzstab oder Hirschgeweihteil zu befestigen wäre sinnlos, weil allein beim Ausholen zum ersten Schlag der Stiel brechen würde. (Abb. 289) Das erkannten vor Jahren bereits einige deutsche Archäologen und beschrieben dies auch in ihren Publikationen. (Weller 2014) Die Bohrungen verlaufen meist konisch durch die stärkste Stelle der Steinbeile und sind auf der Innenseite auf Hochglanz poliert. Dies würde absolut keinen Sinn für Arbeitsgeräte ergeben, da das Steinbeil trotz zusätzlicher Befestigung keinen Halt am Stiel hätte und sich leicht lösen konnte, weil sich die Bohrung nach unten hin konisch verlaufend verbreitert! Diese polierten Löcher kennen wir weltweit von vielen Tausenden Lochbeilen aus dem Neolithikum und von einigen Naturvölkergruppen der Gegenwart in Afrika, Asien und Südamerika. Wir konnten ja in den letzten Jahrzehnten selbst viele solcher Artefakte bei archäologischen Ausgrabungen bergen, in Depots von Museen überprüfen und Vergleiche durchführen. In der „Experimentellen Archäologie", wo versucht wird, Techniken der Vorgeschichte nachzuvollziehen, um Erkenntnisse in der Entwicklung der Menschheitsgeschichte zu dokumentieren, wird angenommen, dass solche Löcher mit ganz einfachen Mitteln gebohrt worden sind. Und zwar mit einem Röhrenknochen oder Holunderzweig (Fund aus der Altheimer Siedlung in Bayern, Deutschland) und Quarzsand, wobei man je nach Gesteinsart manchmal wochenlang den Stein durchbohrte. Die Verjüngung, also der konische Verlauf des Loches, ergibt sich durch den seitlichen Abrieb des verwendeten Bohrstabes. In einem solchen Fall bleibt ein konischer Bohrkern aus dem durchbohrten Steinmaterial erhalten, den man bei Produktionsstätten ebenso auch manchmal vorfinden kann. Bei einigen Fällen wurde im Neolithikum die Bohrung von zwei Seiten veranlasst, was zu einer sanduhrförmigen Ausbildung des Loches führte. Wie allerdings die konisch verlaufenden Löcher auf Hochglanz poliert worden sind und warum dies überhaupt gemacht wurde, konnte bis heute nicht geklärt werden. (Abb. 290) Wäre ein grob gebohrtes Loch nicht besser für den Halt am Schaft? Oder gibt es hier noch andere Erklärungen?

Es gibt sie, und zwar hängen sie mit einer uns derzeit noch unbekannten „Steintechnologie" zusammen. Die Grundlage dafür sind vermutlich Quarz-Kristalle, die in der Vergangenheit offenbar zum Einsatz kamen und genutzt wurden. Auch hier sind es elektromagnetische Frequenzen, die die Kristalle aktivieren und zum Schwingen bringen können. In den historischen Abschriften aus den Adelsarchiven wird übrigens genau erklärt, wie die Kristalle zu aktiveren sind. Diese Kenntnis scheint sich, will man den Niederschriften glauben, bis in die Neuzeit erhalten zu haben, könnte jedoch später durch bewusst erfolgte Einflussnahmen in „Vergessenheit" geraten sein.

Ein anderer mutmaßlicher Verwendungszweck der Lochbeile könnte durch deren Position in mehreren Fundstellen erklärt werden. Auf keinem Fall wurden diese von uns in den Fund-

Abb. 292 Verbindungsstücke aus Sandstein, die vermutlich für den „Gebrauch" der Lochbeile Verwendung fanden.

gruben geborgenen Steinwerkzeuge primär zum Arbeiten selbst benutzt! (Abb. 291) Dies geht daraus hervor, dass manche keinerlei Abnützungsspuren, wie beispielsweise Absplitterungen, auf den polierten Steinoberflächen aufwiesen. Die Klingen waren unbeschädigt scharf und nicht ausgebrochen. Manche Schneiden und Kanten waren nicht für normale Tätigkeiten vorgesehen. Auch einige verwendete Gesteinsarten waren dafür ungeeignet, wie zum Beispiel Sandstein. Unser erster Gedanke war, dass sie in der Vergangenheit vielleicht zu Repräsentationszwecken für eine elitäre Oberschichte dienten. Aber diese Idee verwarfen wir bald wieder, weil gewisse Anordnungen in den Fundstellen uns stutzig werden ließen. Zum einen fanden wir in einer Grube viele zubereitete Kleinteile aus Sandstein, die eigenartig aussahen und für uns keinerlei Verwendungszweck zu erfüllen schienen. (Abb. 292) Dann fiel uns auf, dass in den großen Gruben manchmal mehrere Lochbeile in unterschiedlichen Positionen und Ausrichtungen vorhanden waren. Auch dies wäre noch mit allgemein anzuwendenden Argumentationen (z. B. Kulthandlung) erklärbar. Wir bemerkten überraschenderweise bei drei der Gruben, dass die Lochbeile, welche übereinanderlagen, einst mit Hölzern fixiert waren, damit sie nicht verrutschen konnten. Bei einer Fundstelle hatte man sogar fünf Steinbeile übereinander aufgestapelt, deren Schneiden in verschiedene Himmelsrichtungen zeigten. (Abb. 293) Holz-

Abb. 293 Originalfundstelle eines speziellen Arrangements von Lochbeilen, die Rückschlüsse auf Ihre frühere Nutzung zulassen könnten. Die senkrecht mit der Spitze nach unten zeigenden schmalen und langen Steinartefakte ergänzen die einst bewusst positionierte Anordnung.

teile waren durch die Löcher gesteckt, um sie zu verbinden. Vielleicht wurden aber ursprünglich die aus Sandstein geformten Verbindungsteile in die Bohrungen gesteckt, um ein weiteres Lochbeil daraufsetzen zu können. Um diese Fünfergruppe waren vier 25 Zentimeter lange Steinspitzen in einer Anordnung mit der Spitze nach unten senkrecht in den Boden gesteckt. Dies erweckte den Anschein, als wollte man mit dieser Handlung etwas unterbinden. (Abb. 294) Diese Spitzen müssen von großer Bedeutung gewesen sein, denn eine der Steinspitzen war im Mittelteil abgebrochen und sie wurde auf eine uns unbekannte Weise repariert. (vgl. dazu Abb. 227) Es könnte sich dabei auch um Antennen handeln, welche die Energien, die von den Lochbeilen ausgehen, bündelten. Wir werden die Funktion dieser Anordnung wahrscheinlich nie klären können, weil uns derzeit ganz einfach das Wissen und der experimentell-wissenschaftliche Zugang dazu fehlt. Eines ist jedoch sicher, dass dieser Stein-Formation keine Kulthandlungen zugrunde liegen, sondern sie eher einen pragmatischen Hintergrund hatte.

Durch die Holzfragmente in den Lochbeilen und den Keramikgefäßen hatten wir endlich die Möglichkeit, ein Mindestalter für den Zeit-

Abb. 294 Die fünf übereinander geschichteten und nach Himmelsrichtungen orientierten Lochbeile waren im Schaftloch mit stark verwitterten Holzstäben fixiert.

Abb. 295 *In einem anderen Grabungsabschnitt waren die Lochbeile ebenso mit Holzstücken verbunden.*

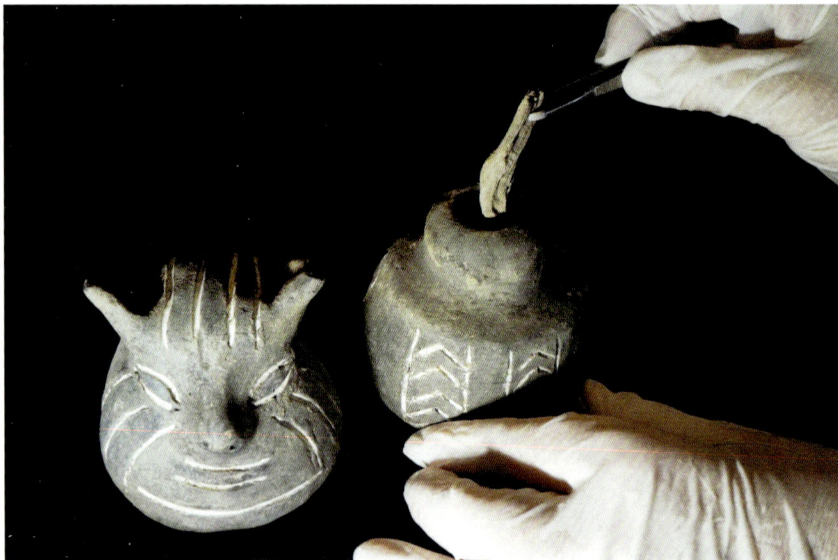

Abb. 296 *In diesem zoomorphen plombierten Keramikgefäß befanden sich fünf unterschiedliche Holzspäne. Das im Bild gezeigte Holzstück war nach über 60.000 Jahren noch stark radioaktiv verseucht.*

Abb. 297 *Stein-Lochbeil mit einem halboffenen Schaftloch und Hitzespuren.*

raum zu bekommen, in dem einzelne Fundgruben angelegt worden waren. (Abb. 295 und 296) Was uns erstmals über alle Maßen erstaunte, weil wir ja durch die Ton-Figurinen vorerst die Annahme vertraten, dass wir es hier mit Überresten der neolithischen „Vinča-Kultur“ zu tun hätten. Auch die Lochbeile waren uns, typologisch gesehen, nur aus der Jungsteinzeit und jüngeren Epochen bekannt! Wie kam es dazu, dass sowohl Keramiken wie auch Lochbeile auf einmal der Altsteinzeit zuzuordnen sind? Widerspricht dies nicht komplett den etablierten archäologischen Erkenntnissen? Wir interpretieren hier nichts hinein, sondern publizieren in diesem Buch nur wissenschaftliche Fakten, die durch Fundumstände und Datierungen belegt sind und auf einer fast 10-jährigen Forschungsarbeit mit vielen Tausenden Arbeitsstunden beruhen!

Gerade in den letzten zwei Jahrzehnten gelang es einzelnen Forschern und Wissenschaftlern, herausragende Ergebnisse in der archäologischen Feldforschung zu publizieren, die teilweise eine Neuorientierung in der Geschichtsforschung erforderlich gemacht haben. Denken wir hier nur an die Wiederentdeckung von Göbekli Tepe, einer über 12.000 Jahre alten Megalithkultur aus dem Mesolithikum (= Mittlere Steinzeit) in der Osttürkei, die viele Jahre lang wissenschaftlich nicht anerkannt wurde. (Schmid 2006) Oder die über 60.000 Jahre alten Wandmalereien in drei Höhlen von Nordspanien, die heute dem Neandertaler zugerechnet werden. (Hoffmann & Pike 2018) Jahrzehnte lang wurde der Neandertaler in der Literatur als primitive Menschenart dargestellt, der als Jäger und Sammler sein Dasein fristete und seine Toten in Höhlen bestattete.

Heute wissen wir, dass die Vertreter seiner Spezies sehr intelligent und an die Eiszeit gut angepasst waren.
Bei genauerer Untersuchung der Steinwerkzeuge von der „12 Apostel Zeche“ entdeckten wir am Rande der Bohrungen und weiter im Innern Verfärbungen, als wäre der Stein einer großen Hitzestrahlung ausgesetzt gewesen! (Abb. 297 und 298) Bei einem Bruchstück war die Innenseite der Bohrung verglast! Warum? Hatten die Lochbeile eine uns heute unbekannte Funktion? Und wenn ja, welche?
In dem Zeitrahmen, wo sie erzeugt wurden, dienten sie offensichtlich nicht der Werkstoffbearbeitung, sondern es wurde vermutlich die kristalline Struktur der aus unterschiedlichen Gesteinsarten bestehenden Artefakte - in unserem Fundkonvolut alle quarzhältig - vielleicht für die Erzeugung von quantenphysikalischen Energiefeldern, wie beispielsweise Plasma oder etwas anderem, verwendet. Ob und wie hier Frequenzen einer uns unbekannten Steintechnologie eingesetzt worden sind, wissen wir noch nicht und wir wollen auch keinen Spekulationen Vorschub leisten. Die Spannbreite der Interpretationsmöglichkeiten ist ungemein groß, nur ein Fakt ist in diesem Zusammenhang absolut sicher: Einige der Lochbeile waren früher im Bereich der Bohrungen sehr hohen Temperaturen, vermutlich weit über 1.000 Grad Celsius, ausgesetzt! Und diese Erhitzung der Gesteinsoberfläche stammt nicht von der Bearbeitung der Löcher.

Abb. 298 *Zwei von mehreren Lochbeilen, die beim Schaftloch Spuren einer Hitzeeinwirkung aufwiesen. Dies deutet darauf hin, dass es im Bereich des Loches zu sehr hohen Temperaturen gekommen ist.*

Bei einem weiteren Lochbeil ist bei der Herstellung etwas passiert, dessen Fragment uns einen ersten Hinweis darauf gibt, wie die Löcher einst in den Stein gebohrt worden sind. Als man damals ein Loch durch den Rohling (Halbfabrikat) eines Steinbeiles bohren wollte, wurde der Bohrer nicht senkrecht, sondern schräg angesetzt und bohrte dann über zwei Drittel weit ein Loch in den Stein. Man stoppte dann, um den Lochverlauf zu korrigieren und im rechten Winkel senkrecht durch den Stein zu bohren. Dies ist eindeutig erkennbar, denn man sieht gut im oberen Bereich der senkrechten Bohrung eine Unregelmäßigkeit, eine einseitige konische Erweiterung die durch die erste Schrägbohrung verursacht worden ist. Nach der Fertigstellung der senkrechten Durchbohrung wurde das Innere des Schaftloches poliert, dabei blieben die

Abb. 299 *Bruchstück eines Lochbeiles, das die maschinelle Fertigung des Schaftloches eindeutig dokumentiert. Im rechten unteren Teil des Loches sind die von der ersten unterbrochenen Schrägbohrung stammenden Reste von uns unbekannten Werkzeugspuren zu erkennen.*

Spuren von der Schrägbohrung im unteren Abschnitt teilweise erhalten. Und dieses Zeitzeugnis beweist, dass die Löcher der Steinbeile aus der „12 Apostel Zeche“ mit Maschinen uns unbekannter Herkunft gebohrt worden sind. Der verwendete Bohrer schabte sich nicht in den Stein, wie es bei unseren heutigen Steinbohrern der Fall ist, sondern drang offenbar sehr schnell in die Gesteinsstruktur ein. Er hinterließ im ersten abgebrochenen Bohrvorgang Bearbeitungsspuren, die wie ein Negativ-Gewinde aussehen! (Abb. 299) Dies zeigt deutlich, dass die Bohrerspitze bei einer einzigen Umdrehung mehr als 1 Millimeter weit spiralförmig in das Gestein vorgedrungen ist. Wir können heute annehmen, dass die Politur der Innenseite des konisch verlaufenden Schaftloches zu dieser Zeit ebenfalls mit Maschinen uns unbekannter Konstruktion erfolgte.

Wie lassen sich nun diese Datierungen und Beobachtungen mit unserer archäologischen Erkenntnis über neolithische Lochbeile in einen vernünftigen Kontext bringen? Die Antwort ist einfach, gar nicht! Denn wir sprechen hier von zwei Welten, die unterschiedlicher nicht sein könnten. Zum einen gibt es hier maschinengefertigte Artefakte aus dem Paläolithikum, zum anderen existieren vergleichbare handgefertigte Kopien von Lochbeilen aus der jungsteinzeitlichen Epoche. Es könnte sich um ein Nachleben einer früheren Zivilisation handeln, wo die ursprüngliche Verwendung dieser „Werkzeuge“ in Vergessenheit geraten ist und die Steinbeile einer pragmatischen Nutzung zugeführt worden sind. Beispiele dafür fanden wir im Trockenmauerwerk der neolithischen Wandteile, wo solche Lochbeile als Füllmaterial eingepasst worden sind. Sehr schön ist auf der Abbildung zu erkennen, dass dieses Lochbeil an der Spitze abgerundet ist, also als Hau- oder Schneidewerkzeug kaum einen Nutzen hatte. Dennoch wurde es sehr schön bearbeitet. (Abb. 300) Die Zwischenräume im Trockenmauerwerk mussten auf Anweisung des Bauamtes verfugt werden. Deshalb auch der sichtbare frische Mörtel zwischen den Steinen der Trockenmauer.

Wie würde sich eine zeitliche Zuweisung der im Zeitraum 2014 bis 2021 geborgenen und oben angeführten Fundstücke aus diesem Kellerabschnitt im Rahmen der traditionellen und heute von der Archäologie

Abb. 300 *Dieses Lochbeil wurde in die Trockenmauerwand im Neolithikum eingefügt. Daran erkennt man, dass diese Steingeräte in jener Epoche lokal wenig Bedeutung hatten. Laut Baubehörde mussten die Zwischenräume im alten Mauerwerk verfugt werden.*

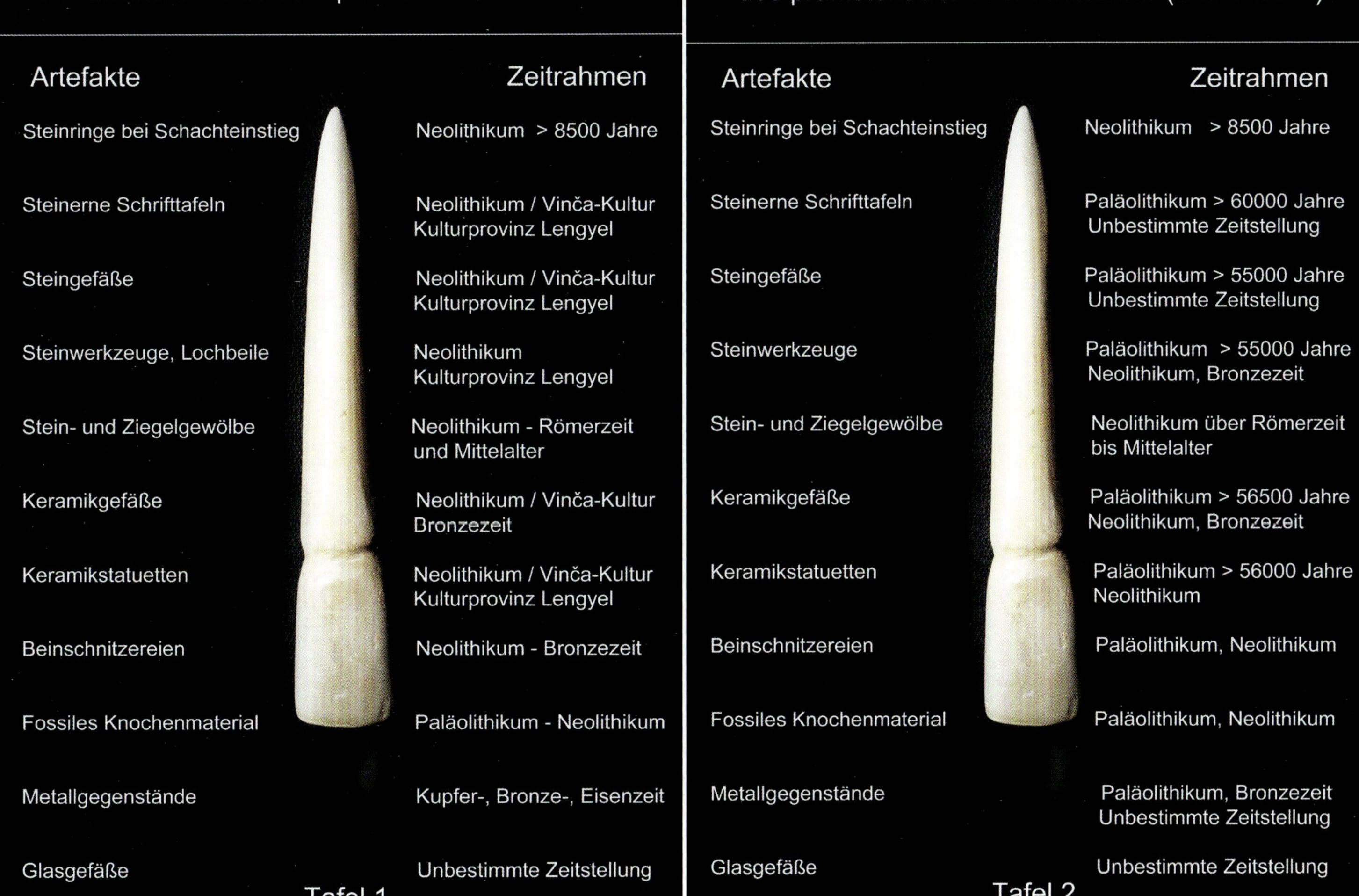

Abb. 301 *Tafel 1, wo die typologische Zuweisung des Fundinventars der „12 Apostel Zeche" nach archäologischen Kriterien dokumentiert wird.*

Abb. 302 *Tafel 2, hier wird die tatsächliche zeitliche Zuweisung der Fundstücke nach den Laborauswertungen wiedergegeben.*

anerkannten Kriterien darstellen? Dazu erlauben wir uns, nach der Typologie des vorhandenen Fundmaterials im Vergleich zum derzeit an den Universitäten gelehrten Wissenstand, einen vorläufigen Zeitrahmen zu präsentieren. In Tafel 1 ist eine chronologische Zeitzuweisung von Funden nach dem derzeit gültigen Auswahlkriterium von typologisch gesicherten Fundobjekten aufgelistet. (Abb. 301) Dies wäre nichts Besonderes und die Resultate würden sich auch sehr gut in die derzeit bekannten prähistorischen Zeitepochen einfügen, wären uns da nicht bei der genaueren Betrachtung und Untersuchung der Funde Anomalien, also Abweichungen, aufgefallen, für die es ursprünglich keine Erklärungen gab. Außer, dass sie nicht diesem Zeitraum angehören können und dort nach der derzeitigen Lehrmeinung auch nichts zu suchen hätten!
Lässt man diese Fundobjekte jedoch in Labors untersuchen und überprüfen, so ergeben sich auf einmal ganz andere Zeiträume, siehe Tafel 2, die im ersten Augenblick völlig unterschiedliche, fast exotisch anmutende Interpretationen in den Raum stellen und sich mit unserem derzeit bekannten Geschichtsbild einfach nicht in Einklang bringen lassen! (Abb. 302) Um nur ein Beispiel aufzuzeigen, Metallgegenstände sind uns aus fast allen Hochkulturen bekannt. Wir kennen aus Fundkomplexen in Europa, China, Ägypten, der Induskultur in Pakistan und in Mesopotamien (Zweistromland) zahlreiche Metallgegenstände (Eisen, Stahl, Kupfer, Bronze) unterschiedlichster Art. Auch unter diesen Funden gibt es aus verschiedenen Metallen gefertigte Kult- und Gebrauchsgegenstände, die etwas aus der Norm fallen, und von deren Existenz offiziell kaum etwas bekannt ist. Wie lassen sich solche Funde, die offiziell über 7.000 Jahre alt sein können, in einen vernünftigen Kontext bringen? Wir kennen das seit Jahrzehnten in der Wissenschaft tradierte und allgemein bekannte Schema der Kupfer-, Bronze- und Eisenzeit, das die Entwicklung des Metallgebrauchs des Menschen in der Prähistorie dokumen-

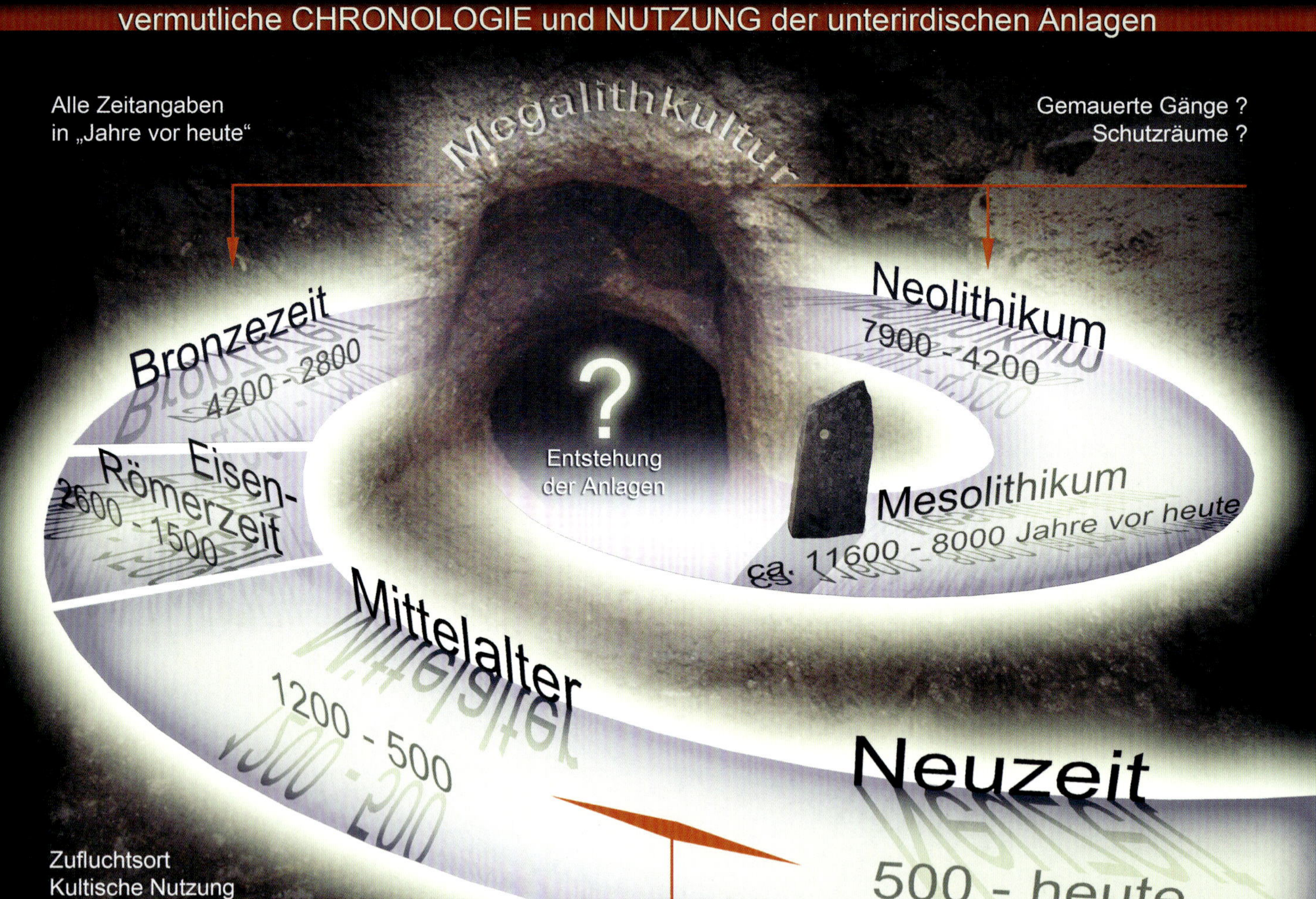

Abb. 303 *Zeittafel der prähistorischen unterirdischen Anlagen.*

tiert bzw. aufzeigen soll. Doch wie lassen sich zum Beispiel Metallgegenstände und Schmuck ähnlicher Optik erklären, die um ein Vielfaches älter als die heute bekannten und in Museen gezeigten Gegenstände sind? Und vor allem, wenn diese aus Metalllegierungen, wie Eisen, Stahl, Bronze und Messing bestehen, die einen Anteil von 3 bis über 42 Prozent Aluminium aufweisen, das ja erst in der zweiten Hälfte des 19. Jahrhunderts wiederentdeckt wurde! Hier wird es für jeden Fachmann schwierig, die richtigen Erklärungen zu finden. Es sei denn, er behauptet, diese Gegenstände wären erst in den letzten 70 Jahren im Labor erzeugt und danach bei den Fundstellen deponiert worden. Denn erst ab dieser Zeit wäre es möglich gewesen, solche Legierungen technisch herzustellen. Aber auch eine Sekundär-Deponierung der Artefakte wäre unmöglich gewesen, weil die Fundstellen rund einen halben bis eineinhalb Meter unter einem noch intakten römischen Hypokaust (= Fußbodenheizung) lagen und darüber mit Hunderten Tonnen an Ablagerungen seit 1580, also seit 440 Jahren, bedeckt waren! Damit ist jede angedachte Manipulation von vornherein auszuschließen! Auch ist der Katholischen Kirche zu danken, denn nur sie allein hat durch das Zuschütten der „12 Apostel Zeche" im 16. Jahrhundert all die Funde vor der Zerstörung gerettet und uns so die Möglichkeit gegeben, diese fachgerecht zu bergen. Ein Augustiner Chorherr, nämlich Herr Univ.-Prof. DDr. Röhrig, wusste um die Tragweite, wenn auch nicht im Detail, Bescheid. Aber auch dem Besitzer sollte an dieser Stelle für seine Beharrlichkeit gedankt werden, dass er über 20 Jahre seines Lebens in die Freilegung dieser unterirdischen Anlage investierte und dies auch noch selbst finanzierte. Nur seinen Entscheidungen und seinem Einsatz ist es zu verdanken, dass wir heute diesen bedeutenden Kulturschatz für Österreich bewahren und der Öffentlichkeit präsentieren können. Heute verstehen wir auch, warum der „Heilige Stuhl" (Vatikan) und andere Staaten bzw.

Institutionen die beiden Häuser am Stadtplatz unbedingt erwerben wollten (siehe Einleitung), weil die Artefakte und die Fundsituationen weltweit einzigartig sind. Wie alt die Gegenstände schlussendlich und welcher fremden Spezies sie zuzuordnen sind, bleibt noch unbeantwortet. Wir besitzen 20 Befunde von verschiedenen Labors, die aufzeigen, dass rund 80% des geborgenen Fundinventars teilweise Richtwerte für ein Mindestalter von über 60.000 Jahren vor heute aufweist und so dem Paläolithikum (= Altsteinzeit) zugerechnet werden kann! Was wieder unzählige Fragen aufwirft, die wir vorläufig - dafür bitten wir unsere Leser um Verständnis - noch nicht beantworten können. Es sind noch jahrelange Forschungsarbeiten notwendig, um die vielen unbeantworteten Fragen klären zu können. Nur eines ist zu 100 Prozent sicher, das geborgene Fundinventar stammt zum Großteil aus der prähistorischen Epoche, allerdings aus einer von uns noch „Unbestimmten Zeitstellung"! Tatsache ist ebenso, dass es sich bei diesem Fundkomplex um ein archäologisches Weltkulturerbe handelt. (Abb. 303)
Unser heutiges Allgemeinwissen ist durch unverrückbare Grenzen und Perspektiven geprägt, die selten neue Erkenntnisse zulassen, weil diese die derzeit festgelegten geschichtlichen Fundamente massiv verändern würden! Abschließend möchten wir festhalten, dass die in diesem Buch veröffentlichten Fundgegenstände unter wissenschaftlichen Kriterien „in situ" im Rahmen von Notbergungen vorgefunden, dokumentiert und gesichert wurden. Die fachlichen Untersuchungen und Datierungen erfolgten von renommierten Wissenschaftlern in international anerkannten Labors und sind dadurch bewiesene Fakten! (Abb. 304)

Abb. 304 *Eine Auswahl der über 49.000 bis 60.000 Jahre alten Fundgegenstände.*

WEITERFÜHRENDE LITERATUR

Agricolae, Georgii (1556): De re metallica Libri XII, Rom. 564 p.
Akçar, Naki; Ivy-Ochs, Susan & Schlüchter, Christian (2008): Application of in-situ produced terrestrial cosmogenic nuclides to archaeology: A schematic review, in: Eiszeitalter und Gegenwart – Quaternary Science Journal, 57, 1-2, Hannover, 226–238.
Andrews, Carol (1981): The Rosetta stone, British Museum Press, London, 32 p.
Anthony, David (2oo9): The Lost World of Old Europe – The Danube Valley, 5000-3500 BC, New York-Princeton, 256 p.
Arnold, Elizabeth R. & Greenfield, Haskel J. (2006): The origins of transhumant pastoralism in temperate South Eastern Europe – A zooarchaeological perspective from the central Balkan, BAR, 1538, Oxford, 200 p.

Baja-Thomas, Edit (Hrsg.) (1956): Archäologische Funde in Ungarn, Budapest, 427 p.
Barber, Elisabeth Wayland (1991): Prehistoric textiles. The development of cloth in the Neolithic and Bronze Age, New York-Princeton, 508 p.
Baring-Gould, Sabine (1911): Cliff Castles and Cave Dwellings of Europe, London, 236 p.
Baumgartner, Hans & Fink, Max H. (1981): Quarzithöhlen bei Wenigzell (Steiermark) – ein Beitrag zur Genese von Pseudokarsthöhlen, in: Die Höhle, 32, 4, Wien, 113–123.
Bernaleken, Theodor (1859): Mythen und Bräuche des Volkes in Oesterreich, Wilhelm Braumüller, Wien, 386 p.
Biehl, Peter (1996): Symbolic communication systems: symbols of anthropomorphic figurines of the Neolithic and Chalcolithic from southeastern Europe, in: Journal of European Archaeology, 4, Cambridge, 153-176.
Biedermann, Hans (1989): Knaurs Lexikon der Symbole, München, 591 p.
Böckl, Manfred (2015): Das Mysterium der Erdställe, Regenstauf, 98 p.
Borchert, Till-Holger & Waterman, Joshua P. (2013): The Book of Miracles, Taschen Verlag, Köln, 292 p.
Braun, Karl-Heinz; Herweg, Mathias; Hubert, Hans W.; Schneider, Joachim & Zotz, Thomas (Hrsg.) (2013): Das Konstanzer Konzil – 1414-1418 Weltereignis des Mittelalters; Darmstadt-Stuttgart, 247 p.
Bruckner, Bogdan (2002): Die Vinča-Kultur in Raum und Zeit, in: Akademija Nauka i Umjetmosti Bosne i Hercegovine, 32, Godišnjak, 61-103.
Brunner, Walter (1997): 850 Jahre Kirche und Pfarre Maria Himmelfahrt in Pöls; Judenburg, 32 p.
Buchholz, Hans-Günter (1969): Die ägäischen Schriftsysteme und ihre Ausstrahlung in die ostmediterranen Kulturen, in: Frühe Schriftzeugnisse der Menschheit, Göttingen, 88-150.
Budja, Mihael (2005): The process of Neolithisation in South-Eastern Europe – from ceramic female figurines and cereal grains to entoptics and human nuclear DNA polymorphic markers, in: Documenta Praehistorica XXXII, Ljubljana, 53-72.
Butzer, Karl W. (1982): Archaeology as human ecology, Cambridge, 364 p.

Chapman, John (2000): Fragmentation in archaeology – People, Places and Broken Objects in the Prehistory of South Eastern Europe, London, 320 p.
Chernykh, Evgenij Nikolaevich (1992): Ancient metallurgy in the USSR – The early metal age, Cambridge, 359 p.

D´Auvergne, Verner (1940): My Experiences in Tibet, in: Journal of the Bihar and Orissar Research Society, Vol. XXVI, Part II, Odisha State Archive.
Däniken, Erich von (2018): Neue Erkenntnisse – Beweise für einen Besuch von Außerirdischen in vorgeschichtlichen Zeiten, Rottenburg, 220 p.
Dickinson, Oliver (1994): The Aegean Bronze Age, Cambridge, 342 p.
Dürscheid, Christa (2006): Einführung in die Schriftlinguistik, Bd. 8, Göttingen, 319 p.
Durdik, Tomáš (1992): Burgen Nordböhmens, Prag, 110 p.

Eggert, Manfred K. H. (2001): Prähistorische Archäologie – Konzepte und Methoden, Tübingen – Basel, 412 p.
Eiselt, Franz (1986): Mittelalterliche Flurnamen im Markt Vorau, in: Vorauer Heimatblätter, 8, Vorau, 32–34.

Fank, Pius (1959): Das Chorherrenstift Vorau, Vorau, 330 p.
Fauler, Volker (2019): Irische Mission in Österreich und die steirische Glattjochkapelle; Graz, 186 p.
Faupl, Peter (1970): Zur Geologie und Petrographie des südlichen Wechselgebietes, in: Mitteilungen der Geologischen Gesellschaft in Wien, 63, Wien, 22–51.
Fergusson, James (1872): Rude stone monuments in all countries; their age and uses, London, 559 p.
Filip, Jan (1969): Enzyklopädisches Handbuch zur Ur- und Frühgeschichte Europas. Prag, 2 Bd., 1758 p.
Firestone, Richard; West, Allen & Warwick-Smith, Simon (2006): The Cycle of Cosmic Catastrophes – How a Stone-Age Comet Changed the Course of World Culture, Rochester, 408 p.
Fischerlehner, Egon (1980): Lochsteine (Gattersteine) in Oberösterreich, in: Mannus – Deutsche Zeitschrift für Vor- und Frühgeschichte, 46, 4, Hückeswagen, 95–110.
Foldes-Papp, Kâroly (1966): Vom Felsbild zum Alphabet, Stuttgart, 222 p.
Friedrich, Johannes (1954): Entzifferung verschollener Schriften und Sprachen, Berlin, 147 p.
Fuchs, Gerald, & Polt, Harald (2000): Erdstall am Wetzelberg, in: Der Erdstall, 26, Roding, 27–35.

Gamble, Clive (1986): The Palaeolithic Settlement of Europe, Cambridge, 471 p.
Gawalowski, Karl W. (1926): Steiermark – Hand- und Reiseführer, Graz, 511 p.
Gebbensleben, Reiner (2010): Der sechste Sinn und seine Phänomene – Physikalische und neurophysiologische Grundlagen der Wahrnehmung von Hyperschall, Norderstedt, 676 p.
Gebhart, J. (Hrsg.) (1863): Österreichisches Sagenbuch, Pest, 504 p.
Geramb, Victor v. (1949): Sitte und Brauchtum in Österreich, Graz, 312 p.
Gero, Joan M. & Conkey, Margaret W. (1991): Engendering Archaeology – Woman and Prehistory, Cornwall, 418 p.
Gimbutas, Marija (1982): The goddesses and gods of Old Europe 7000 to 3500 B.C. Myths , legends and cult images, London, 304 p.
Gimbutas, Marija (1995): Die Sprache der Göttin - Das verschüttete Symbolsystem der westlichen Zivilisation, Frankfurt am Main, 416 p.

Gimbutas, Marija, Hrg. Marler, Joan (1996): Die Zivilisation der Göttin – Die Welt des Alten Europa, Frankfurt am Main, 560 p.
Glatthaar, Regine (2011): Die Vorläufer der Erdställe, in: Der Erdstall, 37, Roding, 104–109.
Goodrick-Clarke, Nicholas (2012): Die okkulten Wurzeln des Nationalsozialismus, Wiesbaden, 262 p.
Granger, Darryl E. & Smith, Allison L. (2000): Dating buried sediments using radioactive decay and muogenic production of 26Al an 10Be, in: Elsevier Science - Nuclear Instruments and Methods in Physics Research, B, 172, Amsterdam, 822–826.
Groth, Johannes (Hrsg. Meller Harald) (2013): Menhire in Deutschland – Mit Beiträgen von Ralf Schwarz und Bernd Zürich, Halle, 504 p.
Gstrein, Peter (2011): Der historische Bergbau in der Region Gurgltal in Tirol, Hall in Tirol – Wien, 109 p.

Haarmann, Harald (1989): Writing from Old Europe to ancient Crete – a case of cultura continuity, in: Journal of Indo-European Studies, 17, Washington DC, 251-277.
Haarmann, Harald (1991): Universalgeschichte der Schrift, Frankfurt / New York, 576 p.
Haarmann, Harald (2010): Einführung in die Donauschrift, Hamburg, 159 p.
Haarmann, Harald (2017): Das Rätsel der Donauzivilisation – Die Entdeckung der ältesten Hochkultur Europas, München, 286 p.
Hajek, Gerd (2018): Endlich Noreia?, Voitsberg, 185 p.
Hansen, Susanne (Hrsg.) (1991): Mythen vom Anfang der Welt, Augsburg, 447 p.
Hansen, Svend (2007): Bilder vom Menschen der Steinzeit – Untersuchungen zur anthropomorphen Plastik der Jungsteinzeit und Kupferzeit in Südosteuropa, Teil 1, Mainz, 200 p.
Hartl, Franz (2003): Geschichte der Kirche von St. Georgen a. W. und ihrer Filialkirchen Klein, St. Veit, St. Leonhard und St. Lambrecht; St. Georgen am Weinberg, 164 p.
Haschner, Anton (2006): Künstliche Höhlen in Kirchbergen und Hausbergen – Ihre Verbreitung in Bayern und Österreich, in: Der Erdstall, 32, Roding, 79–85.
Hausner, Ernst (1998): Das Pathologisch-Anatomische Bundesmuseum im Narrenturm des alten allgemeinen Krankenhauses in Wien, Wien, 120 p.
Helck, Wolfgang (1971): Betrachtungen zur Großen Göttin und den ihr verbundenen Gottheiten, München-Wien, 307 p.
Heynowski, Ronald (2016): Fibeln, erkennen-bestimmen-beschreiben, Berlin-München, 168 p
Hilber, Vinzens (1922): Urgeschichte Steiermarks, Mitteilungen des Naturwissenschaftlichen Vereins für Steiermark, 58, Graz, 3–79, 6 Tafeln.
Hinrichs, Uwe (Hrsg.) (1999): Handbuch der Südosteuropa-Linguistik, Wiesbaden, 1079 p.
Höfer, Rudolf Karl (1992): Die landesfürstliche Visitation der Pfarren und Klöster in der Steiermark in den Jahren 1544/1545, Graz, 650 p.
Hoffmann, Dirk L. et al. (2018): U-Th dating of carbonate crusts reveals Neandertal origin of Iberian cave art, in: Science (23. Feb. 2018), Vol. 359, Issue 6378, 912-915.
Hohmann, Hasso (2009): Die Glattjochkapelle bei Donnersbachwald, in: ISG-Magazin, 1, Graz. 30.

Ivekin, Karl (1870): Die Kinder der Liebe oder Bewegtes Leben unter der Erde, Graz, 239 p.
Ivy-Ochs, Susan; Wüst, Raphael; Kubik, Peter W.; Müller-Beck, Hansjürgen & Schlüchter, Christian (2001): Can we use cosmogenic isotopes to date stone artefacts?, in: Proceedings of the 17th International 14C Conference, Arizona Board of Regents on behalf of the University of Arizona Radiocarbon, Vol. 43, 28, Arizona, 759–764.

Joussaume, Roger (1985): Des Dolmens pour les Morts – Les megalithismes à travers le monde, Hachette, 398 p.
Jung, Carl Gustav (1958): Ein moderner Mythus – Von Dingen die am Himmel gesehen werden, Zürich-Stuttgart, 122 p.
Juvanec Borut (2011): Kamen, kras, arhitektura, in: Arhitektura, raziskave, 3. Ljubliana, 5-14.

Kalchhauser, Wolfgang (2002): Geheimnisvoller Wienerwald, Wien, 208 p.
Kalicz, Nándor (1970): Götter aus Ton – ,Das Neolithikum und die Kupferzeit in Ungarn, Budapest, 134 p.
Karner, Lampert (1903): Künstliche Höhlen aus alter Zeit, Wien, 235 p.
Kaser, Gerfried & Mirsch, Ingo (Hrsg.) (2016): Das Landgericht Offenburg – Reifenstein und Bemerkungen zu den archäologischen Ausgrabungen beim „Hochgericht im Birkachwald“ 2012 – 2014, Oberzeiring, 80 p.
Kick, Walter (2014): Erdställe als Zufluchtsort und Todesfalle im Grenzgebiet der March, in: Der Erdstall, 40, Aying, 124–142.
Kießling, Franz (1923): Über das „Rätsel der Erdställe“, Wien, 32 p..
Kim, K. L. & Englert, P. A. J. (2004): Profiles of in situ 10Be and 26Al at great depths at the Macraes Flat, East Otago, New Zealand, in: Elsevier – Earth and Planetary Science Letters, 223, Amsterdam, 113–126.
Kirnbauer, Franz (1954): Bergmanns Sagen, Wien, 76 p.
Klimond, Thomas (2022): Eine unterirdische Stadt erwacht – Verschüttete Werte, in Geraser Hefte 84, Geras Pernegg, 4-35.
Korn, Wolfgang (2005): Megalithkulturen – Rätselhafte Monumente der Steinzeit, Stuttgart, 160 p.
Kos, Petr (2008): Mährische Erdställe (Lochy), in: Der Erdstall, 34, Roding, 94–102.
Kos, Petr (2017): Neue Erdställe in Mähren, in: Der Erdstall, 43, Neukirchen-Balbini, 6-15.
Krainz, Johann (1880): Mythen und Sagen aus dem steirischen Hochlande, Bruck a. d. Mur, 434 p.
Kriegl, Herbert (2016): Mythos und Kult im Bereich der Koralm, Deutschlandsberg, 192 p.
Kusch, Heinrich (1994): Zur kulturgeschichtlichen Bedeutung der Höhlenfundplätze entlang des mittleren Murtales (Steiermark); Grazer altertumskundliche Studien, 2, Frankfurt am Main, 307 p.
Kusch, Heinrich (2005): Der Erdstall Vockenberg (Kat. Nr. B 2851/5) bei Stubenberg am See in der Steiermark (Austria), in: Der Erdstall, 31, Roding, 53–74.
Kusch, Heinrich (2006): Erdstallforschung in der Steiermark, Austria, in: Der Erdstall, 32, Roding, 65–78.
Kusch, Heinrich (2007): Erdstallvorkommen im Raume Hartberg-Vorau, Steiermark, Austria, in: Der Erdstall, 33, Roding, 39–51.
Kusch, Heinrich (2007): Der Erdstall Meidlbauer bei Riegersbach, Steiermark, Austria, in: Der Erdstall, 33, Roding, 51–57.
Kusch, Heinrich (2007): Der Erdstall Kroggerhof bei Riegersbach, Steiermark, Austria, in: Der Erdstall, 33, Roding, 57–64.
Kusch, Heinrich (2008): Erdstallforschung in der Steiermark (Austria) im Jahre 2007, in: Der Erdstall, 34, Roding, 64–72.
Kusch, Heinrich (2008): Der Erdstall Lehenbauer bei Vorau-Puchegg, Steiermark, Austria, in: Der Erdstall, 34, Roding, 73–83.
Kusch, Heinrich (2008): Der Erdstall Gessl auf der Kring bei Vorau, Steiermark, Austria, in: Der Erdstall, 34, Roding, 84–90.

Kusch, Heinrich (2009): Das unterirdische Gangfragment nahe der Pfarrkirche Hl. Petrus und Paulus in Birkfeld, Oststeiermark, Austria, in: Der Erdstall, 35, Roding, 77–81.
Kusch, Heinrich (2009): Das Haberler Erdstallfragment bei Riegersbach – Reinberg, Steiermark, Austria, in: Der Erdstall, 35, Roding, 82–86.
Kusch, Heinrich (2009): Neue archäologische Forschungsergebnisse aus der Oststeiermark (Austria) im Jahre 2008, in: Der Erdstall, 35, Roding, 87–96.
Kusch, Heinrich (2009): Tore zur Unterwelt, in: Ancient Mail, Ausgabe 41 (November), Groß-Gerau, 5–9.
Kusch, Heinrich (2010): Untersuchungen von unterirdischen Anlagen und megalithischen Steinsetzungen in der Steiermark (Österreich) - im Raume Semriach, Vorau und Umgebung im Jahre 2009, in: Der Erdstall, 36, Roding, 91–104.
Kusch, Heinrich (2011): Die unterirdischen Anlagen und prähistorischen Steinsetzungen der Oststeiermark (Österreich), aktueller Forschungsstand 2010, in: Der Erdstall, 37, Roding, 70–79.
Kusch, Heinrich (2011): Die oststeirischen Schottergänge und ihre geschichtliche Bedeutung (Österreich), in: Der Erdstall, 37, Roding, 80–87.
Kusch, Heinrich (2011): Das megalithische Erbe der Steiermark, in: Abenteuer Philosophie – Magazin für Kultur, Gesellschaft, Wissenschaft, Mythologie, Nr. 125, Ausgabe 3, Graz, 16–21.
Kusch, Heinrich (2011): Die unterirdischen Ganganlagen in Kirchberg-Urlas, in: Abenteuer Geschichte – Schriften des historischen Vereins für das Kirchberger Ländchen, Folge 4, Kirchberg a. d. Raab, 18–27.
Kusch, Heinrich (2011): Voruntersuchungen, in: Abenteuer Geschichte – Schriften des historischen Vereins für das Kirchberger Ländchen, Folge 4, Kirchberg a. d. Raab, 151.
Kusch, Heinrich (2012): Zur kulturgeschichtlichen Bedeutung der künstlich geschaffenen unterirdischen Anlagen bei Vorau und Umgebung, Nordoststeiermark, Austria, in: Speleo-Austria 2012, Mitteilungen des Vereins für Höhlenkunde in Obersteier, Bad Mitterndorf, 254–263.
Kusch, Heinrich (2013): Wissenschaftliche Untersuchungen in der Gruft des Augustiner-Chorherrenstiftes in Vorau (Mit einem Beitrag von Samuel Gross (Mainz/BRD) und Arbeo Scherer-Ottenfels (Klosterneuburg)), in: Der Steinpeißer, 20, Hartberg, 69–78.
Kusch, Heinrich; Rabeder, Gernot; Alscher, Monika & Frischauf, Christine (2015): Ausgrabungen in der Leopoldinengrotte (2832/11) bei Semriach (Steiermark); in: Die Höhle, 66, Heft 1-4, Wien, 63-79.
Kusch, Heinrich (2015): Zum Richtalter der steingemauerten unterirdischen Gangpassagen und Anlagen sowie Steinsetzungen im Raum Vorau und Umgebung in der Nordoststeiermark, Österreich; in: Mitteilungen des Vereins für Höhlenkunde in Obersteier, 32-34, Bad Mitterndorf, 176 - 187.
Kusch, Heinrich (2015): Der Erdstall Alt-Schielleiten bei Stubenberg am See, Steiermark, Österreich; in: Der Erdstall, 41, Neukirchen-Balbini, 56-65.
Kusch, Heinrich (2016): Höhlen in der Urgeschichte; in: Höhlen und Karst in Österreich (Hrsg. C. Spötl, L. Plan & E. Christian), Linz, 273-286.
Kusch, Heinrich (2016): Kulthöhlen; in: Höhlen und Karst in Österreich (Hrsg. C. Spötl, L. Plan & E. Christian), Linz, 297-306.
Kusch, Heinrich (2016): Zur Untersuchung des Kandelhofer-/Kandlhofer Erdstalles bei Puchegg, Steiermark, Österreich; in: Der Erdstall,, 42, Neukirchen-Balbini, 12-35.
Kusch, Heinrich (2017): Vorläufige archäologische und historische Verifizierung der megalithischen Steinsetzungen und unterirdischen Trockenmauer-Anlagen in der Nordoststeiermark, Österreich; in: Der Erdstall, 43, Neukirchen-Balbini, 72-87.
Kusch, Heinrich & Kusch, Ingrid (1998): Höhlen der Steiermark – Phantastische Welten, Graz, 160 p.

Kusch, Heinrich & Kusch, Ingrid (2001): Kulthöhlen in Europa – Götter, Geister und Dämonen, Graz – Köln, 208 p.
Kusch, Heinrich & Kusch, Ingrid (2002): Kulthöhlen in Europa – Götter, Geister und Dämonen, CD-Rom, Graz – Köln.
Kusch, Heinrich & Kusch, Ingrid (2009): Tore zur Unterwelt – Das Geheimnis der unterirdischen Gänge aus uralter Zeit …, Graz, 208 p.
Kusch, Heinrich & Kusch, Ingrid (2011): Tore zur Unterwelt – Das Geheimnis der unterirdischen Gänge aus uralter Zeit …, Film-DVD, Graz.
Kusch, Heinrich & Kusch, Ingrid (2014): Versiegelte Unterwelt – Das Geheimnis der Jahrtausende alten Gänge …, Graz, 208 p.
Kusch, Heinrich & Kusch, Ingrid (2016): Tore zur Unterwelt – Das Geheimnis der unterirdischen Gänge aus uralter Zeit …, ebook, Graz, 419 p.
Kusch, Heinrich & Kusch, Ingrid (2018): Asiens Unterwelt – Das Jahrtausende alte Erbe unterirdischer Kultstätten, Graz, 240 p.
Kusch, Heinrich & Kusch, Ingrid (2019): Asiens Unterwelt – Das Jahrtausende alte Erbe unterirdischer Kultstätten, ebook, Graz, 535 p.
Kusch, Heinrich & Kusch, Ingrid (2021): Versiegelte Unterwelt – Das Geheimnis der Jahrtausende alten Gänge …, ebook, Graz, 382 p.

Levski, Marcus E. (2019): Das Tor zur Hölle – Schloss Houska und seine unheimliche Geschichte, Groß-Gerau, 40 p.
Löffelmann, Monika (1997): Erdställe und ihre Bedeutung in Kult, Religionsgeschichte, Überlieferung, in: Der Erdstall, 23, Roding, 3–136.
Ludwiger, Illobrand von (2009): UFOs die unerwünschte Wahrheit, Rottenburg, 496 p.
Ludwiger, Illobrand von (2018): Feurige Zeichen aus höheren Dimensionen. München-Grünwald, 256 p.

Marcel, Otte (1996): Le paléolithique inférieur et moyen en Europe, Paris, 297 p.
Marler, Joan (Hrsg.) (1997): From the realm of the ancestors – An anthology in honor of Marija Gimbutas, Manchester, 659 p.
Marler, Joan & Dexter, Miriam Robbins (Hrsg.) (2009): Signs of civilisation. Neolithic symbol system of Southeast Europe; Sebastopol, CA.
Mayer, Gerhard; Schetsche, Michael; Schmied-Knittel, Ina & Vaitl, Dieter (2015): An den Grenzen der Erkenntnis – Handbuch der wissenschaftlichen Anomalistik, Stuttgart, 490 p.
Meier, Gerd, & Zschweigert, Hermann (1990): Die Hochkultur der Megalithzeit, Veröffentlichungen aus Hochschule, Wissenschaft und Forschung, Bd. 18, Tübingen, 511 p.
Menninger, Karl (1958): Zahlwort und Ziffer - Eine Kulturgeschichte der Zahl, Göttingen, 314 p.
Much, M. (1880): Kunsthistorischer Atlas, Wien, 225 p.
Muldashev, Ernst (2017): Das Dritte Auge und der Ursprung der Menschheit, Hanau, 429 p.

Neugebauer, Johannes Wolfgang (1990): Österreichs Urzeit – Bärenjäger Bauern Bergleute, Wien, 374 p.

Ottenfels, Clara Lioba Daphne (2020): Altersbestimmungen von megalithischen Steinsetzungen und prähistorischen unterirdischen Anlagen mit Hilfe von physikalisch – chemischen Methoden, Klosterneuburg, 48 p.

Patzak, Beatrix (2009): Faszination und Ekel: Das Pathologisch-anatomische Bundesmuseum im Wiener Narrenturm, Graz, 103 p.
Paudler, Anton Amand (1894): Ein deutsches Buch aus Böhmen, 1. Band, Leipa, 164 p.
Pichelmayer, Oskar (1972): Rundbau in Puchegg bei Vorau, in: XIX. Bericht der historischen Landeskommision für Steiermark, Graz, 62–66.
Pichler, Franz (1967): Die Urbare, urbarialen Aufzeichnungen und Grundbücher der Steiermark, Graz, 630 p.
Posch, Fritz (1963): Die Chronik des Pfarrers Matthias Peyerl von Strallegg 1697 – 1718, in: Mitteilungen des Steiermärkischen Landesarchives, 13, Graz, 52–64.
Posch, Fritz (1976 Hrsg.): Atlas zur Geschichte des steirischen Bauerntums, Graz.
Posch, Fritz (1979): Die Besiedlung der Pfarre Vorau; in: Vorauer Heimatblätter, 1, Vorau, 7–11.
Posch, Fritz (1978/1990): Geschichte des Verwaltungsbezirkes Hartberg, Band I–II, Graz.

Riese, Berthold (Hrsg.) (1994): Schrift und Sprache, Heidelberg-Berlin-Oxford, 218 p.
Röhrig, Floridus (1955): Der Verduner Altar, Wien.
Röhrig, Floridus (1972): Klosterneuburg, Wiener Geschichtsbücher Bd. 11, Wien.
Röhrig, Floridus (1984): Stift Klosterneuburg und seine Kunstschätze, St. Pölten.
Röhrig, Floridus & Strangler, Gottfried (1985): Der Heilige Leopold – Landesfürst und Staatssymbol, Stift Klosterneuburg, Katalog des Niederösterreichischen Landesmuseums, Neue Folge Nr. 155, Wien.

Sann, Hans von der (1890): Sagen aus der grünen Mark, Graz, 176 p.
Schleich, Johann (1991): Oststeirische Volkssagen und Hausgeschichten, Band 1, Feldbach, 287 p.
Schleich, Johann (1992): Oststeirische Volkssagen und Hausgeschichten, Band 2, Feldbach, 289 p.
Schmidt, Klaus (2006): Sie bauten die ersten Tempel – Das rätselhafte Heiligtum am Göbekli Tepe, München, 288 p.
Schwarzfischer, Karl (1990): Zur Bauweise der Erdställe – Zweckbauten oder Kultstätten, Sonderdruck „Der Erdstall“, 16, Roding, 5-58.
Schwarzfischer, Karl (1993): Erdställe als Kultstätten – Hinweise aus Volksglauben und Namenforschung, Sonderdruck „Der Erdstall“, 19, Roding.
Schwinner, Robert (1932): Zur Geologie der Oststeiermark. Die Gesteine und ihre Vergesellschaftung, in: Sitzungsbericht Österr. Akad. d. Wissensch. Wien, math.-naturw. Klasse, 141, Wien, 319–358.
Seidl, Johann Gabriel (1881): Sagen und Geschichten aus Steiermark, Anton Schlossar (Hrsg.), Graz, 138 p.
Seifert, Petra & Pawlik, Manfred (1997): Geheime Schriften Mittelalterlicher Sekten. Aus den Akten der Inquisition, Augsburg, 472 p.
Simmler, Gudrun (1963): Die Oststeiermark in der Erdgeschichte, Hartberg.
Slaughter, Bob (1996): Fossil Remains of Mythical Creatures, Dallas.
Speil, Sascha Jürgen Emanuel (2014): Menhire um Schachen bei Vorau – Kartierung und erdwissenschaftliche Untersuchungen, unpubl. Bachelorarbeit, Institut für Erdwissenschaften, Karl-Franzens Universität, Graz.
Stampfer, Ludwig (1885): Chronik der Pfarre Kaindorf, Kaindorf, 75–84.
Stampfer, Ludwig (1887): Die künstlichen Höhlen bei Kaindorf, in: Mitteilungen des Historischen Vereins für Steiermark, 35, Graz, 17–29.

Stampfer, Ludwig (1893): Geschichte der Pfarre Ebersdorf – 1. Teil, Ebersdorf
Steiner-Wischenbart, Josef (1910): „'s Judenburger G'läut'." – Obermurtaler Bauerngeschichten, Gedichte und Skizzen, 2. Band, Graz, 130 p.
Stoytchev, Todor (1997): Archaeoastronomy: Time-measuring prehistoric evidence in Bulgaria, Sofia, 206 p.
Stoytchev, Todor (1997): Regional sun based calendar: New interpretation of a late Eneolithic find, in: Archaeology in Bulgaria, I, Sofia, 30-38.

Tasič, Nikola; Tasič, Nenad; Garasanin, Milutin; Luci, Kemajl; Parovic-Pesikan, Maja; Fidanovski, Slobodan; Peja, Fatmir & Backalov, Aleksandar (1998): The archaeological treasures of Kosovo and Memhija from the Neolithic to the early Middle Ages, 2 Bd., Belgrad, 743 p.
Torquemada, Juan de (1615): Primer parte de los 21 libros rituales y Monarquia Indiana con origen y guerras de los indios occidentales, de sus poblaciones, decubrimientos, conversiòn y otras cosas maravillosas de la misma tierra, Universidad Nacional Autònom de México, 320 ff.
Triolet, Jérôme & Triolet, Laurent (2002): Souterrains et Croyances, Rennes, 128 p.
Tylecote, Ronald F. (1987): The early history of metallurgy in Europe, London, 391 p.

Verhagen, Britta (1999): Die uralten Götter Europas und ihr Fortleben bis heute, Tübingen, 333 p
Vernaleken, Theodor (1859): Mythen und Bräuche des Volkes in Österreich; Wien, 386 p.
Vernaleken, Theodor (1938): Alpensagen; Hrsg. Hermann Burg, Leipzig, 435 p.

Wagner, Rüdiger & Wagner, Nina (2009): Megalithen a la Carte, Lauterbach, 411 p.
Wanke, Lothar; Bauer, Helmut & König, Maria (1992): Vom Lochstein zum Seelenloch: Versuch einer ganzheitlichen Betrachtung, in: Jahrbuch der GE. FE. BI., VIII, Graz, 3–59.
Waters, Frank (1977): Book of the Hopi, London, 384 p.
Watkins, Alfred (1925): The old straight Track, London, 234 p.
Weller, Ulrike (2014): Äxte und Beile, erkennen-bestimmen-beschreiben, München-Berlin, 112 p.
Whittle, Alasdair (1985): Neolithic Europe: a Survey, Cambridge, 363 p.
Wiesmair, Sebastian Peter (2016): Megalithic monuments in Styria, Graz, 99 p. (diglib.tugraz.at)
Wiesmair, Sebastian & Kusch, Heinrich (2023): Zur Altersbestimmung von megalithischen unterirdischen Trockenmaueranlagen und Steinmonumenten in der Nordoststeiermark, Österreich, in: Speleo-Austria 2023, 41-42, Bad Mitterndorf, 308-337.
Winn, Shan M. M. (1981): Pre-writing in southeastern Europe: The sign system of the Vinča culture ca. 4000 B.C., Diss. Calgary, 421 p.
Winn, Shan M. M. (2004): The inventory of the Danube script (DS), Prehistory Knowledge Project, Rom. http://www.prehistory.it/ftp/inventory/danube_script/danube_script_OI.htm
Winn, Shan M. M. (2009): The Danube (Old European) script – Ritual use of signs in the Balkan-Danube region c. 5200-3500 BC; in: Marler/Dexter 2009, 49-62.

DANKSAGUNG

Einleitend möchten wir unseren Dank an den Fürsten von Liechtenstein S.D. Hans Adam II.in Vaduz (Liechtenstein) richten, der uns ein Universitätsprojekt an der Karl-Franzens-Universität in Graz finanzierte. (Abb. 305)

Abb. 305
S.D. Hans Adam II., Fürst von Liechtenstein bei der Besichtigung eines prähistorischen Steinbruches bei Stambach, Nordost-Steiermark.

Ein aufrichtiges Dankeschön möchten wir an die Familie von Herrn Dr. Arbeo-Wolfram Scherer-Ottenfels in Klosterneuburg und auch an ihn selbst weiterleiten. Die Familienmitglieder haben nicht nur die Freilegungsarbeiten des Besitzers unterstützt, sondern auch uns in den letzten Jahren im Rahmen der Notbergungen geholfen.

Nicht nur finanzielle Unterstützung bekamen wir dankenderweise von höchsten offiziellen Stellen sowie von Persönlichkeiten und Vertretern der Katholischen Kirche, kirchlichen Ordensgemeinschaften, Adelsfamilien, ausgewählten Wissenschaftlern der Grazer, Innsbrucker und Wiener Universitäten, Mitarbeitern der Technischen Universität in Graz und der Montanuniversität in Leoben, dem Bundesdenkmalamt in Graz (HR Dr. Christian Brugger) und Wien bzw. Niederösterreich (HR Univ.-Doz. Dr. Bernhard Hebert), Führungspersönlichkeiten des „Landes Steiermark", renommierten Privatfirmen, Serviceclubs (z. B. Round Table, Rotary, Lions), den Bürgermeistern vieler Gemeinden, Hunderten Grundeigentümern und Tausenden Privatpersonen im In- und Ausland. Auch den wissenschaftlichen Experten von den Universitätslabors in Österreich, Deutschland, Schottland, Russland und den USA, sei an dieser Stelle unser Dank ausgesprochen, denn sie ermöglichten uns durch über 60 Altersdatierungen (TCN, TL, 14C) erst eine vorläufige Zeitzuweisung (Mindestalter) der archäologischen Plätze und des geborgenen Fundmaterials. Direkt an den Forschungen waren nur die engsten Mitarbeiter unserer Forschungsgruppe, sowie einzelne Mitglieder von mehreren Vereinen (z. B. Sub Terra Vorau, Mystische Unter- und Oberwelt der Region Anger, Landesverein für Höhlenkunde in der Steiermark, Verein für Höhlenkunde in Obersteier und Verband Österreichischer Höhlenforscher in Wien) tätig. Auch ihnen allen gilt unser Dank, denn ohne ihre Unterstützung wären die vielen neuen Erkenntnisse nie publiziert worden. All diese Helfer bekundeten ihr Interesse an unseren Forschungsergebnissen und halfen uns in den letzten Jahren mit Tausenden Informationen. Auf diese Weise entstand für uns ein großflächiges Mosaik über eine vorerst vermutete Unterwelt, das sich langsam aber beständig durch jede neue Information, die wir bekamen zu einem immer klarer werdenden Gesamtbild zusammensetzte.

Nachstehend führen wir in alphabetischer Reihenfolge jene Personen und Institute an, denen wir an dieser Stelle offiziell unseren herzlichen Dank für Ihre jahrelange Mitarbeit und Unterstützung aussprechen möchten:
Herr Univ.-Prof. Dr. Heribert Aigner †, Studiendekan der Karl-Franzens-Universität (Graz), Herr Dr. Norbert Allmer (Diözesanarchiv Graz), Herr Rudolf Altmann (Wien), Herr Dr. Christian Bendl (Bad Vöslau), Herr Erich Brandl (Anger bei Weiz), Herr Axel Breitung (Hamburg, Deutschland), Herr Dipl.-Ing. Dr. Paulo Jorge Mendes Cerveira (Energie Burgenland Geoservice GmbH, Eisenstadt, Burgenland), CEZA - Curt-Engelhorn-Zentrum Archäometrie GmbH. (Mannheim, Deutschland), Herr Dr. h.c. Erich von Däniken (Beatenberg, Schweiz), Herr Mike Davies (SURPHASER – 3D Laser Scanner, London, England), Herr Martin Edelmann (Minireith, Markt Hartmannsdorf), Frau Dipl.-Ing. Brigitte Eder (Technische Umweltkontrolle – Land Steiermark, Graz), Herr Fritz Ertl (Pöls), Herr Dr. Derek Fabel (AMS-Laboratory University of Glasgow), Familie Dipl.-Ing. Ernest und Taraneh Khaleghi Geyer (Admont), Herr Univ.-Prof. Dr. Samuel Gross † vom Technischen Institut in Mainz (Deutschland), Herr Michael Gruber (Pongrazen), Herr Gerd Hajek (Voitsberg-Lobming), Familie Gottfried Hasler (Thaling), Herr Univ.-Prof. Mag. Dr. Christoph Hautzenberger (Institut für Erdwissenschaften, Karl-Franzens-Universität Graz), Familie Franz und Helga Heizer (Puchegg), Frau Kathrin Hennig (Biensdorf, Deutschland), Herr Gerhard Hertenberger (Wien), Familie Johann und Margarethe Kandelhofer (Puchegg), Familie Gottfried und Renate Kaser (Thaling), Familie Dr. Christian und Dr. Sabine Kettenbach (Graz), Frau DI (FH) Nicola Khuen-Belasi (Pill,Tirol), Herr Dr. Jaan Karl Klasmann (Wien), Herr Thomas Klimond (Wien), Frau Mag. Ursula Kohl (Fürstenfeld), Frau Maria Koneczni † (Graz), Familie Rupert Kraußler (Puchegg/Vorau), Familie Elfriede und Kurt Krempl (Miesenbach), Frau Dr. Henrike Krenn-Pfob (Graz), Frau Margit Krobath (Kaindorf), Frau Dipl.-Geol. Birgit Kühnast (KN Geoelektrik e. U., Leoben), Herr Univ.-Doz. Dr. Alexander Kutyrew (Universität Kazan, Rep. Tatarstan, Russland), Familie Josef und Elfriede Lembäcker (Schachen-Vorau), Lomonosov-Universität (Moskau, Russland), Herr Andreas Lorenzer (Riegersburg), Frau DDr. Maja Marotti (Graz), Herr Martin Mosbacher (Vornholz-Vorau), Herr Dipl.-Ing. Bernd Moser (Regensburg, Deutschland), Herr Dr. Bernd Moser, Leiter des Referats für Mineralogie (Universalmuseum Joanneum, Graz), Frau Marlies Moser, Guttaring, Herr Dipl.-Ing. Ass.-Prof. Dr. Waldemar Ninaus (SMG Strahlenmesstechnik Graz, Staatlich akkreditierte Prüfstelle, Technische Universität, Graz), Herr Dipl.-Ing. Dr. techn. Bernd Oberdorfer (Österreichisches Gießerei-Institut, Montan-Universität Leoben), Herr Heimo Petscharnig, Übersberg, Guttaring, Frau Dipl.-Ing. MMag. DDDr.

Elke Pichl, (SMG Strahlenmesstechnik Graz, Staatlich akkreditierte Prüfstelle, Technische Universität, Graz), Frau Christine Pötz und Familie (Bergviertel-Miesenbach), Herr Josef Polka, Guttaring, Familie Franz und Gerlinde Polzhofer (Prätis-Pöllau), Universität Potsdam (Deutschland), AMS-Laboratory der Purdue-Universität, Indiana (USA), Herr Univ.-Prof. Dr. Gernot Rabeder (Paläontologisches Institut der Universität Wien), Herr Bernhard Rauch (St. Marein bei Graz), Familie Maria und Gerald Rechberger (Puchegg/Vorau), Herr Christian Redl (Riegersburg), Familie Ulrike und Hermann Retter (Hotel Retter – Bio-Natur-Resort, Pöllauberg), Frau Brigitte Riedl (Graz), Herr Dr. Johannes Riegl (RIEGL Laser Measurement Systems GmbH., Horn), Herr Univ.-Prof. DDr. Floridus Helmut Röhrig † (Klosterneuburg), Herr Dipl.-Ing. Wolfgang Sched (Energie Burgenland Geoservice GmbH., Eisenstadt), Herr Prof. Dr. Schneider, (Leibniz-Labor für Altersbestimmung und Isotopenforschung, Christian-Albrechts-Universität, Kiel, Deutschland), Herr Hannes Schreiner (Pöllau), Frau Marie Luise Schreiner (Stubenberg), Herr Dr. Andreas Scharf (AMS C14 - Labor Erlangen, Friedrich-Alexander-Universität Erlangen-Nürnberg, Deutschland), Frau Susanne Schwarzer (Reigersberg), Herr Mag. Alfred Siedler (Sooss bei Baden), Familie Sabine und Thomas Sitka (Miesenbach), Herr Univ.-Prof. Mag. Dr. Christoph Spötl (Instituts für Geologie und Paläontologie, Leopold-Franzens-Universität Innsbruck), Herr Dr. Gert Stampfel (CT/MR Institut für bildgebende Diagnostik Leoben), Herr a.o. Prof. Dr. Kurt Stüwe (Institut für Erdwissenschaften, Technische-Universität Graz), Frau Birgit Symader (Schwandorf, Deutschland), Frau Nadja Tauchmann (Guttaring), Herr Dr. Peter Ulle (Graz), Herr Dr. Lothar Wanke † (Graz), Frau Silvia Wieser (Graz), Herr MSc. Sebastian Peter Wiesmair (Graz), Frau Daniela Wildner (Graz), Familie Franz † und Erika Winkler (Hinterbühl-Kaindorf), Herr Lutz Winkler (Biensdorf, Deutschland), Herr Dipl.-Ing. Andreas Wurm (GEOs3D – Geodetic and Industrial Surveying, Oberhofen, Tirol), Herr Direktor Mag. Ralph Zettl (Karl-Franzens-Universität Graz), Familie Monika Zörrer-Buchas (www.masenberg-tours.at, Puchegg/Wien), Herr Michael Zotter (Bergl bei Riegersburg).

Besonders möchten wir uns auch bei den Grafikern Herrn Prof. Peter Holl (Graz), Herrn Fritz Messner und Frau Monika Messner (Kalsdorf bei Graz) bedanken. Abschließend sei dem Verleger Herrn Mag. Wolfgang Dvorak-Stocker vom Leopold Stocker Verlag in Graz für das bisherige Erscheinen unserer Sachbuch-Unterwelt-Reihe gedankt.
Für das Erscheinen dieses Buches danken wir Frau Dr. Karin Halbritter, Authal Verlag (Bad Vöslau) auf das Herzlichste.

Ohne diese wohl einmalige Unterstützung von hunderten Personen, vielen Institutionen und Universitäten wären unsere Forschungserfolge und die daraus resultierenden Ergebnisse nicht möglich gewesen. So möchten wir uns auf diesem Wege noch bei all jenen recht herzlich bedanken, die hier namentlich nicht genannt werden wollten, aber uns bereitwillig mit ihrer Arbeitskraft, ihrer Hilfeleistung, ihren Informationen, ihrer finanziellen Unterstützung und ihrem Wissen weiterhalfen. Ohne dieses Vertrauen und die breite Unterstützung der interessierten Bevölkerung und Förderer wäre dieses Buch nie entstanden.

Mag. Dr. Heinrich Kusch und Ingrid Kusch (Graz, Austria)

ORTSREGISTER